ANNALES
DE
L'EMPIRE
TOME II.

DOUTES
SUR
QUELQUES POINTS
DE
L'HISTOIRE DE L'EMPIRE.

I.

Tradidit mundum disputationi eorum. DIEU abandonna la terre à leurs querelles. N'est-ce pas là l'origine de toutes les dominations & de toutes les loix ? Quel était le droit de Pepin sur la France ? Quel était celui de Charlemagne sur les Saxons & sur la Lombardie ? Celui du plus fort.

On demande si Pepin donna l'éxarchat de Ravenne aux papes ? Qu'importe aujourd'hui qu'ils tiennent ces terres, de Pepin ou d'un autre, ou de leur habileté ou de la conjoncture des temps ? Quel droit avaient des ultramontains d'aller prendre & donner des couronnes dans l'Italie ? Il est très-vraisemblable que la donation de Pepin est une fable, comme la donation de Constantin.

TOM. II.   ∗   Le

Le pape Etienne III. mande à Charlemagne dans une de ses lettres que le roi lombard Didier, qu'il avait auparavant appellé un *abominable & un lépreux*, lui a restitué les justices de St. Pierre, & qu'il est un très excellent prince. Or les justices de St. Pierre ne sont point l'éxarchat de Ravenne. Et comment cet infidèle lépreux ou cet excellent prince aurait-il donné cette belle province quand il n'y avait point d'armée en Italie qui le forçât à restituer au pape ce que ses peres avaient ravi aux empereurs?

La donation de Charlemagne n'est guères moins suspecte, puis que ni Andelme, ni Aimoin, ni même Eginhard secrétaire de ce monarque n'en parlent pas. Eginhard fait un détail très-circonstancié des legs pieux que laissa Charlemagne par son testament à toutes les églises de son roiaume. On *sait, dit-il, qu'il y a vingt & une villes métropolitaines dans les états de l'empereur.* Il met Rome la premiere, & Ravenne la seconde. N'est-il pas certain par cet énoncé, que Rome & Ravenne n'appartenaient point aux papes.

2.

Quel fut précisément le pouvoir de Charlemagne dans Rome? c'est sur quoi on a tant écrit, qu'on l'ignore. Y laissa-t-il un gouverneur? imposait-il des tributs? gouvernait-il Rome comme l'impératrice Reine de Hongrie gouverne Milan & Bruxelles? c'est de quoi il ne reste aucun vestige.

3.

Je regarde Rome depuis le tems de l'empereur Léon l'Isaurien comme une ville libre protégée par les francs, ensuite par les germains, qui se gouverna tant qu'elle put en république, plutôt sous le patronage que sous la puissance des empereurs, dans laquelle le souverain pontife eût toujours le premier credit, & qui enfin a été entièrement soumise aux papes.

4.

Les prêtres ne se mariaient pas dans ce temps-là. Je le veux croire. Tous les canons leur deffendent le mariage. On craignit que les gros bénéfices ne devinssent héréditaires. Et les curés, (sur tout les curés de campagne) qui consument leurs jours dans des travaux pénibles furent privés de cette consolation.

L'état y perdit de bons citoyens, on ne voit guères de meilleure éducation que celle des enfans des pasteurs en Angleterre, en Allemagne, en Suéde, en Dannemarck, en Hollande. Des vuës supérieures ont astreint l'église romaine à des loix plus austères. Mais d'où vient qu'il est dit que le chantre de St. Jean de Latran & son fils étaient dans Rome à la tête d'un parti du temps du pape Etienne III ? d'où vient que le pape Formose était fils d'un prêtre ? d'où vient qu'Etienne VI. Jean XV. étaient fils d'un prêtre ? Rien ne nous apprend que leurs peres avaient quitté ou perdu leurs femmes avant d'entrer dans les ordres.

4.

5.

On regarde le dixiéme siécle comme un temps affreux, on l'appelle le siècle de fer. En quoi donc était-il plus horrible que le siécle du grand schisme, d'Occident & que celui d'Alexandre VI ?

Théodora & Marozie gouvernèrent Rome ; on installa des papes de 12. ans, de 18. ans. Marozie donna le st. siége au jeune Jean XI. qu'elle avait eu de son adultère avec le pape Sergius III. Mais je ne vois pas pourquoi tant d'historiens se sont déchainés contre cet infortuné Jean XI. il fut l'instrument de l'ambition de sa mere, & la victime de son frere. Il vécut & il mourut en prison. Il me parait bien plus à plaindre que condamnable.

6.

Il est bien peu important que ce soit ce Jean XI. fils de Marozie où son petit * fils Jean XII. qui le premier ait changé de nom à son avénement au pontificat, mais j'oserai disculper un peu la mémoire de ce Jean XII. contre ceux qui l'ont tant diffamée pour s'être opposé à Oton le grand. Il n'a certainement entrepris que ce qu'ont tenté tous les pontifes de Rome quand ils l'ont pû, de soustraire Rome à une puissance étrangère. Je pa-

* NB. à l'article de ce pape page 108. Tome I. ligne 22. on a oublié ce mot petit lisez un petit fils de Marozie.

paraitrai hardi en difant qu'il avait plus de droit fur Rome que l'empereur Oton. Ce duc de Saxe n'était point du fang de Charlemagne. Jean XII. était patrice. S'il avait pû chaffer à la fois les Béranger & Oton, on lui eût érigé des ftatues dans fa patrie. On l'accufe d'avoir eu des maîtreffes ; étrange crime pour un jeune prince ! la plûpart des autres chefs d'accufation intentés contre lui devant l'empereur & le peuple romain font dignes de la fuperftitieufe ignorance de ces temps-là. On lui fait fon procès pour avoir bû à la fanté du diable. Cette accufation reffemble à celles dont Grégoire IX, & Innocent IV. chargerent Frédéric II.

7.

Doit-on compter parmi les empereurs ceux qui regnérent depuis Arnoud bâtard de la maifon de Charlemagne ? jufqu'à Oton I. ils ne furent que rois de germanie : ils femble que les hiftoriens ne les aient mis au catalogue des empereurs que pour avoir une fuite complette.

8.

Louis IV. furnommé *l'enfant*, était-il bâtard comme fon pere ? On convient que fes freres n'étaient pas légitimes. Hubner le met au même rang que fes freres, fans aucune diftinction. Il eft dit dans les Annales de Fulde que la femme d'Arnoud vécut mal avec fon mari, qu'elle fut accufée d'adultére. Il eft rappoté que dans l'af-
fem-

semblée de Forkeim les seigneurs statuérent qu'un de ces freres de Louis l'enfant serait roi, s'il ne se trouvait point d'héritier né d'un mariage légitime. Ces mêmes seigneurs à la mort d'Arnoud produisirent Louis âgé de sept ans. Il faut donc le regarder comme légitime. Il faut donc dire dans les vers Tecniques Louis *le fils* d'Arnoud, & non pas Louis *bâtard* d'Arnoud.

9.

L'histoire moderne, & sur tout celle du moïen âge, est devenue une mer immense pleine d'écueils où les plus habiles se brisent. Le très-savant auteur de la méthode pour étudier l'histoire répéte encor la fable de l'adultére & du suplice de Marie d'Arragon, & du miracle opéré par une comtesse de Modéne; tandis que cette fable est traitée d'absurde par Struvius, & qu'elle est si bien réfutée par Muratori. Est-il possible qu'on trouve encor dans ses tablettes cronologiques un archevêque de Mayence mangé par des rats ! Mais ce ne sont pas-là aujourd'hui les plus dangereux écueils de l'histoire.

Les grecs & les romains écrivaient tout ce qu'ils voulaient. On n'a aucun document qui les justifie, aucun qui les réfute. On les croit sur leur parole. Mais il faut à présent s'appuïer toujours sur des piéces originales. Il est plus difficile aujourd'hui d'écrire l'histoire d'une province que de compiler toute l'histoire ancienne.

10.

C'est dans le choix de ces monumens que consiste le plus grand travail. Il n'y a que trop de matériaux à examiner, à employer & à rejetter.

Combien de fois nous a-t-on répeté que le concile de Francfort sous Charlemagne avait mal intérpreté l'adoration des images ordonnée par la second concile de Nicée. Cependant ce concile de Francfort condamne au chapitre 2. non seulement l'adoration qui est un terme équivoque, mais *servitium*, le service, le culte ce qui est la chose du monde la plus claire.

Que ce concile de Francfort ait été réformé depuis, qu'on ait introduit dans le nord de l'Empire de Charlemagne une discipline différente, des usages plus conformes à la piété éclairée, ce n'est pas ce dont il s'agit. Il n'est question que de faire voir ici que c'est un point de fait, une vérité constante que le concile de Francfort rejetta le culte des images.

11.

Je trouve un diplome d'Oton III. de l'an 998. dans lequel il condamne *comme un mensonge la donnation de Constantin & celle de Charles le chauve*, sans daigner dire seulement un mot des donations de Pepin de Charlemagne & de Louis I. Que doit-on conclure ?

12.

Je vois dans le Golftad une conftitution de Frédéric Barberouffe en faveur d'Aix-la-Chapelle, cette conftitution rapporte tout au long une charte de Charlemagne. Charlemagne s'y exprime ainfi : *Vous favez que chaffant un jour auprès de cette ville je trouvai les thermes & le palais que Granus frere de Néron & d'Agrippa avoit autrefois bâtis.* Voilà dit-on pourquoi Aix eft appellée *Aquis Grana*. Ce diplome de Charlemagne reffemble au difcours de Trimalcion dans Petrone fur la guerre de Troye.

Le diplome eft-il faux ? ou doit-on feulement accufer celui qui fit parler Charlemagne ?

Combien d'aciennes pieces non moins fauffes ! combien de fufpectes ! & qu'il eft pardonnable de fe tromper !

ANNALES DE L'EMPIRE.

TOME SECOND.

CHARLES IV.
TRENTE-TROISIEME EMPEREUR.

1348.

CHARLES de Luxembourg roi de Bohême va d'abord de ville en ville se faire reconnaître empereur. Louis margrave de Brandebourg lui dispute la couronne.

L'ancien archevêque de Mayence l'excommunie. Le comte Palatin Rupert, le duc de Saxe s'assemblent, & ne veulent ni l'un ni l'autre des prétendants. Ils cassent l'élection de Charles de Bohême, & nomment Edouard III. roi d'Angleterre, qui n'y songeait pas.

L'Empire n'était donc alors qu'un titre onéreux, puisque l'ambitieux Edouard III. n'en voulut point. Il se garda bien d'interrompre ses conquêtes en France pour courir après un fantôme.

Au refus d'Edouard, les électeurs s'adressent au marquis de Misnie, gendre du feu empereur. Il refuse encore. Mutius dit qu'il aima mieux dix mille

mille marcs d'argent de la main de Charles IV. que la couronne impériale. C'était mettre l'Empire à bien bas prix : mais il eſt fort douteux que Charles IV. eût dix mille marcs à donner, lui qui dans le même tems fut arrêté à Worms par ſon boucher, & qui ne put le ſatisfaire qu'en empruntant de l'argent de l'évêque.

Les électeurs refuſés de tous côtés, offrent enfin cet empire, dont perſonne ne veut, à Gunther de Schwartzbourg, noble Thuringien. Celui-ci qui était guerrier, & qui avait peu de choſe à perdre, accepta l'offre, pour le ſoutenir à la pointe de l'épée.

1349.

Les quatre électeurs éliſent Gunther de Schwartzbourg auprès de Francfort. Les doubles élections trop fréquentes avaient introduit à Francfort une coutume ſinguliére. Celui des compétiteurs qui ſe préſentait le premier devant Francfort, attendait ſix ſemaines & trois jours ; au bout deſquels il était reçu & reconnu, ſi ſon concurrent ne venait pas. Gunther attendit le tems preſcrit, & fit enfin ſon entrée : on eſpérait beaucoup de lui. On prétend que ſon rival le fit empoiſonner. Le poiſon de ces tems-là en Allemagne, étoit la table.

Gunther tombe en apopléxie, & devenu incapable du trône, il le vend pour une ſomme d'argent, que Charles ne lui païe point. La ſomme était dit-on de ving-deux mille marcs. Il meurt au bout de trois mois à Francfort.

A l'égard de Louis de Baviere margrave de Brandebourg, il céde ſes droits pour rien, n'étant

pas

pas assez fort pour les vendre, à Charles vainqueur sans combat de quatre concurrents, se fait couronner une seconde fois à Aix-la-Chapelle par l'archevêque de Cologne pour mettre ses droits hors de compromis.

Le marquis de Juliers à la cérémonie du couronnement dispute le droit de porter le sceptre au marquis de Brandebourg. Des ancêtres du marquis de Juliers avaient fait cette fonction. Mais ce prince n'était pas alors au rang des électeurs, ni par conséquent dans celui des grands officiers. Le margrave de Brandebourg est conservé dans son droit.

1350.

Dans ce tems-là regnait en Europe le fleau d'une horrible peste, qui emporta presque partout la cinquiéme partie des hommes, & qui est la plus mémorable depuis celle qui désola la terre du tems d'Hippocrate. Les peuples en Allemagne aussi furieux qu'ignorans, accusent les juifs d'avoir empoisonné les fontaines. On égorge & on brûle les juifs presque dans toutes les villes.

Ce qui est rare, c'est que Charles IV. protegea les juifs qui lui donnaient de l'argent, contre l'évêque & les bourgeois de Strasbourg, contre l'abbé prince de Mourbac & d'autres seigneurs : il fut prêt de leur faire la guerre en faveur des juifs.

Secte des Flagellans renouvellée en Suabe. Ce sont des milliers d'hommes qui courent toute l'Allemagne en se fouettant avec des cordes armées de fer pour chasser la peste. Les anciens romains en pareil cas avaient institué des comedies. Ce remede est plus doux.

A 2   Un

Un imposteur paraît en Brandebourg, qui se dit l'ancien Waldemar revenu enfin de la terre sainte, & qui prétend rentrer dans son état, donné injustement pendant son absence par Louis de Bavière à son fils Louis.

Le duc de Mecklembourg soutient l'imposteur. L'empereur Charles IV. le favorise. On en vient à une petite guerre ; le faux Waldemar est abandonné, & s'éclipse.

1351.

Charles IV. veut aller en Italie, où les papes & les empereurs étaient oubliés. Les Viscomti dominent toujours dans Milan. Jean Viscomti l'archevêque de cette ville devenait un conquérant. Il s'emparait de Boulogne, il faisait la guerre aux florentins & aux pisans, & méprisait également l'empereur & le pape. C'est lui qui fit la lettre du diable au pape & aux cardinaux, qui commence ainsi : *Votre mere la superbe vous salue avec vos sœurs l'avarice & l'impudicité.*

Apparemment que le diable ménagea l'accommodement de Jean Viscomti avec le pape Clément, qui lui vendit l'investiture de Milan pour douze ans, moïennant douze mille florins d'or par an.

1352.

La maison d'Autriche avait toujours des droits sur une grande partie de la Suisse. Le duc Albert veut soumettre Zurich qui s'alie avec les autres cantons déja confédérés. L'empereur secourt la maison d'Autriche dans cette guerre, mais il la secourt en homme qui ne veut pas qu'elle réussisse. Il envoïe des troupes pour ne point combattre,

battre, ou du moins qui ne combattent pas. La ligue & la liberté des Suisses se fortifient.

Les villes impériales voulaient toutes établir le gouvernement populaire à l'exemple de Strasbourg. Nuremberg chasse les nobles, mais Charles IV. les rétablit. Il incorpora la Lusace à son roïaume de Bohéme ; elle en a été détachée depuis.

1353.

L'empereur Charles IV. dans le tems qu'il avait été le jeune prince de Bohéme, avait gagné des batailles, & même contre le parti des papes en Italie. Dès qu'il est empereur il cherche des reliques, flatte les papes, & s'occupe de réglemens & sur tout du soin d'affermir sa maison.

Il s'accommode avec les enfans de Louis de Bavière, & les réconcilie avec le pape.

Albert duc de Bavière se voïait excommunié parce que son pere l'avait été. Ainsi pour prévenir la piété des princes qui pouraient lui ravir son état en vertu de son excommunication, il demande très humblement pardon au nouveau pape Innocent VI. du mal que les papes ses prédécesseurs ont fait à l'empereur son pere ; il signfie un acte qui commence ainsi : *Moi Albert duc de Bavière, fils de Louis de Bavière, soit-disant autrefois empereur, & réprouvé par la sainte église romaine, &c.*

Il ne parait pas que ce prince fût forcé à cet excès d'avilissement : il falloit donc dans ces tems là, qu'il y eût bien peu d'honneur ou beaucoup de superstition.

1354.

Il est remarquable que Charles IV. passant par Metz

Metz pour aller dans ſes terres de Luxembourg n'eſt point reçu comme empereur, parce qu'il n'avait pas encore été ſacré.

Henri VII. avoit déja donné à Venceſlas ſeigneur de Luxembourg le titre de duc. Charles érige cette terre en duché, il érige Bar en margraviat : ce qui fait voir que Bar relevait alors évidemment de l'Empire. Pont-à-Mouſſon eſt auſſi érigé en marquiſat. Tout ce païs était donc reputé de l'Empire.

1355.

Charles IV. va en Italie ſe faire couronner, il y marche plutôt en pélerin qu'en empereur.

Le ſaint ſiége était toujours ſédentaire à Avignon.

Le pape Innocent VI. n'avait nul crédit dans Rome, l'empereur encor moins. L'Empire n'était plus qu'un nom, & le couronnement qu'une vaine cérémonie. Il fallait aller à Rome comme Charlemagne & Oton le grand, ou n'y point aller.

Charles IV. & Innocent VI. n'aimaient que les cérémonies. Innocent VI. envoïe d'Avignon le détail de tout ce qu'on doit obſerver au couronnement de l'empereur. Il marque que le préfet de Rome doit porter le glaive devant lui ; que ce n'eſt qu'un honneur & non pas une marque de juriſdiction. Le pape doit être ſur ſon trône, entouré de ſes cardinaux, & l'emperenr doit commencer par lui baiſer les pieds: puis il lui préſente de l'or, & le baiſe au viſage, &c. Pendant la meſſe l'empereur fait quelques fonctions dans le rang des diacres : on lui met la couronne impériale après la fin de la premiere épitre. Après la meſſe l'empereur

pereur sans couronne & sans manteau tient la bride du cheval du pape.

Aucunes de ces cérémonies n'avaient été pratiquées depuis que les papes demeuraient dans Avignon. L'empereur reconnut dabord par écrit l'autenticité de ces usages. Mais le pape étant dans Avignon & ne pouvant se faire baiser les pieds à Rome, ni se faire tenir l'étrier par l'empereur, déclara que ce prince ne baiserait point les pieds, ni ne conduirait la mule du cardinal qui représenterait sa sainteté.

Charles IV. alla donc donner ce spectacle avec une grande suite, mais sans armée, il n'osa pas coucher dans Rome selon la promesse qu'il en avait faite au saint pere. Anne sa femme, fille du comte Palatin fut couronnée aussi, & en effet ce vain appareil était bien plutôt une vanité de femme, qu'un triomphe d'empereur. Charles IV. n'aïant ni argent ni armée, & n'étant venu à Rome que pour servir de diacre à un cardinal pendant la messe, reçut des affronts dans toutes les villes d'Italie où il passa.

Il y a une fameuse lettre de Pétrarque qui reproche à l'empereur sa faiblesse. Pétrarque était digne d'apprendre à Charles IV. à penser noblement.

1356.

Charles IV. prend tout le contrepied de ses prédécesseurs; ils avaient favorisé les Gibelins, qui étaient en effet la faction de l'Empire: pour lui il favorise les Guelfes, & fait marcher quelques troupes de Bohéme contre eux, ce qui ne fit qu'augmenter les troubles de l'Italie.

De retour en Allemagne, il s'applique à y faire

regner l'ordre autant qu'il le peut, & à régler les rangs. Le nombre des électorats était fixé par l'ufage plutôt que par les loix depuis le tems de Henri VII. mais le nombre des électeurs ne l'était pas. Les ducs de Bavière fur tout prétendaient avoir droit de fuffrage auffi-bien que les comtes Palatins aînés de leur maifon. Les cadets de Saxe fe croïaient électeurs auffi-bien que leurs aînés.

Diète de Nuremberg dans laquelle Charles IV. dépouille les ducs de Bavière du droit de fuffrage, & déclare que le comte Palatin eft le feul électeur de cette maifon.

Bulle d'or.

Les vingt-trois premiers articles de la bulle d'or font publiés à Nuremberg avec la plus grande folemnité. Cette conftitution de l'Empire, la feule que le public appelle bulle à caufe de la petite bulle ou boëte d'or dans laquelle le fceau eft enfermé, eft regardée comme une loi fondamentale. Il ne peut s'établir par les hommes que des loix de convention. Celles qu'un long ufage confacre font appellées fondamentales. On a changé felon les tems beaucoup de chofes à cette bulle d'or.

Ce fut le jurifconfulte Bartole qui la compofa. Le génie du fiécle y paraît par les vers latins qui en font l'exorde : *Omnipotens, aterne Deus, fpes unica mundi*; & par l'apoftrophe aux fept péchés mortels, & par la néceffité d'avoir fept électeurs à caufe des fept dons du faint Efprit, & du chandelier à fept branches.

L'empereur y parle d'abord en maître abfolu, fans confulter perfonne.

Nous

Nous déclarons & ordonnons par le préfent édict qui durera éternellement, de notre certaine fcience, pleine puiffance & autorité impériale.

On n'y établit point les fept électeurs, on les fuppofe établis.

Il n'eft queftion dans les deux premiers chapitres que de la forme & de la fureté du voïage des fept électeurs, qui doivent ne point fortir de Francfort *avant d'avoir donné au monde ou au peuple chrétien un chef temporel, à fçavoir, un roi des Romains futur empereur.*

On fuppofe enfuite N°. 8. article 2. que cette coutume a été toujours inviolablement obfervée, *& d'autant que tout ce qui eft cy-deffus écrit a été obfervé inviolablement.* Charles IV. & Bartole oubliaient qu'on avait élu les empereurs très fouvent d'une autre maniere, à commencer par Charlemagne & à finir par Charles IV. lui-même.

Un des articles les plus importans eft que le droit d'élire eft indivifible, & qu'il paffe de mâle en mâle au fils aîné. Il fallait donc ftatuer que les terres électorales laïques ne feraient plus divifées, qu'elles appartiendraient uniquement à l'aîné. C'eft ce qu'on oublia dans les 23. fameux articles publiés à Nuremberg avec tant d'appareil, & que l'empereur fit lire aïant un fceptre dans une main, & le globe de l'univers dans l'autre. Très peu de cas font prévus dans cette bulle; nulle méthode n'y eft obfervée, & on n'y traite point du gouvernement général de l'Empire.

Une chofe très-importante, c'eft qu'il y eft dit à l'article fept, N°. 7. que fi une des principautés électorales vient à vaquer au profit de l'empire, (il entend fans doute les principautés féculières) l'empereur en pourra difpofer comme d'une chofe dévoluë à lui légitimement, & à l'empire. Ces mots confus marquent que l'empereur pourrait prendre pour lui un électorat, dont la maifon régnante ferait éteinte ou condamnée. Il eft encor à remarquer combien la Bohéme eft favorifée dans cette bulle ; l'empereur était roi de Bohéme. C'eft le feul païs où les caufes des procès ne doivent pas reffortir à la chambre impériale. Ce droit de *non appellando* a été étendu depuis à beaucoup de princes, & les a rendus plus puiffants.

Le lecteur peut confulter la bulle d'or pour le refte.

On met la dernière main à la bulle d'or dans Metz aux fêtes de noël, on y ajoute fept chapitres. On y répare l'inadvertence qu'on avait euë d'oublier la fucceffion indivifible des terres électorales. Ce qui eft de plus clair & de plus expliqué dans les derniers articles, c'eft ce qui regarde la pompe & la vanité : on voit que Charles IV. fe complaît à fe faire fervir par les électeurs, dans les cours plénières.

La table de l'empereur plus haute de trois pieds que celle de l'impératrice, & celle de l'impératrice plus haute de trois pieds que celle des électeurs, un gros tas d'avoine devant la falle à manger, un duc de Saxe venant prendre à cheval un picotin d'avoine dans ce tas ; enfin tout cet appareil ne reffemblait pas à la majeftueufe fimplicité des premiers Céfars de Rome.

Un auteur moderne dit qu'on n'a point dérogé au dernier article de la bulle d'or, parce que tous les princes parlent français. C'eft précifément

ment en cela qu'on y a dérogé ; car il est ordonné par le dernier article, que les électeurs apprendront le latin & l'esclavon aussi bien que l'italien. Or peu d'électeurs aujourd'hui se piquent de parler esclavon.

La bulle fut enfin publiée à Metz toute entiere, il y eut une de ces cours pléniéres ; tous les électeurs y servirent l'empereur & l'impératrice à table ; chacun y fit sa fonction. Ce n'était pas en ces cas des princes qui devenaient grands officiers. C'étaient originairement des officiers, qui avec le tems étaient devenus grands princes.

1357.

On voit aisément par l'exclusion donnée dans la bulle d'or, au duc de Baviére & d'Autriche, que Charles IV. n'était pas l'ami de ces deux maisons. Le premier fruit de ce réglement pacifique fut une petite guerre. Les ducs de Baviére & d'Autriche levent des troupes. Ils assiégent dans Danustauffen un commissaire de l'empereur. L'empereur y arrive, il rompt la ligue de l'Autriche & de la Baviére, mais en rendant Danustauffen à l'électeur de Baviére, au lieu du droit de suffrage qu'il demandait.

Il y a une grande querelle dans l'Empire au sujet des phalburgers, c'est-à-dire des faux bourgeois. Querelle dans laquelle il est fort vraisemblable que les auteurs se sont mépris. La bulle d'or ordonne que les bourgeois qui appartiennent à un prince, ne se fassent pas recevoir bourgeois des villes impériales pour se soustraire à leurs princes, à moins de résider dans ces villes. Rien de plus juste, rien même de plus facile à exécuter. Car affurément un prince empêchera bien un citoïen de fa ville de lui défobéïr fous prétexte qu'il eft reçu bourgeois à Bâle ou à Conftance.

Pourquoi donc y eut-il tant de troubles à Strasbourg pour ces faux bourgeois? pourquoi fut-on en armes? Strasbourg pouvait-elle par exemple foutenir un fujet de Vienne à qui elle aurait donné des lettres de bourgeoifie, & qui s'en ferait prévalu à Vienne? non fans doute. Il s'agiffait donc de quelque chofe de plus important & de plus facré. Des feigneurs voulaient ravir à leurs fujets le premier droit qu'ont les hommes, de choifir leur domicile. Ils craignaient qu'on ne les quittât pour aller dans les villes libres. Voilà pourquoi l'empereur ordonne que les Strasbourgeois ne donneront plus le droit de citoïen à des étrangers; & que les Strasbourgeois veulent conferver ce droit, qui peuple une ville & qui l'enrichit.

1358.

Charles IV. avec l'apparence de la grandeur, autrefois guerrier, à préfent législateur, maître d'un beau païs & riche, a pourtant peu de crédit dans l'empire. C'eft qu'on ne voulait pas qu'il en eût. Quand il s'agit d'incorporer la Luface à la Bohéme, Albert d'Autriche qui a des droits fur la Luface, fait tout d'un coup la guerre à l'empereur, dont perfonne ne prend le parti; & l'empereur ne peut fe tirer d'affaire que par un ftratagème qu'on accufe de baffeffe. On prétend qu'il trompa le duc d'Autriche par des efpions, & qu'il païa enfuite ces efpions en fauffe monoie. Ce conte a l'air d'une fable; mais cette fable eft fondée fur fon caractère.

Il vendait des priviléges à toutes les villes, il vendait au comte de Savoye le titre de vicaire de l'empire à Genêve; il confirmait la liberté de la ville de Florence à prix d'argent. Il en tirait de Venise pour la souveraineté de Verone, de Padouë & de Vicence; mais ceux qui le payerent le plus chèrement furent les Viscomtis, pour avoir la puissance héréditaire dans Milan, sous le titre de gouverneur: on prétend qu'il vendait ainsi en détail l'empire qu'il avait acheté en gros.

1359.

Les princes de l'empire excités par les universités d'Allemagne, représentent à Charles IV. que parmi les bulles de Clement VI. il y en a de déshonorantes pour lui & pour le corps germanique; entre autres, celle où il est dit, que les empereurs sont les vassaux du pape, & lui prêtent serment de fidélité. Charles qui avait assez vécu pour sçavoir que toutes ces formules ne méritent d'attention que quand elles sont soutenues par les armes, se plaint au pape pour ne pas fâcher le corps germanique, mais modérément pour ne pas fâcher le pape. Innocent VI. lui répond que cette proposition est devenuë une loi fondamentale de l'église, enseignée dans toutes les écoles de théologie; & pour appuyer sa réponse, il envoïe d'Avignon en Allemagne un évêque de Cavaillon demander pour l'entretien du saint pere le dixiéme de tous les revenus ecclésiastiques.

Le prélat de Cavaillon s'en retourna en Avignon après avoir reçu de fortes plaintes au lieu d'argent. Le clergé Allemand éclata contre le pape, & c'est une des premières sémences de la révolution dans l'église, qu'on voit aujourd'hui.

Rescrit

Rescrit de Charles IV. en faveur des ecclésiastiques pour les protéger contre les princes, qui veulent les empêcher de recevoir des biens, & de contracter avec les laïcs.

1360.

Charles IV. en faisant des réglemens en Allemagne, abandonnait l'Italie. Les Viscomtis étaient toujours maîtres de Milan. Barnabo veut conserver Boulogne que son oncle archevêque guerrier & politique avait achetée pour douze années.

Un légat espagnol nommé d'Albornos entre dans cette ville au nom du pape qui est toujours à Avignon, & donne Boulogne au pape.

Barnabo Viscomti assiége Boulogne. Comment peut-on imprimer encor aujourd'hui, que le saint pere par un accommodement promit de payer cent mille livres d'or annuellement pendant cinq années pour être maître de Boulogne ? Les historiens qui répétent ces éxagérations savent bien peu ce que c'est que cinq cent mille livres pesant d'or.

1361.

Le siége de Boulogne est levé sans qu'il en coûte rien au pape. Un marquis de Malatesta qui s'est jetté avec quelques troupes dans la ville, fait une sortie, bat Barnabo, & le renvoie chez lui. L'empereur ne se mêle de cette affaire que par un rescrit inutile en faveur du pape.

Des guerres s'étant élevées entre le Dannemarck d'un côté, & le duc de Mecklembourg & les villes anséatiques de l'autre, tout finit à l'ordinaire par un traité. Plusieurs villes anséatiques traitent de couronne à couronne avec le Dannemark

marck dans la ville de Lubec. C'est un beau monument de la liberté fondée sur une industrie respectable. Lubec, Rostoc, Stralsund, Hambourg, Weismar, Brême & quelques autres villes font une paix perpétuelle avec le *roi de Dannemarck des Vandales & des Gots, les princes, négocians, & bourgeois de son païs :* ce sont les termes du traité ; termes qui prouvent que le Dannemarck était libre, & que les villes anséatiques l'étaient davantage.

L'impératrice Anne étant accouchée de Wenceslas, l'empereur envoïe le poids de l'enfant en or à une chapelle de la vierge dans Aix, usage qui commençait à s'établir, & qui a été poussé à l'excès pour notre dame de Lorette.

L'évêque de Strasbourg achete plus cher le titre de landgrave de la Basse-Alsace. Les landgraves de l'Alsace de la maison d'Oettingue s'y opposent, & l'évêque les appaise avec le même moyen dont il a eu son landgraviat, avec de l'argent.

1362.

Grande division entre les maisons de Baviére & d'Autriche. Une femme en est la cause. Marguerite de Carinthie, veuve du duc de Baviére Henri le vieux, fils de Louis l'empereur, ennemie de la maison où elle était entrée, donne tous les droits sur le Tirol & ses dépendances, à Rodolphe duc d'Autriche.

Etienne duc de Baviére s'allie avec plusieurs princes. L'Autrichien n'a dans son parti que l'archevêque de Saltzbourg. On fait une trêve de trois ans ; & l'inimitié secrette en est plus durable.

1363.

Charles IV. aussi sédentaire qu'il avait été actif dans sa jeunesse, reste toujours dans Prague. L'Italie est absolument abandonnée, chaque seigneur y achete un titre de vicaire de l'empire.

Barnabo Viscomti en veut toujours à Boulogne, & est maître de beaucoup de villes dans la Romagne.

Le pape, (c'étoit alors Urbain V.) obtient aisément de vains ordres de l'empereur aux vicaires d'Italie. On a écrit que Barnabo rendit encor ses places de la Romagne, pour cinq cent mille florins d'or au pape : mais Urbain dans Avignon aurait-il aisément trouvé cette somme ?

1364.

On écrit encor que Charles voulut faire passer le Danube à Prague. Cela est encor plus incroïable que les cinq cent mille florins du pape. Pour tirer seulement un canal du Danube à la Moldaü dans la Bohéme, il eût fallu conduire l'eau sur des montagnes, & dépendre encor de la maison de Baviére maîtresse du cours du Danube. Le projet de Charlemagne de joindre le Danube & le Rhin dans un païs plat, était bien plus praticable.

1365.

Un fléau formé en France au milieu des guerres funestes d'Edouard III. & de Philippe de Valois, se répand dans l'Allemagne. Ce sont des brigands qui ont déserté de ces armées indisciplinées où on les païait mal, qui joints à d'autres brigands, vont en Lorraine & en Alsace, & partout où ils trouvent les chemins ouverts : on les appelle *malandrins*,

drins, *tard venus*, *grandes compagnies*. L'empereur est obligé de marcher contre eux sur le Rhin avec les troupes de l'Empire. On les chasse, ils vont désoler la Flandre & la Hollande, comme des sauterelles qui ravagent les champs de contrées en contrées.

Charles IV. va trouver le pape Urbain V. à Avignon : il s'agissait d'une croisade, non plus pour aller prendre Jerusalem, mais pour empécher les turcs, qui avaient déja pris Andrinople, d'accabler la chrétienté.

Un roi de Chipre qui voïait le danger de plus près, sollicite dans Avignon cette croisade. On en avait fait plusieurs dans le tems que les musulmans n'étaient point à craindre en Syrie ; & maintenant que la chrétienté est envahie, on n'en fait plus.

Le pape, après avoir proposé la croisade par bienséance, fait un traité sérieux avec l'empereur, pour rendre au saint siége son patrimoine usurpé. Il accorde à l'empereur des décimes sur le clergé d'Allemagne : Charles IV. pouvait s'en servir pour aller reprendre en Italie les propres domaines de l'empereur, & non pour servir le pape.

1366.

Les *grandes compagnies* reviennent encor sur le Rhin, & delà vont tout dévaster jusqu'à Avignon. C'est une des causes qui enfin engagent Urbain V. à se refugier à Rome, après que les papes ont été refugiés soixante & deux ans sur les bords du Rhône.

Les Viscomtis plus dangereux que les *grandes compagnies* tenaient toutes les issuës des Alpes ; ils s'étaient s'étaient emparés du Piémont, ils ménaçaient la Provence. Urbain n'ayant que des paroles de l'empereur pour fecours, s'embarque fur une galére de la coupable & malheureufe Jeanne reine de Naples.

1367.

L'empereur s'excufe de fecourir le pape, pour être fpectateur de la guerre que la maifon d'Autriche & la maifon de Baviére fe font dans le Tirol. Et le pape Urbain V. après avoir fait quelques ligues inutiles avec l'Autriche & la Hongrie, fait voir enfin un pape aux romains le 16 d'octobre. Il n'y eft reçu qu'en premier évêque de la chrétienté & non en fouverain.

1368.

La ville de Fribourg en Brifgau qui avait voulu être libre, retombe au pouvoir de la maifon d'Autriche par la ceffion d'un comte Egon, qui en était l'*avoué*, c'eft-à-dire le défenfeur : & qui fe défifta de cette protection pour douze mille florins.

Le rétabliffement des papes à Rome n'empêchait pas les Vifcomtis de dominer dans la Lonbardie, & on était près de voir renaître un roïaume plus puiffant & plus étendu que celui des anciens lonbards.

L'empereur va enfin en Italie au fecours du pape, ou plutôt à celui de l'Empire. Il avait une armée formidable dans laquelle il y avait de l'artillerie.

Cette affreufe invention commençait à s'établir, elle était encor inconnuë aux turcs, & fi on s'en
était

était servi contre eux, on les eût aisément chassés de l'Europe; les chrétiens ne s'en servaient encor que contre les chrétiens.

Le pape attirait à la fois en Italie d'un côté le duc d'Autriche, de l'autre l'empereur, chacun avec une puissante armée; c'était de quoi exterminer à la fois la liberté d'Italie, & celle même du pape. C'est la fatalité de ce beau & malheureux païs, que les papes y ont toujours appellé les étrangers, qu'ils auraient voulu éloigner.

L'empereur saccage Verone, le duc d'Autriche Vicence. Les Viscomtis se hâtent de demander la paix, pour attendre un meilleur tems; la guerre finit en donnant de l'argent à Charles, qui va se faire sacrer à Rome selon les cérémonies usitées.

1369.

Diète à Francfort. Edit sévere qui défend aux villes & aux seigneurs de se faire la guerre. A peine l'édit est-il émané, que l'évêque de Hildesheim & Magnus duc de Brunswick, aïant chacun plusieurs seigneurs dans leur parti, se font une guerre sanglante.

Cela ne pouvait guères être autrement dans un païs où le peu de bonnes loix qu'on avait, étaient sans force. Et cette continuelle anarchie servait d'excuse à l'inactivité de l'empereur. Il fallait ou hazarder tout pour être le maître, ou rester tranquile, & il prenait ce dernier parti.

Urbain V. aïant fait venir les autrichiens & les bohémiens en Italie qui s'en étaient retournés chargés de dépouilles, y appellent les hongrois contre les Viscomtis; il n'y manquait que des turcs.

L'empereur

L'empereur pour prévenir ce coup fatal réconcilie les Viscomtis avec le saint siége.

1370.

Waldemar roi de Dannemarck chassé de Copenhague par le roi de Suède & par le comte de Holstein, se refugie en Pomeranie. Il demande des secours à l'empereur, qui lui donne des lettres de recommandation. Il s'adresse au pape Gregoire XI. le pape lui envoie des exhortations & le menace de l'excommunier, lui écrivant d'ailleurs comme à son vassal. On prétend que Waldemar lui répondit : *Je tiens la vie de Dieu, la couronne de mes sujets, mon bien de mes ancêtres, la foi seule de vos prédécesseurs : si vous voulez vous en prévaloir je vous la renvoie par la présente.* Cette lettre est surement apocrife.

Le roi Waldemar rentre dans ses états sans le secours de personne, par la désunion de ses ennemis.

1371.

L'Allemagne dans ces tems encor agrestes polit pourtant la Pologne. Casimir roi de Pologne qu'on a surnommé le *grand*, commence à faire bâtir quelques villes à la maniére allemande, & introduit quelques loix du droit Saxon dans son païs qui manquait de loix.

Guerre particuliére entre Wenceslas duc de Luxembourg & de Brabant frere de l'empereur, & les ducs de Juliers & de Gueldres : tous les seigneurs des Païs bas y prennent parti.

Rien ne caractérise plus la fatale anarchie de ces tems de brigandage. Le sujet de cette guerre était

était une troupe de voleurs de grand chemin, protégés par le duc de Juliers : & malheureusement un tel exemple n'était pas rare alors.

Wenceslas vicaire de l'Empire, veut punir le duc de Juliers : mais il eſt défait & pris dans une bataille.

Le vainqueur craignant le reſſentiment de l'empereur, court à Prague accompagné de pluſieurs princes, & ſur tout de ſon priſonnier : *voilà votre frere que je vous rends*, dit-il à l'empereur, *pardonnez-moi tous deux*.

On voit beaucoup d'évenemens de ce tems-là mêlés ainſi de brigandage & de chevalerie.

1372.

Les édits contre ces guerres aïant été inutiles, une nouvelle diète à Nuremberg, ordonne que les ſeigneurs & les villes ne pourront dorèſnavant s'égorger que ſoixante jours après l'offenſe reçuë. Cette loi s'appellait *la ſoixantaine de l'Empire*, & elle fut éxécutée toutes les fois qu'il fallait plus de ſoixante jours pour aller aſſiéger ſon ennemi.

1373.

Les affaires de Naples & de Sicile n'ont plus depuis longtems aucune liaiſon avec celles de l'Empire. L'île de Sicile était toujours poſſédée par la maiſon d'Arragon, & Naples par la reine Jeanne ; tout était fief alors. La maiſon d'Arragon, depuis les vêpres ſiciliennes, s'était ſoumiſe par des traités à relever du roïaume de Naples, qui relevait du ſaint ſiége.

Le but de la maiſon d'Arragon, en faiſant un

vain

vain hommage à la couronne de Naples, avait été d'être indépendante de la cour romaine, & elle y avait réussi quand les papes étaient à Avignon.

Grégoire XI. ordonne que les rois de Sicile fassent désormais hommage au roi de Naples & au pape à la fois. Il renouvelle l'ancienne loi, ou plutôt l'ancienne protestation, que jamais un roi de Sicile ou de Naples ne poura être empereur; & il ajoute que ces roïaumes feront incompatibles avec la Toscane & la Lonbardie.

Charles abandonne toutes ces affaires de l'Italie, uniquement occupé de s'enrichir en Allemagne, & d'y établir sa maison. Il achete l'électorat de Brandebourg d'Oton de Baviére qui le possédait, pour se l'approprier à lui & à sa famille. Ce cas n'avait pas été spécifié dans la *bulle d'or*. Il donne d'abord cet électorat à son fils aîné Wenceslas, puis au cadet Sigismond.

1374.

Le saint siége était toujours à Avignon. Urbain V. y était mort après s'être montré à Rome un moment. Grégoire XI. se résout enfin de rétablir le pontificat dans son lieu natal.

Les seigneurs & les villes qui se sont emparés des biens de la comtesse Mathilde, se liguent contre le pape dès qu'il veut revenir en Italie. La plûpart des villes mettaient alors sur leurs étendarts & sur les portes ce beau mot *Libertas*, que l'on voit encor à Lucques.

1375.

Les Florentins commençaient à jouer dans l'Italie le rôle que les Athéniens avaient eu en Gréce.

Tous

Tous les beaux arts inconnus ailleurs, renaiſſaient à Florence. Les factions Guelphes & Gibelines en troublant la Toſcane, avaient animé les eſprits & les courages; la liberté les avait élevés. Ce peuple était le plus conſidéré de l'Italie, le moins ſuperſtitieux, & celui qui voulait le moins obéïr aux papes & aux empereurs. Le pape Gregoire les excommunie. Il était bien étrange que ces excommunications, auxquelles on était tant accoutumé, fiſſent encor quelque impreſſion.

1376.

Charles fait élire roi des romains ſon fils Wenceslas à Rens ſur le Rhin, au même lieu où lui-même avait été élû.

Tous les électeurs s'y trouvèrent en perſonne. Son ſecond fils Sigiſmond y aſſiſtait quoiqu'enfant, comme électeur de Brandebourg. Le pere avait depuis peu transféré ce titre de Wenceslas à Sigiſmond. Pour lui, il avait ſa voix de Bohéme. Il reſtait cinq électeurs à gagner. On dit qu'il leur promit à chacun cent mille florins d'or: Pluſieurs hiſtoriens l'aſſurent. Il n'eſt guères vraiſemblable qu'on donne à chacun la même ſomme, ni que cinq princes aïent la baſſeſſe de la recevoir, ni qu'ils aïent l'indiſcrétion de le dire, ni qu'un empereur ſe vante d'avoir corrompu les ſuffrages.

Loin de donner de l'argent à l'électeur Palatin, il lui vendait dans ce tems-là Guittenbourg, Falkenbourg, & d'autres domaines. Il vendait à vil prix à la vérité, des droits régaliens aux électeurs de Cologne & de Mayence. Il gagnait ainſi de l'argent, & dépouillait l'Empire en l'aſſurant à ſon fils.

Charles

1377.

Charles IV. âgé de 64. ans entreprend de faire le voïage de Paris, & on ajoute que c'était pour avoir la confolation de voir le roi de France Charles V. qu'il aimait tendrement ; & la raifon de cette tendreffe pour un roi qu'il n'avait jamais vû, était qu'il avait époufé autrefois une de fes tantes. Une autre raifon qu'on allégue du voïage, eft qu'il avait la goutte, & qu'il avait promis à Mr. *Saint Maur*, faint d'auprès de Paris, de faire un pélerinage à cheval chez lui pour fa guérifon. La raifon véritable était le dégoût, l'inquiétude, & la coutume établie alors, que les princes fe vifitaffent. Il va donc de Prague à Paris avec fon fils Wenceflas roi des romains. Il ne vit guères depuis les frontiéres jufqu'à Paris, un plus beau païs que le fien. Paris ne méritait pas fa curiofité. L'ancien palais de faint Louis qui fubfifte encor, & le château du Louvre qui ne fubfifte plus, ne valaient pas la peine du voïage. On ne fe tirait de la barbarie qu'en Tofcane, & encor n'y avait-on pas réformé l'architecture.

S'il y eut quelque chofe de férieux dans ce voïage, ce fut la charge de vicaire de l'Empire dans l'ancien roïaume d'Arles, qu'il donna au Dauphin. Ce fut long-tems une grande queftion entre les publiciftes, fi le Dauphiné devait toujours relever de l'Empire : mais depuis long-tems ce n'en eft plus une entre les fouverains. Il eft vrai que le dernier Dauphin Humbert en donnant le Dauphiné au fecond fils de Philippe de Valois, ne le donna qu'aux mêmes droits qu'il le poffédait. Il eft vrai encor qu'on a prétendu que Charles IV. lui-même avait renoncé à tous fes droits : mais ils ne ne furent pas moins revendiqués par ſes ſucceſ-ſeurs. Maximilien I. réclama toujours la mouvance du Dauphiné ; mais il fallait que ce droit fût devenu bien caduc, puiſque Charlequint en forçant François I. ſon priſonnier à lui céder la Bourgogne par le traité de Madrid, ne fit aucune mention de l'hommage du Dauphiné à l'empire. Toute la ſuite de cette hiſtoire fait voir combien le tems change les droits.

1378.

Un gentilhomme français Enguerant de Couci profite du voïage de l'empereur en France pour lui demander une étrange permiſſion ; celle de faire la guerre à la maiſon d'Autriche : il était arrière petit-fils de l'empereur Albert d'Autriche par ſa mere fille de Leopold. Il demandait tous les biens de Leopold, comme n'étant point des fiefs maſculins. L'empereur lui donne toute permiſſion. Il ne s'attendait pas qu'un gentilhomme Picard pût avoir une armée. Couci en eut pourtant une & très-conſidérable, fournie par ſes parents, & par ſes amis, par l'eſprit de chevalerie, par une partie de ſon bien qu'il vendit, & par l'eſpoir du butin, qui enrôle toujours beaucoup de monde dans des entrepriſes extraordinaires. Il marche vers les domaines d'Alſace & de Suiſſe, qui apartiennent à la maiſon d'Autriche ; il n'y avait pas là de quoi payer ſes troupes ; quelques contributions de Strasbourg ne ſuffiſent pas pour lui faire tenir long-tems la campagne. Son armée ſe diſſipe bientôt, & le projet s'évanouit. Mais il n'arriva à ce gentilhomme, que ce qui arrivait alors à tous les grands princes, qui levaient des armées à la hâte.

Commencement du grand Schisme d'Occident.

Gregoire XI. après avoir vû enfin Rome en 1377. après y avoir reporté le siége pontifical qui avait été dans Avignon soixante & douze ans, était mort le 27. mars au commencement de 1378.

Les cardinaux Italiens prévalent enfin, & on choisit un pape Italien : c'est Prigano Napolitain, qui prend le nom d'Urbain, homme impétueux & farouche. Prigano Urbain dans son premier consistoire déclare qu'il fera justice du roi de France Charles V. & d'Edouard III. roi d'Angleterre qui troublent l'Europe. Le cardinal de la Grange le menaçant de la main, lui répond *qu'il en a menti*. Ces trois mots plongent la chrétienté dans une guerre de plus de trente années.

La plûpart des cardinaux choqués de l'humeur violente & intolérable du pape, se retirent à Naples, déclarent l'élection de Prigano Urbain, forcée & nulle, & choisissent Robert, fils d'Amédée III. comte de Genéve, qui prend le nom de Clément, & va établir son siége anti-romain dans Avignon. L'Europe se partage. L'empereur, la Flandre son alliée, la Hongrie appartenante à l'empereur, reconnaissent Urbain.

La France, l'Ecosse, la Savoye sont pour Clément. On juge aisément par le parti que prend chaque puissance, quels étaient les intérêts politiques. Le nom d'un pape n'est-là qu'un mot de ralliement.

La reine Jeanne de Naples est dans l'obédience de Clément, parce qu'alors elle était protégée par la France, & que cette reine infortunée appellait

pellait Louis d'Anjou frere du roi Charles cinq à son secours.

Venceslas duc de Luxembourg mourant sans enfans, laisse tous ses fiefs à son frere, & après lui à Venceslas roi des Romains.

L'empereur Charles IV. meurt bientôt après, laissant la Bohéme à Venceslas avec l'empire, le Brandebourg à Sigismond son second fils, la Lusace & deux duchés dans la Silesie à Jean son troisiéme.

Il résulte que malgré sa bulle dor, il fit encor plus de bien à sa famille qu'à l'Allemagne.

VENCESLAS,

Trente-quatriéme Empereur.

1379. 1380. 1381.

Le regne de Charles IV. dont on se plaignit tant, & qu'on accuse encor, est un siécle d'or en comparaison des tems de Venceslas son fils.

Il commence par dissiper les trésors de son pere dans des débauches à Francfort, & à Aix-la-Chapelle, sans se mettre en peine de la Bohéme son patrimoine, ravagée par la contagion.

Tous les seigneurs Bohémiens se révoltent contre lui au bout d'un an, & il se voit réduit tout d'un coup à n'oser attendre aucun secours de l'empire, & à faire venir contre ses sujets de Bohéme, ces restes de brigands qu'on appellait *grandes compagnies*, qui couraient alors l'Europe, cherchant des princes qui les emploïassent. Ils ravagèrent la Bohéme pour leur solde. Dans le même

même tems le schisme des deux papes divise l'Europe. Ce funeste schisme coûte d'abord la vie à l'infortunée Jeanne de Naples.

On se faisait encor alors un point de religion, comme de politique, de prendre parti pour un pape, quand il y en avait deux. Il eut été plus sage de n'en reconnaître aucun. Jeanne reine de Naples s'était déclarée malheureusement pour Clément, lorsqu'Urbain pouvait lui nuire. Elle était accusée d'avoir assassiné son premier mari André de Hongrie, & vivait alors tranquille avec Othon de Brunsvick son dernier époux.

Urbain, puissant encor en Italie, suscite contre elle Charles de Durazzo, sous prétexte de venger ce premier mari.

Charles de Durazzo arrive de Hongrie pour servir la colere du pape, qui lui promet la couronne. Ce qu'il y a de plus affreux, c'est que ce Charles de Durazzo était adopté par la reine Jeanne déja avancée en âge. Il était déclaré son héritier; il aima mieux ôter la couronne & la vie à celle qui lui avait servi de mere, que d'attendre la couronne de la nature & du tems.

Othon de Brunsvick qui combat pour sa femme est fait prisonnier avec elle. Charles de Durazzo la fait étrangler. Naples, depuis Charles d'Anjou était devenu le théatre des attentats contre les têtes couronnées.

1383. 1384. 1385. 1386.

Le trône impérial est alors le théatre de l'horreur & du mépris. Ce ne sont que des séditions en Bohéme contre Venceslas. Toute la maison de Baviére se réunit pour lui déclarer la guerre.
C'est

C'est un crime par les loix, mais il n'y a plus de loix.

L'empereur ne peut conjurer cet orage, qu'en rendant au comte Palatin de Baviére, les villes du haut Palatinat, dont Charles IV. s'était saisi quand cet électeur avait été malheureux.

Il céde d'autres villes au duc de Baviére, comme Mulberg & Bernau. Toutes les villes du Rhin, de Suabe & de Franconie se liguent entre elles. Les princes voisins de la France, en reçoivent des pensions. Il ne restait plus à Venceslas que le titre d'empereur.

1387.

Tandis qu'un empereur se déshonore, une femme rend son nom immortel. Marguerite de Waldemar, reine de Dannemarck & de Norvège, devient reine de Suede par des victoires & des suffrages. Cette grande révolution n'a de rapport avec l'Allemagne que parce que les princes de Macklenbourg, les comtes de Holstein, les villes de Hambourg & de Lubec s'opposerent inutilement à cette héroïne.

L'alliance des cantons Suisses se fortifie alors, & toujours par la guerre. Le canton de Berne était depuis quelques années entré dans l'union. Le duc Leopold d'Autriche veut encor dompter ces peuples. Il les attaque, & perd la bataille & la vie.

1388.

Les ligues des villes de Franconie, de Suabe & du Rhin pouvaient former un peuple libre, comme celui des Suisses, sur-tout sous un regne anarchique

anarchique, tel que celui de Venceslas ; mais trop de seigneurs, trop d'intérêts particuliers, & la nature de leur païs ouvert de tous côtés, ne leur permirent pas, comme aux Suisses, de se séparer de l'empire.

1389.

Sigismond frere de Venceslas acquiert de la gloire en Hongrie. Il n'y était que l'époux de la reine, que les Hongrois appellaient le *roi Marie*, titre qu'ils ont renouvellé depuis peu pour Marie Therese, fille de Charles VI. Marie était jeune & les états n'avaient point voulu que son mari gouvernât : ils avaient mieux aimé donner la régence à Elisabeth de Bosnie mere de leur roi Marie : de sorte que Sigismond ne se trouvait que l'époux d'une princesse en tutelle, à laquelle on donnait le titre de roi.

Les états de Hongrie sont mécontents de la régence, & on ne songe pas seulement à se servir de Sigismond. On offre la couronne à ce Charles de Durazzo accoutumé à faire étrangler des reines. Charles de Durazzo arrive & est couronné.

La régente & sa fille dissimulent, prennent leur tems, & le font assassiner à leurs yeux. Le ban ou palatin de Croatie se constitue juge des deux reines. Fait noïer la mere & enfermer la fille.

C'est alors que Sigismond se montre digne de regner, il léve des troupes dans son électorat de Brandebourg, & dans les états de son frere. Il défait les Hongrois.

Le ban de Croatie vient lui ramener la reine sa femme, à laquelle il avait fait promettre de le continuer dans son gouvernement. Sigismond couronné

couronné roi de Hongrie, ne crut pas devoir tenir la parole de sa femme, & fit écarteler le ban de Croatie dans la ville de cinq églises.

1390.

Pendant ces horreurs le grand schisme de l'église augmente ; il pouvait être éteint après la mort d'Urbain en reconnaissant Clément ; mais on élit à Rome un Pierre Tomasselli que l'Allemagne ne reconnaît que parce que Clément est reconnu en France. Il exige des annates, c'est-à-dire la premiere année du revenu des bénéfices ; l'Allemagne paie & murmure.

Il semble qu'on voulut se dédommager sur les juifs de l'argent qu'on païait aux papes. Presque tout le commerce intérieur se faisait toujours par eux, malgré les villes anséatiques. On les croit si riches en Bohême qu'on les y brûle & qu'on les égorge. On en fait autant dans plusieurs villes, & sur-tout dans Spire.

Venceslas qui rendait rarement des édits, en fait un pour annuller tout ce que l'on doit aux juifs. Il crut par là ramener à lui la noblesse & les peuples.

1391. jusqu'à 1397.

La ville de Strasbourg est si puissante, qu'elle soûtient la guerre contre l'électeur Palatin & contre son évêque au sujet de quelques fiefs. On la met au ban de l'empire ; elle en est quitte pour 30000. florins au profit de l'empereur.

Trois freres, tous trois ducs de Bavière, font un pacte de famille, par lequel un prince Bavarois ne pourra désormais vendre ou aliéner un fief qu'à son plus proche parent ; & pour le vendre à un étranger, il faudra le consentement de toute la maison : voilà une loi qu'on aurait pu insérer dans la bulle d'or pour toutes les grandes maisons d'Allemagne.

Chaque ville, chaque prince pourvoit comme il peut à ses affaires.

Venceslas renfermé dans Prague ne commet que des actions de barbarie & de démence. Il y avait des tems où son esprit était entiérement aliené. C'est un effet que les excès du vin & même des alimens font sur beaucoup plus d'hommes qu'on ne pense.

Charles VI. roi de France dans ce tems-là même était attaqué d'une maladie à peu près semblable. Elle lui ôtait souvent l'usage de la raison. Des anti-papes divisaient l'église & l'Europe. Par qui le monde a t'il été gouverné !

Venceslas dans un de ses accès de fureur avait jetté dans la Moldau & noïé le moine Jean Népomucéne, parce qu'il n'avait pas voulu lui révéler la confession de la reine sa femme. On dit qu'il marchait quelquefois dans les rues accompagné du boureau, & qu'il faisait exécuter sur le champ ceux qui lui déplaisaient. C'était une bête féroce qu'il fallait enchainer. Aussi les magistrats de Prague se saisissent de lui comme d'un malfaiteur ordinaire, & le mettent dans un cachot.

On lui permet des bains pour lui rendre la santé & la raison.

Il s'échappe avec une servante dont il fait sa maîtresse. Il s'enferme dans Beraun. C'était une occasion pour Sigismond son frere roi de Hongrie de venir se faire reconnaître roi de Bohéme, il
ne

ne la manque pas ; mais il ne peut se faire déclarer que régent. Il fait enfermer son frere dans le château de Prague ; de là il l'envoie à Vienne en Autriche chez le duc Albert, & retourne en Hongrie s'opposer aux Turcs qui commençaient à étendre leurs conquêtes de ce côté.

Venceslas s'échappe encor de sa nouvelle prison, il retourne à Prague. Et ce qui est rare, il y trouve des partisans.

Ce qui est encor plus rare, c'est que l'Allemagne ne se mêle en aucune façon des affaires de son empereur, ni quand il est à Prague & à Vienne dans un cachot, ni quand il revient regner chez lui en Bohéme.

1398.

Qui croirait que ce même Venceslas, au milieu des scandales & des vicissitudes d'une telle vie, propose au roi de France Charles VI. de l'aller trouver à Reims en Champagne pour étouffer les scandales du schisme ?

Les deux monarques se rendent en effet à Reims. On remarque que dans un festin que donnait le roi de France à l'empereur, & au roi de Navarre, un patriarche d'Alexandrie qui se trouva là s'assit le premier à table. On remarque encor qu'un matin, qu'on alla chez Venceslas pour conférer avec lui des affaires de l'église, on le trouva yvre.

Les universités alors avaient quelque crédit, parce qu'elles étaient nouvelles, & qu'il n'y avait plus d'autorité dans l'église. Celle de Paris avait proposé la premiere, que les prétendans au Pontificat se démissent, & qu'on élût un nouveau pape.

B v

pape. Il s'agiſſait donc que le roi de France obtînt la demiſſion de ſon pape Clément, & que Venceslas engageât auſſi le ſien à en faire autant.

Aucun des prétendants ne voulut abdiquer. C'étaient les ſucceſſeurs d'Urbain & de Clément. Le premier était ce Tomaſſelli, qui élu après la mort d'Urbain avait pris le nom de Boniface; l'autre Pedro de Luna, Pierre de la Lune, Arragonois qui s'appellait Benoît.

Ce Benoît ſiégeait dans Avignon. La cour de France tint la parole donnée à l'empereur; on alla propoſer à Benoît d'abdiquer. Et ſur ſon refus on le tint priſonnier cinq ans entiers dans ſon propre château d'Avignon.

Ainſi l'égliſe de France en ne reconnoiſſant point de pape pendant ces cinq années montrait que l'égliſe pouvait ſubſiſter ſans pape.

Pour Venceslas, on diſait qu'il aurait pû boire avec ſon pape, mais non négocier avec lui.

1399.

Il trouve pourtant une épouſe (Sophie de Baviére) après avoir fait mourir la premiere à force de mauvais traitements. On ne voit point qu'après ce mariage il retombe dans ſes fureurs, il ne s'occupe plus qu'à amaſſer de l'argent comme Charles IV. ſon pere. Il vend tout. Il vend enfin à Galéas Viſcomti tous les droits de l'empire ſur la Lombardie, qu'il déclare ſelon quelques auteurs indépendante abſolument de l'empire, pour cent-cinquante-mille écus d'or. Aucune loi ne défendait aux empereurs de telles aliénations. S'il y en avait eu, Viſcomti n'aurait point hazardé une ſomme ſi conſidérable.

Les

Les ministres de Venceslas qui pillaient la Bohême, voulurent faire quelques exactions dans la Misnie. On s'en plaignit aux électeurs. Alors ces princes qui n'avaient rien dit quand Venceslas était furieux, s'assemblent pour le déposer.

1400.

Après quelques assemblées d'électeurs, de princes, de députés des villes, une diéte solemnelle se tient à Lanstein· près de Mayence. Les trois électeurs ecclésiastiques avec le Palatin déposent juridiquement l'empereur en présence de plusieurs princes, qui assistent seulement comme témoins. Les électeurs aïant seuls le droit d'élire, en tiraient la conclusion nécessaire qu'ils avaient seuls le droit de destituer. Ils revoquèrent ensuite les aliénations que l'empereur avait faites à prix d'argent. Mais Galéas Viscomti n'en dominait pas moins depuis le Piémont jusqu'aux portes de Venise.

L'acte de la déposition de Venceslas est du 20. Août au matin. Les électeurs quelques jours après choisissent pour empereur Fréderic duc de Brunswick, qui est assassiné par un comte de Valdeck, dans le tems qu'il se prépare à son couronnement.

ROBERT,
Comte Palatin du Rhin,
TRENTE-CINQUIÈME EMPEREUR.

1400.

Robert comte Palatin du Rhin est élû à Rens par les quatre mêmes électeurs. Son élection ne peut être du 22. Août, comme on le dit, puisque Venceslas avait été déposé le 20 ; & qu'il avait fallu plus de deux jours pour choisir le duc de Brunswick, préparer son couronnement, & l'assassiner.

Robert va se présenter en armes devant Francfort suivant l'usage ; & y entre en triomphe au bout de six semaines & trois jours ; c'est le dernier exemple de cette coûtume.

1401.

Quelques princes, & quelques villes d'Allemagne tiennent encor pour Venceslas, comme quelques Romains regrettèrent Neron. Les magistrats de la ville libre d'Aix-la-Chapelle ferment les portes à Robert quand il veut s'y faire couronner. Il l'est à Cologne par l'archevêque.

Pour gagner les Allemands, il veut rendre à l'empire le Milanais que Venceslas en avait détaché. Il fait une alliance avec les villes de Suisse & de Suabe, comme s'il n'était qu'un prince de l'empire, & leve des troupes contre les Viscomti. La circonstance était favorable. Venise & Florence s'armaient contre la puissance redoutable du nouveau duc de Lombardie.

Etant dans le Tirol, il envoïe un défi à Galéas, *à vous Jean Galéas comte de Vérone*, lequel lui répond, *à vous Robert de Baviére, nous duc de Milan par la grace de Dieu, & de Venceslas, &c.* puis il lui promet de le battre. Il lui tient parole au débouché des gorges des montagnes.

Quelques princes qui avaient accompagné l'empereur, s'en retournent avec le peu de soldats qui leur restent ; & Robert se retire enfin presque seul.

Jean

1402. 1403.

Jean Galéas refte maître de toute la Lombardie, & protecteur de prefque toutes les autres villes, malgré elles.

Il meurt, laiffant entre autres enfans une fille mariée au duc d'Orleans, fource de tant de guerres malheureufes.

A fa mort l'un des papes, Boniface, qui n'eft ni affermi dans Rome, ni reconnu dans la moitié de l'Europe, profite heureufement de la haine que les conquêtes de Jean Galéas avaient infpirée, & fe faifit par des intrigues, de Boulogne, de Peroufe, de Ferrare, de quelques villes de cet ancien héritage de la comteffe Mathilde que le faint fiége réclame toujours.

Venceslas éveillé de fon fommeil létargique, veut enfin défendre fa couronne impériale contre Robert. Les deux concurrents acceptent la médiation du roi de France, & les électeurs le prient de venir juger à Cologne Venceslas & Robert, qui feraient préfents, & s'en rapporteraient à lui.

Les électeurs demandaient vraifemblablement le jugement du roi de France, parce qu'il n'était pas en état de le donner. Les accès de fa maladie le mettaient hors d'état de gouverner fes propres états, pouvait-il venir décider entre deux empereurs?

Venceslas dépofé, comptait alors fur fon frere Sigismond roi de Hongrie. Sigismond par un fort bizarre eft dépofé lui-même, & mis en prifon dans fon propre roïaume.

Les Hongrois choififfent Ladislas roi de Naples pour leur roi, & Boniface qui ne fait pas encor

s'il

s'il est pape, prétend que c'est lui qui donne la couronne de Hongrie à Ladislas : mais à peine Ladislas est-il sur les frontières de Hongrie que Naples se révolte. Il y retourne pour éteindre la rebellion.

Qu'on se fasse ici un tableau de l'Europe. On verra deux papes qui la partagent ; deux empereurs qui déchirent l'Allemagne ; la discorde en Italie après la mort de Viscomti ; les Venitiens s'emparent d'une partie de la Lombardie, Genes d'une autre partie, Pise assujetie par Florence ; en France des troubles affreux sous un roi en démence ; en Angleterre des guerres civiles ; les Maures tenant encor les plus belles provinces de l'Espagne ; les Turcs avançant vers la Grèce, & l'empire de Constantinople touchant à sa fin.

1404.

Robert acquiert du moins quelques petits terreins qui arrondissent son Palatinat. L'évêque de Strasbourg lui vend Offenbourg, Celle & d'autres seigneuries. C'est presque tout ce que lui vaut son empire.

Le duc d'Orléans frere de Charles VI. achete le duché de Luxembourg de Josse marquis de Moravie, à qui Venceslas l'a vendu. Sigismond avait vendu aussi le droit d'hommage. Par-là le duché de Luxembourg, & le duché du Milanais sont regardés par leurs nouveaux possesseurs, comme détachés de l'empire.

1405.

Le nouveau duc de Luxembourg & le duc de Lorraine se font la guerre sans que l'empire y
prenne

prenne part. Si les choses eussent continué encor quelques années sur ce pied, il n'y avait plus d'empire, ni de corps germanique.

1406.

Le marquis de Bade, & le comte de Virtemberg font impunément une ligue avec Strasbourg & les villes de Suabe contre l'autorité impériale. Le traité porte que *si l'Empereur ose toucher à un de leurs privilèges, tous ensemble lui feront la guerre.*

Les Suisses se fortifient toujours. Les seuls Bâlois ravagent les terres de la maison d'Autriche dans le Sondgau & dans l'Alsace.

1407. 1408.

Pendant que l'autorité impériale s'affaiblit, le schisme de l'église continue. A peine un des anti-papes est mort, que son parti en fait un autre. Ces scandales eussent fait secouer le joug de Rome à tous les peuples, si on eût été plus éclairé & plus animé, & si les princes n'avaient pas toujours eu en tête d'avoir un pape dans leur parti, pour avoir de quoi opposer les armes de la religion à leurs ennemis. C'est-là le nœud de tant de ligues qu'on a vuës entre Rome & les rois, de tant de contradictions, de tant d'excommunications demandées en secret par les uns, & bravées par les autres.

Déja l'église pouvait craindre la science, l'esprit, & les beaux arts; ils avaient passé de la cour du roi de Naples Robert, à Florence, où ils établissaient leur empire. L'émulation des universités naissantes commençait à débrouiller quelques cahos. La moitié de l'Italie était ennemie des papes.

Cepen-

Cependant les Italiens plus inftruits alors que les autres nations, n'établirent jamais de fecte contre l'églife. Ils faifaient fouvent la guerre à la cour romaine, non à l'églife romaine. Les Albigeois & les Vaudois avaient commencé vers les frontières de la France. Viclef s'éleva en Angleterre. Jean Hus docteur de la nouvelle univerfité de Prague, & confeffeur de la reine de Bohême femme de Venceslas, aïant lû les manufcrits de Viclef, prêchait à Prague les opinions de cet Anglais. Rome ne s'était pas attenduë que les premiers coups que lui porterait l'érudition, viendraient d'un païs, qu'elle appella fi long-tems barbare. La doctrine de Jean Hus confiftait principalement à donner à l'églife les droits que le faint fiége prétendait pour lui feul.

Le tems était favorable. Il y avait déja depuis la naiffance du fchifme une fucceffion d'anti-papes des deux côtés, & il était affez difficile de favoir de quel côté était le faint Efprit.

Le trône de l'églife étant ainfi partagé en deux, chaque moitié en eft rompuë, & fanglante. Il arrive la même chofe à trente chaires épifcopales. Un évêque approuvé par un pape, contefte à main armée fa cathédrale à un autre évêque confirmé par un autre pape.

A Liége par exemple il y a deux évêques, qui fe font une guerre fanglante. Jean de Baviére élû par une partie du chapitre fe bat contre un autre élû; & comme les papes oppofés ne pouvaient donner que des bulles, l'évêque Jean de Baviére appelle à fon fecours Jean duc de Bourgogne avec une armée. Enfin pour favoir à qui demeu-

demeurera la cathédrale de Liége, la ville est saccagée, & presque réduite en cendres.

Tant de maux, ausquels on ne remédie pour l'ordinaire que quand ils sont extrêmes, avaient enfin produit un concile à Pise, où quelques cardinaux retirés appellaient le reste de l'église. Ce concile est depuis transferé à Constance.

1409.

S'il y avait une maniere légale & canonique de finir le schisme qui déchirait l'Europe chrétienne, c'était l'autorité du concile de Pise.

Deux anti-papes successeurs d'anti-papes prêtent leur nom à cette guerre civile & sacrée. L'un est ce fier Espagnol Pierre Luna, l'autre Corrario Venitien.

Le concile de Pise les déclare tous deux indignes du trône pontifical. Vingt-quatre cardinaux avec l'approbation du concile, élisent Philargi né en Candie, le 17. Juin 1409. Philargi pape légitime meurt au bout de dix mois. Tous les cardinaux qui se trouvaient alors à Rome, nomment d'un commun consentement Baltazar Cossa, qui prend le nom de Jean XXIII. Il avait été nourri à la fois dans l'église & dans les armes, s'étant fait Corsaire dès qu'il fut diacre. Il s'était signalé dans des courses sur les côtes de Naples en faveur d'Urbain. Il acheta depuis chèrement un chapeau de cardinal, & une maîtresse nommée Catherine qu'il enleva à son mari. Il avait à la tête d'une petite armée, repris Boulogne sur les Viscomti. C'était un soldat sans mœurs, mais enfin c'était un pape canoniquement élû.

Le schisme paraissait donc fini par les loix de l'église;

l'église; mais la politique des princes le faisait durer; si on appelle politique cet esprit de jalousie, d'intrigue, de rapine, de crainte, & d'espérance qui brouille tout dans le monde.

Une diéte était assemblée à Francfort en 1409. L'empereur Robert y présidait, les ambassadeurs des rois de France, d'Angleterre, de Pologne y assistaient. Mais qu'arrive-t-il ? L'empereur soutenait une faction d'anti-papes, la France une autre. L'empereur & l'empire croïaient que c'était à eux d'assembler les conciles. La diéte de Francfort traitait le concile de Pise assemblé sans les ordres de l'Empire, de conciliabule; & on demandait un concile œcuménique. Il était donc arrivé que le concile de Pise en croïant tout terminer, avait laissé trois papes à l'Europe au lieu de deux.

Le pape canonique était Jean XXIII. nommé solemnellement à Rome. Les deux autres étaient Corrario & Pierre Luna: Corrario errant de ville en ville; Pierre Luna enfermé dans Avignon par l'ordre de la cour de France, qui sans le reconnaître, conservait toujours ce fantôme pour l'opposer aux autres dans le besoin.

1410.

Tandis que tant de papes agitent l'Europe, il y a une guerre sanglante entre les chevaliers Teutons maîtres de la Prusse, & la Pologne pour quelques bateaux de bled. Ces chevaliers institués d'abord pour servir des Allemans dans les hôpitaux, étaient devenus une milice, comme celle des Mammelucs.

Les chevaliers sont battus, & perdent Thorn, Elbing & plusieurs villes qui restent à la Pologne.

L'empe-

JOSSE. 43

L'empereur Robert meurt le 10. May à Openheim. Venceslas se dit toujours empereur sans en faire aucune fonction.

JOSSE,
TRENTE-SIXIÉME EMPEREUR.
1410.

Venceslas n'était plus empereur qu'à Prague pour ses domestiques. Sigismond son frere roi de Hongrie demande l'empire. Josse margrave de Brandebourg & de Moravie son cousin, le demande aussi.

Non seulement Josse dispute l'empire à son cousin, mais il lui dispute aussi le Brandebourg.

L'électeur Palatin Louis, fils aîné du dernier empereur Robert, l'archevêque de Tréves, & les ambassadeurs de Sigismond, dont on compte la voix en vertu du margraviat de Brandebourg, nomment Sigismond empereur à Francfort.

Mayence, Cologne, l'ambassadeur de Saxe, & un député de Brandebourg pour Josse, nomment ce Josse dans la même ville.

Venceslas proteste dans Prague contre ces deux élections. L'Allemagne a trois empereurs, comme l'église a trois papes sans en avoir un.

SIGIS-

SIGISMOND,

Roi de Bohéme & de Hongrie, Margrave de Brandebourg,

TRENTE-SEPTIÉME EMPEREUR.

1411.

La mort de Josse trois mois après son élection délivre l'Allemagne d'une guerre civile qu'il n'eût pû soutenir par lui-même, mais qu'on eût faite en son nom.

Sigismond reste empereur de nom & d'effet. Tous les électeurs confirment son élection le 21. Juillet.

Les villes n'avaient alors d'évêques que par le sort des armes. Car dans les brigues pour les élections Jean XXIII. approuvant un évêque, & Corrario un autre, la guerre civile s'ensuivait; & c'est ce qui arriva à Cologne comme à Liége. L'archevêque Theodoric de la maison de Mœurs ne prit possession de son siége qu'après une bataille sanglante, où il avait vaincu son compétiteur de la maison de Berg.

Les chevaliers Teutoniques reprennent les armes contre la Pologne. Ils étaient si redoutables que Sigismond se ligue secrettement avec la Pologne contre eux. La Pologne venait de céder la Prusse aux chevaliers, & le grand maître devenait insensiblement un souverain considérable.

1412.

Sigismond paraît s'embarrasser peu du grand schisme d'Occident. Il se voïait roi de Hongrie,
marg-

margrave de Brandebourg, & empereur. Il voulait assurer tout à sa postérité. Les Vénitiens qui s'aggrandissaient, avaient acquis une partie de la Dalmatie dans le tems des Croisades ; il les défait dans le Frioul, & joint cette partie à la Hongrie.

D'un autre côté Ladislas, ou Lancelot, ce roi de Hongrie chassé par lui, se rend maître de Rome & de tout le païs jusqu'à Florence. Le pape Jean XXIII. l'avait appellé d'abord, à l'exemple de ses prédécesseurs, pour le défendre, & il s'était donné un maître dangereux, de crainte d'en trouver un dans Sigismond. C'est cette démarche forcée de Jean XXIII. qui lui coûta bien-tôt le trône pontifical.

1413.

Jean transférait les restes du concile de Pise, à Rome, pour extirper le schisme, & confirmer son élection. Il devait être le plus fort à Rome. L'empereur fait convoquer le concile à Constance pour perdre le pape. On voit peu de papes Italiens pris pour dupes. Celui-ci le fut à la fois par Sigismond, & par le roi de Naples Ladislas ou Lancelot. Ce prince maître de Rome était devenu son ennemi, & l'empereur l'était encor davantage. L'empereur écrit aux deux anti-papes à Pierre Luna alors en Arragon, & à Corrario réfugié à Rimini ; mais ces deux papes fugitifs protestent contre son concile de Constance.

Lancelot meurt. Le pape délivré d'un de ses maîtres, ne devait pas se mettre entre les mains de l'autre. Il va à Constance esperant la protection de Frédéric duc d'Autriche, héritier de la haine de la maison d'Autriche contre la maison

de

de Luxembourg. Ce Prince à son tour protegé par le pape, accepte de lui le titre *in partibus* de général des troupes de l'église, & même avec une pension de six mille florins d'or, aussi vaine que le généralat. Le pape s'unit encor avec le marquis de Bade, & quelques autres princes. Il entre enfin en pompe dans Constance le 28 Octobre accompagné de neuf cardinaux.

Cependant Sigismond est couronné à Aix-la-Chapelle, & tous les électeurs font au festin roïal les fonctions de leurs dignités.

1414.

Sigismond arrive à Constance le jour de Noël, le duc de Saxe portant l'épée de l'empire nuë devant lui, le burgrave de Nuremberg, qu'il avait fait administrateur de Brandebourg, portant le sceptre. Le globe d'or était porté par le comte de Cillei son beau pere. Ce n'est pas une fonction électorale. Le pape l'attendait dans la cathédrale. L'empereur y fait la fonction de diacre à la messe ; Il y lit l'évangile, mais point de pieds baisés, point d'étrier tenu, point de mule menée par la bride. Le pape lui présente une épée. Il y avait trois trônes dans l'église, un pour l'empereur, un pour le pape, un pour l'impératrice, l'empereur était au milieu.

1415.

Jean XXIII. promet de céder le pontificat en cas que les anti-papes en fassent autant, & dans *tous les cas où sa déposition sera utile au bien de l'église*. Cette dernière clause le perdait. Ou il était forcé à cette déclaration, ou le métier de pirate ne l'avait pas rendu un pape habile. Sigismond baise
les

les pieds de Jean, dès que Jean eut lû cette formule qui lui ôtait le pontificat.

Sigismond est aisément le maître du concile en l'entourant de soldats. Il y paraissait dans toute sa gloire. On y voïait les électeurs de Saxe, du Palatinat, de Mayence, l'administrateur de Brandebourg, les ducs de Baviére, d'Autriche, de Silésie, cent vint-huit comtes, deux cens barons qui étaient alors quelque chose, vingt-sept ambassadeurs y représentèrent leurs souverains. On y disputait de luxe, de magnificence. Qu'on en juge par le nombre de cinquante orfévres qui vinrent s'établir à Constance. On y compta cinq cens joueurs d'instruments. Et ce que les usages de ce tems-là rendent très-croïable ; il y eut sept cens dix-huit, courtisannes sous la protection du magistrat de la ville.

Le pape s'enfuit déguisé en postillon sur les terres de Jean d'Autriche, comte du Tirol. Ce prince est obligé de livrer le pape & de demander pardon à genoux à l'empereur.

Tandis que le pape est prisonnier dans un château de ce duc d'Autriche son protecteur, on instruit son procès. On l'accuse de tous les crimes, on le dépose le 29. Mai, & par la sentence le concile se réserve le droit de le punir.

Le 6 Juillet de la même année 1415. Jean Hus confesseur de la reine de Bohéme, docteur en théologie, est brûlé vif par sentence des peres du concile, malgré le sauf conduit très-formel que Sigismond lui avait donné. Cet empereur le remet aux mains de l'électeur Palatin, qui le conduisit au bucher dans lequel il loua Dieu jusqu'à ce que la flamme étouffât sa voix.

Voici

Voici les propositions principales pour lesquelles on le condamna à ce supplice horrible. « Qu'il » n'y a qu'une église Catholique qui renferme dans » son sein tous les prédestinés ; que les seigneurs » temporels doivent obliger les prêtres à observer » la loi. Qu'un mauvais pape n'est pas vicaire de » Jesus-Christ.

« *Croïez-vous l'universel à parte rei*, lui dit un » cardinal ? *je crois l'universel à parte mentis*, ré- » pondit Jean Hus : *Vous ne croïez donc pas la pré-* » *sence réelle*, s'écria le cardinal. Il est manifeste » qu'on voulait que Jean fût brûlé, & il le fut.

1416.

Sigismond après la condamnation du pape & de Jean Hus, occupé de la gloire d'extirper le schisme, obtient à Narbonne des rois de Castille, d'Arragon & de Navarre, leur renonciation à l'obédience de Pierre de la Lune, ou Luna.

Il va de là à Chambéri ériger la Savoye en duché, & en donne l'investiture à Amédée VIII.

Il va à Paris, se met à la place du roi dans le parlement, & y fait un chevalier. On dit que c'était trop, & que le parlement fut blâmé de l'avoir souffert. Pourquoi ? si le roi lui avait donné sa place, il devait trouver très-bon qu'il conférât un honneur qui n'est qu'un titre.

De Paris il va à Londres. Il trouve en abordant des seigneurs qui avancent vers lui dans l'eau l'épée à la main, pour lui faire honneur, & pour l'avertir de ne pas agir en maître. C'était un aveu des droits que pouvait donner dans l'opinion des peuples ce grand nom de césar.

Il disait qu'il était venu à Londres pour négocier la paix entre l'Angleterre & la France. C'était dans

SIGISMOND.

dans le temps le plus malheureux de la monarchie Françaife, lorfque le roi Anglais Henri V. voulait avoir la France par conquête & par héritage.

L'empereur au lieu de faire cette paix, s'unit avec l'Angleterre contre la France malheureufe. Il l'eft lui-même davantage en Hongrie. Les Turcs qui avaient renverfé l'empire des Califes, & qui ménaçaient Conftantinople, aïant inondé la terre depuis l'Inde jufqu'à la Grece, dévaftaient la Hongrie & l'Autriche, mais ce n'était encor que des incurfions de brigands. On envoie des troupes contre eux quand ils fe retirent.

Tandis que Sigifmond voïage, le concile après avoir brûlé Jean Hus, cherche une autre victime dans Jerôme de Prague. Hieronime ou Jerôme de Prague, difciple de Jean Hus, lui était très-fupérieur en efprit & en éloquence, il avoit d'abord foufcrit à la condamnation de fon maître, mais il en eut honte. Il regarda fa rétractation comme fon feul crime & fubit la même mort le 1. Juin 1416. avec la même intrépidité. Le Poggio Florentin fecretaire de Jean XXIII. & l'un des reftaurateurs des lettres, préfent à l'interrogatoire de Jerôme & à fon fupplice, dit qu'il parla avec l'éloquence de Socrate, & qu'il brava les flammes comme Socrate but la ciguë.

Socrate en effet & ces deux Bohémiens avaient

Tome II.   C   été

été condamnés pour s'être attiré la haine des Sophistes de leur tems. Mais quelle différence entre les mœurs d'Athenes & celles des chrétiens du quinziéme siécle! entre la mort douce de Socrate, & le supplice épouvantable du feu dans lequel des prêtres jettaient d'autres prêtres.

Les papes avaient prétendu juger les princes & les dépouiller quand ils l'avoient pû ; le concile sans pape crut avoir les mêmes droits. Fréderic d'Autriche avait, vers le Tirol, pris des villes que l'évêque de Trente réclamait, & il retenait l'évêque prisonnier. Le concile lui ordonne de rendre l'évêque & les villes, sous peine d'être privé lui & ses enfans & ses petits enfans de tous leurs fiefs de l'église & de l'empire.

Ce Fréderic d'Autriche, souverain du Tirol, s'enfuit de Constance. Son frere Ernest lui prend le Tirol, & l'empereur met Fréderic au ban de l'empire. Tout s'accommode sur la fin de l'année. Fréderic reprend son Tirol, & Ernest son frere s'en tient à la Styrie qui était son appanage. Mais les Suisses qui s'étaient saisis de quelques villes de ce duc d'Autriche, les gardent & fortifient leur ligue.

1417.

L'empereur retourne à Constance, il y donne avec la plus grande pompe, l'investiture de Mayence, de la Saxe, de la Poméranie, de plusieurs

sieurs principautés : investiture qu'il faut prendre à chaque mutation d'empereur ou de vassal.

Il vend son électorat de Brandebourg à Fréderic de Hohenzollern, burggrave de Nuremberg pour la somme de quatre-cent-mille florins d'or, que le burggrave avait amassée, somme très-considérable en ce tems-là. Quelques auteurs disent seulement cent-mille, & sont plus croïables.

Sigismond se réserve par le contrat la faculté de racheter le Brandebourg pour la même somme, en cas qu'il ait des enfans.

Sentence de déposition prononcée dans le concile en présence de l'empereur contre le pape Pierre Luna, déclaré dans la sentence *parjure, perturbateur du repos public, hérétique, rejetté de Dieu & opiniâtre.* La qualité d'opiniâtre était la seule qu'il méritât bien.

L'empereur propose au concile de réformer l'église avant de créer un pape. Plusieurs prélats crient à l'hérétique, & on fait un pape sans réformer l'église.

Vingt-trois cardinaux & trente-trois prélats du concile députés des nations, s'assemblent dans un conclave. C'est le seul exemple que d'autres prélats que des cardinaux aient eu droit de suffrage, depuis que le sacré college s'étoit réservé à lui seul l'élection l'élection des Papes; car Gregoire VII fut élû par l'acclamation du peuple.

On élit le 11. Novembre Othon Colonne, qui change ce beau nom contre celui de Martin; c'est de tous les papes celui dont la consécration a été la plus augufte. Il fut conduit à l'églife par l'empereur & l'électeur de Brandebourg qui tenaient les rênes de son cheval, suivis de cent princes, des ambaffadeurs de tous les rois, & d'un concile entier.

1418.

Au milieu de ce vafte appareil d'un concile, & parmi tant de foins apparents de rendre la paix à l'églife, & à l'empire fa dignité, quelle fut la principale occupation de Sigifmond ? celle d'amaffer de l'argent.

Non content de vendre son électorat de Brandebourg, il s'étoit hâté pendant la tenue du concile de vendre à son profit quelques villes qu'il avait confifquées à Fréderic d'Autriche. L'accommodement fait, il falloit les reftituer. Cet embarras & la difette continuelle d'argent où il était, mêlait de l'aviliffement à fa gloire.

Le nouveau pape Martin V. déclare Sigifmond roi des Romains en fuppléant aux défauts de formalité, qui se trouvèrent dans son élection à Francfort.

Le

Le pape aïant promis de travailler à la réformation de l'église, publie quelques constitutions touchant les revenus de la chambre apostolique & les habits des clercs.

Il accorde à l'empereur le dixiéme de tous les biens ecclésiastiques d'Allemagne pendant un an, pour l'indemniser des frais du concile, & l'Allemagne en murmura.

Troubles appaisés cette année dans la Hollande, le Brabant & le Hainaut. Tout ce qui en résulte d'important pour l'histoire, c'est que Sigismond reconnaît que la province de Hainaut ne revèle pas de l'empire. Un autre empereur pouvait ensuite admettre le contraire. Le Hainaut avait autrefois, comme on a vû, relevé quelque tems d'un évêque de Liége.

Comme le droit féodal n'est point un droit naturel, que ce n'est point la possession d'une terre qu'on cultive, mais une prétention sur des terres cultivées par autrui, il a toujours été le sujet de mille disputes indécises.

1419.

De plus grands troubles s'élevaient en Bohême. Les cendres de Jean Hus & de Jerôme de Prague excitaient un incendie.

Les partisans de ces deux infortunés voulurent soûtenir leur doctrine & venger leur mort. Le célebre Jean Ziska se met à la tête des Hussites, & tâche de profiter de la faiblesse de Vencenslas, du fanatisme des Bohémiens, & de la haine qu'on commence à porter au Clergé, pour se faire un parti puissant, & s'établir une domination.

Venceslas meurt en Bohéme presque ignoré. Sigismond a donc à la fois l'empire, la Hongrie, la Bohéme, la suzeraineté de la Silésie; & s'il n'avait pas vendu son électorat de Brandebourg, pouvait fonder la plus puissante maison d'Allemagne.

1420.

C'est contre ce puissant empereur que Jean Ziska se soûtient, & lui fait la guerre dans ses propres états patrimoniaux. Les moines étaient le plus souvent les victimes de cette guerre; ils payaient de leur sang la cruauté des peres de Constance.

Jean Ziska fait soulever toute la Bohéme. Pendant ce tems il y a de grands troubles en Dannemarck au sujet du duché de Schleswig. Le roi Erick s'empare de ce duché; mais la guerre des Hussites est bien plus importante, & regarde de plus près l'empire.

Sigismond assiége Prague, Jean Ziska le met en déroute & lui fait lever le siége; un prêtre marchoit avec lui à la tête des Hussites un calice
à la

à la main pour marquer qu'ils voulaient communier fous les deux efpèces.

Un mois après, Jean Ziska bat encore l'empereur. Cette guerre dura feize années. Si l'empereur n'avoit pas violé fon fauf-conduit, tant de malheurs ne feraient pas arrivés.

1421.

Il y avoit long-tems qu'on ne faifait plus de croifades que contre les chrétiens. Martin V. en fait prêcher une en Allemagne contre les Huffites, au lieu de leur accorder la communion avec du vin.

Un évêque de Tréves marche à la tête d'une armée de croifés contre Jean Ziska, qui n'ayant pas avec lui plus de douze cens hommes, taille les croifés en piéces.

L'empereur marche encor vers Prague & eft encor battu.

1422.

Coribut prince de Lithuanie vient fe joindre à Ziska dans l'efpérance d'être roi de Bohéme. Ziska qui méritait de l'être, menace d'abandonner Prague.

Le mot *Ziska* fignifiait *borgne* en langue efclavonne, & on appellait ainfi ce guerrier, comme *Horatius* avoit été nommé *Cocles*. Il méritait alors celui *d'aveugle* aïant perdu les deux yeux; & ce Jean *l'aveugle* étoit bien un autre homme, que l'autre Jean *l'aveugle* pere de Sigifmond. Il croïait malgré la perte de fes yeux pouvoir regner, puifqu'il pouvoit combattre, & être chef de parti.

1423.

L'empereur chaffé de la Bohéme par les vengeurs de Jean Hus, a recours à fa reffource ordinaire, celle de vendre des provinces. Il vend la Moravie à Albert duc d'Autriche; c'étoit vendre ce que les Huffites poffédaient alors.

Procope, furnommé le *rafé*, parce qu'il était prêtre, grand capitaine, devenu l'œil & le bras de Jean Ziska, défend la Moravie contre les Autrichiens.

1424.

Non feulement Ziska l'aveugle fe foutient malgré l'empereur, mais encor malgré Coribut fon défenfeur, devenu fon rival. Il défait Coribut après avoir vaincu l'empereur.

Sigifmond pouvait au moins profiter de cette guerre civile entre fes ennemis; mais dans ce tems-là même, il eft occupé à des nôces. Il affifte avec pompe dans Prefbourg au mariage d'un roi de Pologne, tandis que Ziska chaffe fon rival Coribut & entre dans Prague en triomphe.

Ziska

Ziska meurt d'une maladie contagieuſe au milieu de ſon armée. Rien n'eſt plus connu que la diſpoſition qu'on prétend qu'il fit de ſon corps en mourant. *Je veux qu'on me laiſſe en plein champ*, dit-il, *j'aime mieux être mangé des oiſeaux que des vers, qu'on faſſe un tambour de ma peau, on fera fuir nos ennemis au ſon de ce tambour.*

Son parti ne meurt pas. Ce n'était pas Ziska, mais le fanatiſme qui l'avoit formé. Procope le *raſé* ſuccéde à ſon gouvernement & à ſa réputation.

1425. 1426.

La Bohéme eſt diviſée en pluſieurs factions, mais toutes réunies contre l'empereur, qui ne peut ſe reſaiſir des ruines de ſa patrie. Coribut revient, & eſt déclaré roi. Procope fait la guerre à la fois à cet uſurpateur & à Sigiſmond. Enfin l'empire fournit une armée de près de cent mille hommes à l'empereur, & cette armée eſt entierement défaite. On dit que les ſoldats de Procope, qu'on appellait les *Taborites*, ſe ſervirent dans cette grande bataille de haches à deux tranchants, & que cette nouveauté leur donna la victoire.

1427.

Pendant que l'empereur Sigiſmond eſt chaſſé de la Bohéme, & que les étincelles ſorties des cendres

dres de Jean Hus embrasent ce pays & la Moravie & l'Autriche, les guerres entre le roi de Dannemarck & de Holstein continuent. Lubec, Hambourg, Vismar, Stralsund sont déclarées contre lui. Quelle était donc l'autorité de l'empereur Sigismond ? il prenait le parti du Dannemark ; il écrivait à ces villes pour leur faire mettre bas les armes, & elles ne l'écoutaient pas.

Il semble avoir perdu son crédit comme empereur, ainsi qu'en qualité de roi de Bohéme.

Il fait marcher encor une armée dans son païs, & cette armée est encore battue par Procope. Coribut qui se disait roi de Bohéme, est mis dans un couvent par son propre parti, & l'empereur n'a plus de parti en Bohéme.

1428.

On voit que Sigismond était très-mal secouru de l'empire, & qu'il ne pouvait armer les Hongrois. Il était chargé de titres & de malheurs. Il ouvre enfin dans Presbourg des conférences pour la paix avec ses sujets. Le parti nommé des *Orphelins*, qui étoit le plus puissant à Prague, ne veut aucun accommodement, & répond : *Qu'un peuple libre n'a pas besoin de roi.*

1429. 1430.

Procope le *rasé*, à la tête de son regiment de
frères

freres (semblable à celui que Cromwel forma depuis) suivi de ses orphelins, de ses Taborites, de ses Prêtres, qui portaient un calice, & qui conduisaient les Calistins, continue à battre par tout les impériaux. La Misnie, la Lusace, la Silésie, la Moravie, l'Autriche, le Brandebourg sont ravagés. Une grande révolution était à craindre. Procope se sert de retranchements de bagages avec succès contre la cavalerie Allemande. Ces retranchements s'appellent des *Tabors*. Il marche avec ces Tabors, il pénétre aux confins de la Franconie.

Les princes de l'empire ne peuvent s'opposer à ces irruptions; ils étaient en guerre les uns contre autres. Que faisait donc l'empereur ? il n'avait sû que tenir un concile & laisser brûler deux prêtres.

Amurath II. dévaste la Hongrie pendant ces troubles. L'empereur veut intéresser pour lui le duc de Lithuanie & le créer roi, il ne peut en venir à bout : les Polonais l'en empêchent.

1431.

Il demande encor la paix aux Hussites, il ne peut l'obtenir, & ses troupes sont encor battues deux fois. L'électeur de Brandebourg & le cardinal Julien légat du pape sont défaits la seconde fois à Rifemberg d'une maniere si complette, que Procope parut être le maître de l'empire intimidé.

Enfin les Hongrois qu'Amurath II. laisse respirer, marchent contre le vainqueur, & sauvent l'Allemagne qu'ils avaient autrefois dévastée.

Les Hussites repoussés dans un endroit, sont formidables dans tous les autres. Le cardinal Julien ne pouvant faire la guerre, veut un concile, & propose d'y admettre des prêtres Hussites.

Le concile s'ouvre à Bâle le 23. Mai.

1432.

Les peres donnerent aux Hussites des saufs-conduits pour deux cens personnes.

Ce concile de Bâle tenu sous Eugene IV. n'éto qu'une prolongation de plusieurs autres indiqués par le pape Martin V. tantôt à Pavie, tantôt à Sienne. Les peres commencent par déclarer que le pape n'a ni le droit de dissoudre leur assemblée, ni même celui de la transférer, & qu'il leur doit être soumis sous peine de punition. Les conciles se regardaient comme les états généraux de l'Europe, juges des papes & des rois. On avait détrôné Jean XXIII. à Constance; on voulait à Bâle faire rendre compte à Eugene IV.

Eugene qui se croïait au-dessus du concile, le dissoud, mais en vain. Il s'y voit cité pour y compa-

comparaître, plutôt que pour y préfider; & Sigifmond prend ce tems pour s'aller faire inutilement couronner en Lombardie, & enfuite à Rome.

Il trouve l'Italie puiffante & divifée. Philippe Vifcomti regnait fur le Milanais, & fur Genes malheureufe rivale de Venife, qui avait perdu fa liberté, & qui ne cherchait plus que des maîtres. Le duc de Milan & les Venitiens fe difputaient Vérone & quelques frontieres. Les Florentins prenaient le parti de Venife, Luques, Sienne étaient pour le duc de Milan. Sigifmond eft trop heureux d'être protégé par ce duc pour aller recevoir à Rome la vaine couronne d'empereur. Il prend enfuite le parti du concile contre le pape, comme il avait fait à Conftance. Les peres déclarent fa fainteté contumace, & lui donnent foixante jours pour fe reconnaître, après quoi on le dépofera.

Les peres de Bâle voulaient imiter ceux de Conftance. Mais les exemples trompent. Eugene était puiffant à Rome, & les tems n'étaient pas les mêmes.

1433.

Les députés de Bohéme font admis au concile. Jean Hus & Jerôme avaient été brûlés à Conftance, fes fectateurs font refpectés à Bâle : ils y obtiennent que leurs voix feront comptées. Les prêtres Huſſites qui s'y rendent, n'y marchent qu'à la ſuite de ce Procope le *raſé*, qui vient avec trois cens gentilshommes armés, & les peres diſaient, *Voilà le vainqueur de l'égliſe & de l'empire.* Le concile leur accorde la permiſſion de boire en communiant, & on diſpute ſur le reſte. L'empereur arrive à Bâle, il y voit tranquillement ſon vainqueur, & s'occupe du procès qu'on fait au pape.

Tandis qu'on argumente à Bâle, les Huſſites de Bohême joints aux Polonois attaquent les chevaliers Teutons, & chaque parti croit faire une guerre ſainte. Tous les ravages recommencent; les Huſſites ſe font la guerre entre eux.

Procope quitte le concile qu'il intimidait, pour aller ſe battre en Bohême contre la faction oppoſée. Il eſt tué dans un combat près de Prague.

La faction victorieuſe fait ce que l'empereur n'aurait oſé faire, elle condamne au feu un grand nombre de priſonniers. Ces hérétiques armés ſi long-tems pour venger la cendre de leur apôtre, ſe livrent aux flammes les uns les autres.

1434.

Si les princes de l'empire laiſſaient leur chef dans l'impuiſſance de ſe venger, ils ne négligeaient
pas

pas toujours le bien public. Louis de Baviere duc d'Ingolstadt, ayant tyrannisé ses vassaux, abhorré de ses voisins, & n'étant pas assez puissant pour se défendre, est mis au ban de l'empire, & il obtient sa grace en donnant de l'argent à Sigismond.

L'empereur était alors si pauvre, qu'il accordait les plus grandes choses pour les plus petites sommes.

Le dernier de la branche électorale de Saxe, de l'ancienne maison d'Ascanie, meurt sans enfans. Plusieurs parents demandent la Saxe. Et il n'en coûte que cent mille florins au marquis de Misnie Frederic le *belliqueux* pour l'obtenir. C'est de ce marquis de Misnie Landgrave de Thuringe, que descend la maison de Saxe si étendue de nos jours.

1435.

L'empereur retiré en Hongrie négocie avec ses sujets de Bohéme. Les états lui fixent des conditions ausquels il poura être reconnu, & entre autres ils demandent qu'il n'altere plus la monnoie. Cette clause fait sa honte, mais honte commune avec trop de princes de ces tems là. Les peuples ne se sont soumis à des souverains ni pour être tyrannisés, ni pour être volés.

Enfin l'empereur aiant accepté les conditions, les Bohémiens se soumettent à lui & à l'église.

Voilà

Voilà un vrai contrat passé entre le roi & son peuple.

1436. 1437.

Sigismond rentre dans Prague & y reçoit un nouvel hommage, comme tenant nouvellement la couronne du choix de la nation. Après avoir appaisé le reste des troubles, il fait reconnaitre en Bohême le duc Albert d'Autriche son gendre pour héritier du roïaume. C'est le dernier évenement de sa vie, qui finit en Décembre 1437.

ALBERT II. d'Autriche.
TRENTE-HUITIEME EMPEREUR.

1438.

Il parut alors que la maison d'Autriche pouvait être déja la plus puissante de l'Europe. Albert II. gendre de Sigismond se fit roi de Bohême & de Hongrie, duc d'Autriche, souverain de beaucoup d'autres païs & empereur. Il n'étoit roi de Hongrie & de Bohême que par élection : mais quand le pere & l'aïeul ont été élus, le petit-fils se fait aisément un droit héréditaire.

Le parti des Hussites qu'on nommait les *Calixtins*, élit pour roi, Casimir, frere du roi de Pologne ; il faut combattre. L'armée de l'empereur com-

commandée par Albert l'Achille, alors burggrave de Nuremberg & depuis électeur de Brandebourg, assure par des victoires la couronne de Bohême à Albert II. d'Autriche.

Dans une grande diéte à Nuremberg on réforme l'ancien tribunal des Austrégues, remede inventé comme on a vû pour prévenir l'effusion de sang dans les querelles des seigneurs. L'offensé doit nommer trois princes pour arbitres, ils doivent être approuvés par les états de l'empire & jugés dans l'année.

On divise l'Allemagne en quatre parties, nommées *cercles*. Baviére, Rhin, Suabe & Vestphalie. Les terres électorales ne sont pas comprises dans ces quatre cercles, chaque électeur croyant de sa dignité de gouverner son état sans l'assujettir à ce reglement. Chaque cercle a un directeur & un duc ou général, & chaque membre du cercle est taxé à un contingent en hommes ou en argent pour la sureté publique.

On abolit dans cette diéte une ancienne loi qui subsistait encor en quelques endroits de la Vestphalie, loi qui n'en mérite pas le nom, puisque c'était l'opposé de toutes les loix. Elle s'appellait le *jugement secret*, & consistait à condamner un homme à mort, sans qu'il en fût rien.

Cette maniere de juger, qui n'est qu'une maniere d'assassiner, a été pratiquée dans plusieurs états & sur tout à Venise, lorsqu'un danger pressant, ou qu'un intérêt d'état supérieur aux loix pouvait servir d'excuse à cette barbarie. Une tradition sans preuve faisait croire que Charlemagne pour contenir les Saxons vaincus & peu soumis, avait établi ce tribunal de sang. Quelques juges dans la Vestphalie se prévalaient encor de cette coutume cruelle. Tous les successeurs de Charlemagne durent rougir de laisser à Albert d'Autriche l'honneur de la détruire.

1439.

D'un côté le concile de Bâle continue à troubler l'Occident: de l'autre les Turcs & les Tartares qui se disputent l'Orient, portent leurs dévastations aux frontieres de Hongrie.

L'empereur Grec Jean Paléologue, auquel il ne restait guéres plus que Constantinople, croit en vain pouvoir obtenir du secours des chrétiens. Il s'humilie jusqu'à venir dans Rome soumettre l'église Grecque au pape.

Ce fut dans le concile de Ferrare, opposé par Eugene IV. au concile de Bâle, que Jean Paléologue & son patriarche furent d'abord reçus. L'empereur Grec & son clergé dans leur soumission réelle garderent en apparence la majesté de leur empire,

empire, & la dignité de leur églife. Aucun de ces fugitifs ne baifa les pieds du pape ; ils avaient en horreur cette cérémonie, reçue par les empereurs d'Occident, qui fe difaient fouverains du pape. Cependant on avait dans les premiers fiecles baifé les pieds des évêques Grecs.

Paléologue & fes prélats fuivent le pape, de Ferrare à Florence. Il y eft folemnellement décidé & convenu par les repréfentants des églifes Latine & Grecque, *que le St. Efprit procede du Pere & du Fils par la production d'infpiration ; que le Pere communique tout au Fils, excepté la paternité ; & que le Fils a de toute éternité la vertu productive, par laquelle le St. Efprit procede du Fils comme du Pere.*

Le grand point intéreffant & glorieux pour Rome, était l'aveu de fa primatie. Le pape fut folemnellement reconnu le 6. Juillet pour le chef de l'églife univerfelle.

Cette union des Grecs & des Latins fut à la vérité défavouée bientôt après par toute l'églife Grecque. Mais la victoire du pape Eugene n'en était pas moins glorieufe.

Dans le même temps qu'il rend ce fervice aux Latins, & qu'il finit autant qu'il eft en lui, le fchifme de l'Orient & de l'Occident, le concile de Bâle le dépofe du pontificat, le déclare *rebelle, fimoniaque, fchifmatique, hérétique, & parjure.*

Si on confidere le concile par ce decret, on n'y voit qu'une troupe de factieux ; si on le regarde par les regles de la difcipline qu'il donna, on y verra des hommes très-fages : c'eft que la paffion n'avait point de part à ces réglemens, & qu'elle agiffait feule dans la dépofition d'Eugene. Le corps le plus augufte, quand la faction l'entraîne, fait toujours plus de fautes qu'un feul homme.

On ne doit pas oublier que Paléologue de retour à Conftantinople fut si odieux à fon églife pour l'avoir foumife à Rome, que fon propre fils lui refufa la fépulture.

Cependant les Turcs avancent jufqu'à Semendria en Hongrie. Au milieu de ces allarmes Albert d'Autriche dont on attendait beaucoup, meurt le 27. Octobre, laiffant l'empire affaibli, comme il l'avait trouvé, & l'Europe malheureufe.

FREDERIC d'Autriche
Troifiéme du nom,

TRENTE-NEUVIEME EMPEREUR.

1440.

On s'affemble à Francfort felon la coutume pour le choix d'un roi des Romains. Les états de Boheme qui étaient fans fouverain, jouiffent avec les autres électeurs

électeurs du droit de suffrage ; privilége qui n'a jamais été donné qu'à la Boheme.

Louis landgrave de Hesse refuse la couronne impériale. On en voit plusieurs exemples dans l'histoire. L'empire passait depuis longtems pour une épouse sans dot, qui avait besoin d'un mari très-riche.

Frederic d'Autriche duc de Styrie fils d'Ernest qui était bien moins puissant que le landgrave de Hesse, n'est pas si difficile.

Dans la même année Albert duc de Baviere refuse la couronne de Boheme, qu'on lui offre. Mais ce nouveau refus vient d'un motif qui doit servir d'exemple aux princes. La veuve de l'empereur roi de Boheme & de Hongrie, duc d'Autriche, venait d'accoucher d'un posthume nommé Ladislas. Albert de Baviere crut qu'on devait avoir égard au sang de ce pupille. Il regarda la Bohéme comme l'héritage de cet enfant. Il ne voulut pas le dépouiller. L'intérêt ne gouverne pas toujours les souverains. Il y a aussi de l'honneur parmi eux ; & ils devraient songer que cet honneur quand il est assuré, vaut mieux qu'une province incertaine.

A l'exemple du Bavarois, l'empereur Frederic III. refuse aussi la couronne de Bohéme. Voilà ce que fait l'exemple de la vertu. Frederic III. ne

veut

veut pas être moins généreux, que le duc de Baviere. Il se charge de la tutelle de l'enfant Ladiflas, qui devait par le droit de naissance posseder la basse Autriche où est Vienne, & qui était appellé au trône de la Bohême & de la Hongrie par le choix des peuples, qui respectaient en lui le sang dont il sortait.

Concile de Frisingue dans lequel on prive de la sépulture tous ceux qui seront morts en combattant dans un tournoi, ou qui ne se seront point confessés dans l'année. Ces décrets grossiers & ridicules n'ont jamais de force.

1441.

Grande diéte à Mayence. L'anti-pape Amédée de Savoye (Felix) créé par le concile de Bâle, envoie un légat *à Latere* à cette diéte; on lui fait quitter sa croix & la pourpre qu'Amédée lui a donnée. Cet Amédée était un homme bizarre, qui aiant renoncé à son duché de Savoye pour la vie molle d'Hermite, quittait sa retraite de Ripaille pour être pape. Les peres du concile de Bâle l'avaient élu, quoiqu'il fût séculier. Ils avaient en cela violé tous les usages, aussi ces peres n'étaient regardés à Rome que comme des séditieux. La diéte de Mayence tient la balance entre les deux papes.

L'ordre

L'ordre Teutonique gouverne si durement la Prusse, que les peuples se donnent à la Pologne.

L'empereur éleve à sa cour le jeune Ladislas roi de Bohéme, & le roïaume est administré au nom de ce jeune prince, mais au milieu des contradictions & des troubles. Tous les électeurs, & beaucoup de princes viennent assister au couronnement de l'empereur à Aix-la-Chapelle. Chacun avait à sa suite une petite armée. Ils mettaient alors leur gloire à paraître avec éclat dans ces jours de cérémonies: aujourd'hui ils la mettent à n'y plus paraître.

Grand exemple de la liberté des peuples du Nord. Erick roi de Dannemark & de Suede désigne son neveu successeur de son roïaume. Les états s'y opposent, en disant que par les loix fondamentales la couronne ne doit point être héréditaire. Leur loi fondamentale est bien différente aujourd'hui. Ils déposerent leur vieux roi Erick qui voulait être trop absolu, & ils appellerent à la couronne, ou plutôt à la premiere magistrature du roïaume, Christophe de Baviére.

1443. 1444.

La politique, les loix, les usages n'avaient rien alors de ce qu'ils ont de nos jours. On voit dans ces années la France unie avec la maison d'Autriche

triche contre les Suisses. Le Dauphin, depuis Louis XI. marche contre les Suisses, dont la France devait défendre la liberté. Les auteurs parlent d'une grande victoire que le Dauphin remporta près de Bâle; mais s'il avait gagné une si grande bataille, comment pût-il n'obtenir qu'à peine la permission d'entrer dans Bâle avec ses domestiques ? Ce qui est certain, c'est que les Suisses ne perdirent point la liberté pour laquelle ils combattaient, & que cette liberté se fortifia de jour en jour malgré leurs dissentions.

Ce n'était pas contre les Suisses qu'il fallait marcher alors; c'était contre les Turcs. Amurath II. après avoir abdiqué l'empire, l'avait repris à la priere des Janissaires. Ce Turc qu'on peut compter parmi les philosophes, était compté parmi les héros. Il poussait ses conquêtes en Hongrie. Le roi de Pologne Uladislas, le second des Jagellons, venait d'être élû par les Hongrois, au mépris du jeune Ladislas d'Autriche élevé toujours chez l'empereur. Il venait de conclure avec Amurath la paix la plus solemnelle que jamais les chrétiens eussent faite avec les Musulmans.

Amurath & Uladislas la jurerent tous deux solemnellement; l'un sur l'Alcoran, & l'autre sur l'évangile.

Le cardinal Julien Cesarini légat du pape en Allemagne

Allemagne, homme fameux par ſes pourſuites contre les partiſans de Jean Hus; par le concile de Bâle, auquel il avait d'abord préſidé, par la croiſade qu'il prêchait contre les Turcs., fut alors, par un zele trop aveugle, la cauſe de l'opprobre & du malheur des chrétiens.

A peine la paix était jurée, que ce cardinal veut qu'on la rompe. Il ſe flattait d'avoir engagé les Vénitiens & les Génois à raſſembler une flotte formidable, & que les Grecs réveillés allaient faire un dernier effort. Le prétexte manquait pour violer le ſerment. Amurath avoit obſervé toutes les conditions avec une exactitude qui ne laiſſait nul ſubterfuge aux infracteurs. Ce légat n'eut d'autre reſſource que de perſuader à Uladiſlas, aux chefs Hongrois, & aux Polonois qu'on pouvait violer ſes ſermens. Il harangua, il écrivit, il aſſura que la paix jurée ſur l'évangile était nulle, parce qu'elle avait été faite malgré l'inclination du pape. En effet le pape, qui était alors Eugene IV. écrivit à Uladiſlas, *qu'il lui ordonnait de rompre une paix, qu'il n'avait pû faire à l'inſçu du ſaint ſiege.* On a déja vû que la maxime s'était introduite, *de ne pas garder la foi aux hérétiques.* On en concluait qu'il ne fallait pas la garder aux Mahométans.

Enfin Julien prévalut. Tous les chefs ſe laiſſerent

ferent entraîner au torrent, & sur-tout Jean Corvin Huniade, ce fameux général des armées Hongroises qui combattit si souvent Amurath, & Mahomet second. Uladiflas séduit par de fausses espérances, & par une morale encor plus fausse, surprit les terres du Sultan. Il le rencontra bientôt vers le Pont-Euxin, dans ce païs qu'on nomme aujourd'hui la Bulgarie, & qui était autrefois la Mœsie. La bataille se donna près de la ville de Varnes.

Amurath portait dans son sein le traité de paix qu'on venait de conclure. Il le tira au milieu de la mêlée, dans un moment où ses troupes pliaient, & pria Dieu, qui punit les parjures, de venger cet outrage fait aux loix des nations. Voilà ce qui donna lieu à la fable, que la paix avoit été jurée sur l'Eucharistie, que l'hostie avait été remise aux mains d'Amurath, & que ce fut à cette hostie qu'il s'adressa dans la bataille. Le parjure reçut cette fois le châtiment qu'il méritait. Les chrétiens furent vaincus après une longue résistance. Le roi Uladiflas fut percé de coups. Sa tête coupée par un Janissaire fut portée en triomphe de rang en rang dans l'armée Turque, & ce spectacle achevera la déroute.

Quelques-uns disent que le cardinal Julien qui avait assisté à la bataille, voulant dans sa fuite passer

ser une riviere, y fut abîmé par le poids de l'or qu'il portait ; d'autres difent que les Hongrois mêmes le tuerent. Il eſt certain qu'il périt dans cette journée.

1445.

L'Allemagne devait s'oppoſer au progrès des Ottomans. Mais alors même Frederic III. qui avait appellé les Français à ſon ſecours contre les Suiſſes, voïant que ſes défenſeurs inondent l'Alſace & le Païs Meſſin, veut chaſſer ces alliés dangereux.

Charles VII. réclamait le droit de protection dans la ville de Toul, quoique cette ville fût impériale. Il exige au même titre des préſents de Metz & de Verdun. Ce droit de protection ſur ces villes dans leurs beſoins, eſt l'origine de la ſouveraineté qu'enfin les rois de France on ont obtenue.

On fait ſur ces Frontieres une courte guerre aux Français, au lieu d'en faire aux Turcs une longue, vive, & bien conduite.

La guerre eccléſiaſtique entre le concile de Bâle & le pape Eugene IV. dure toujours. Eugene s'aviſe de dépoſer les archevêques de Cologne & de Treves, parce qu'ils étaient partiſans du concile de Bâle. Il n'avait nul droit de les dépoſer comme archevêques, encor moins comme électeurs. Mais que fait-il ? Il nomme à Cologne un

D ij

un neveu du duc de Bourgogne, il nomme à Tréves un frere naturel de ce prince; car jamais pape ne pût être puissant ni faire de mal qu'en armant un prince contre un autre.

1446.

Les autres électeurs, les princes, prennent le parti des deux évêques vainement déposés. Le pape l'avait prévu; il propose un tempéramment, rétablit les deux évêques, il flatte les Allemands. Et enfin l'Allemagne qui se tenait neutre entre l'anti-pape & lui, reconnait Eugene pour seul pape légitime. Alors le concile de Bâle tombe dans le mépris, & bientôt après il se dissoud insensiblement de lui-même.

1447.

Concordat Germanique. Ce concile avait du moins établi des réglemens utiles, que le corps germanique adopta dès-lors, & qu'il soutient encor aujourd'hui. Les élections dans les églises cathédrales & abbatiales sont rétablies.

Le pape ne nomme aux petits bénéfices que pendant six mois de l'année.

On ne paie rien à la chambre apostolique pour les petits bénéfices; plusieurs autres loix pareilles sont confirmées par le pape Nicolas V. qui par là rend hommage à ce concile de Bâle, regardé à Rome comme un conciliabule.

1448.

Le Sultan Amurath II. défait encor les Hongrois commandés par le fameux Huniade, & l'Allemagne à ces funestes nouvelles, ne s'arme point encore.

1449.

L'Allemagne n'est occupée que de petites guerres. Albert *l'Achille* électeur de Brandebourg en a une autre contre la ville de Nuremberg qu'il voulait subjuger, presque toutes les villes impériales prennent la défense de Nuremberg, & l'empereur reste spectateur tranquille de ces querelles. Il ne veut point donner le jeune Ladislas à la Bohéme qui le redemande, & laisse soupçonner qu'il veut garder le bien de son pupille.

Ce jeune Ladislas devait être à la fois roi de Bohéme, duc d'une partie de l'Autriche, de la Moravie, & de la Silésie. Ces biens auraient pû tenter enfin la vertu.

Amédée de Savoie cede enfin son Pontificat, & redevient hermite à Ripaille.

1450. 1451. 1452.

La Bohéme, la Hongrie, la haute Autriche demandent à la fois le jeune Ladislas pour souverain.

Un gentilhomme nommé Eisinger fait soulever l'Autriche en faveur de Ladislas. Frederic s'excuse

cuſe toujours ſur ce que Ladiſlas n'eſt point majeur. Il envoie Frederic d'Autriche ſon frere contre les ſéditieux, & prend ce tems là pour ſe faire couronner en Italie.

Alphonſe d'Arragon regnait alors à Naples, & prenait les intérêts de l'empereur, parce qu'il craignait les Venitiens trop puiſſants. Ils étaient maîtres de Ravenne, de Bergame, de Breſcia, de Crême. Milan était au fils d'un payſan, devenu l'homme le plus conſidérable de l'Italie; c'était François Sforza ſucceſſeur des Viſcomti. Florence était liguée avec le pape contre Sforze. Le ſaint ſiege avait recouvré Boulogne. Tous les autres états appartenaient à divers ſeigneurs qui s'en étaient rendus maîtres. Les choſes demeurent en cet état pendant le voiage de Frederic III. en Italie. Ce voiage fut un des plus inutiles & des plus humiliants qu'aucun empereur eût fait encor. Il fut attaqué par des voleurs ſur le chemin de Rome. On lui prit une partie de ſon bagage, il y courut riſque de la vie. Quelle maniere de venir être couronné ceſar & chef du monde chrétien !

Il ſe fait à Rome une innovation unique juſqu'à ce jour. Frederic III. n'oſait aller à Milan propoſer qu'on lui donnât la couronne de Lombardie. Nicolas V. la lui donne lui-même à Rome. Et cela ſeul pouvait ſervir de titre aux papes pour créer

des

des rois Lombards, comme ils créaient des rois de Naples.

Le pape confirme à Fréderic III. cette tutelle du jeune Ladiflas roi de Bohême, de Hongrie, duc d'Autriche; tutelle qu'on voulait lui enlever, & excommunie ceux qui la lui difputent.

Cette bulle eft tout ce que l'empereur remporte de Rome, & avec cette bulle il eft affiégé à Neuftadt en Autriche par ceux qu'il appelle rebelles, c'eft-a-dire par ceux qui lui redemandent fon pupille.

Enfin il rend le jeune Ladiflas à fes peuples. On l'a beaucoup loué d'avoir été un tuteur fidele, quoiqu'il n'eût rendu ce dépôt que forcé par les armes. Lui aurait-on fait une vertu de ne pas attenter à fa vie ?

1453.

Cette année eft la mémorable époque de la prife de Conftantinople par Mahomet II. Certes c'étoit alors qu'il eût fallu des croifades. Mais il n'eft pas étonnant que les puiffances chrétiennes qui dans ces anciennes croifades même, avaient ravi Conftantinople à fes maîtres légitimes, la laiffaffent prendre enfin par les Ottomans. Les Vénitiens s'étaient dès long-tems emparés d'une partie de la Grece. Les Turcs avaient tout le refte. Il ne reftait de l'ancien empire que la feule ville capitale

capitale assiégée par plus de deux cens mille hommes, & dans cette ville on disputoit encor sur la Religion. On agitait s'il était permis de prier en latin, si la lumiere du Tabor étoit créée ou éternelle, si l'on pouvoit se servir de pain azyme.

Le dernier empereur Constantin avoit auprès de lui le cardinal Isidore, dont la seule présence irritait & décourageoit les Grecs. *Nous aimons mieux*, disaient-ils, *voir ici le turban, qu'un chapeau de cardinal.*

Tous les historiens, & même les plus modernes, répétent les anciens contes que firent alors les moines. Mahomet selon eux n'est qu'un barbare, qui met tout Constantinople à feu & à sang, & qui amoureux d'une Irene sa captive, lui coupe la tête pour complaire à ses Janissaires. Tout cela est également faux. Mahomet II. était mieux élevé, plus instruit, & savait plus de langues qu'aucun prince de la chrétienté. Il n'y eut qu'une partie de la ville prise d'assaut par les Janissaires. Le vainqueur accorda généreusement une capitulation à l'autre partie, & l'observa fidélement. Et quant au meurtre de sa maîtresse, il faut être bien ignorant des usages des Turcs pour croire que les soldats se mêlent de ce qui se passe dans le lit d'un Sultan.

On assemble une diéte à Ratisbonne pour tâcher de s'opposer aux armées Ottomannes. Philippe duc de Bourgogne vient à cette diéte, & offre de marcher contre les Turcs, si on le seconde. Fréderic ne se trouva pas seulement à Ratisbonne. C'est cette année 1453. que l'Autriche est érigée en archiduché, le diplôme en fait foi.

1454.

Le cardinal Eneas Silvius, qui fut depuis le pape Pie II, légat alors en Allemagne, sollicite tous les princes à défendre la chrétienté ; il s'adresse aux chevaliers Teutoniques, & les fait souvenir de leurs vœux ; mais ils ne font occupés qu'à combattre leurs sujets de la Poméranie & de la Prusse, qui secouent leur joug, & qui se donnent à la Pologne.

1455.

Personne ne s'oppose donc aux conquêtes de Mahomet II, & par une fatalité cruelle, presque tous les princes de l'empire s'épuisaient alors dans de petites guerres les uns contre les autres.

La maison de Brunsvick était aux mains pour des Salines ; la maison Palatine pour le titre d'électeur qu'un administrateur voulait prendre ; le duché de Luxembourg était envahi par le duc de Saxe, & défendu par le duc de Bourgogne au sujet de vingt-deux mille florins.

L'affaire du duché de Luxembourg devient plus sérieuse que les autres ; le jeune Ladislas roi de Hongrie & de Bohême réclame ce duché. Il ne paraît pas que l'empereur prenne part à aucune de ces querelles. Le duché de Luxembourg resta enfin à la maison de Bourgogne.

1456 1457.

Ce Ladislas, qui pouvait être un très-grand prince, meurt haï & méprisé. Il s'était enfui à Vienne quand les Turcs assiégeaient Belgrade. Il avait laissé au célebre Huniade & au cordelier Jean Capistran, la gloire de faire lever le siège.

L'empereur prend pour lui Vienne & la basse-Autriche ; le duc Albert son frere la haute, & Sigismond leur cousin la Carinthie.

1458.

Frédéric III. veut en vain avoir la Hongrie ; elle se donne à Mathias fils du grand Huniade son défenseur. Il tente aussi de régner en Bohême, & les états élisent George Podibrade qui avait combattu pour eux.

1459.

Frédéric III. n'oppose au fils de Huniade & au vaillant Podibrade que des artifices. Ces artifices font voir sa faiblesse : & cette faiblesse enhardit le duc de Baviére, le comte Palatin, l'électeur de de Mayence, plusieurs princes, & jusqu'à son propre frere, à lui déclarer la guerre en faveur du roi de Bohême.

Il est battu à Eins par Albert son frere; il ne se retire d'affaire qu'en cédant quelques places de l'Autriche. Il était traité par toute l'Allemagne plutôt comme membre que comme chef de l'empire.

1460.

Le nouveau pape Eneas Silvius Pie II. avait convoqué à Mantoue une assemblée de princes chrétiens pour former une croisade contre Mahomet II; mais les malheurs de ces anciens armemens, lorsqu'ils avaient été fait sans raison, empêchèrent toujours qu'on n'en fit de nouveaux lorsqu'ils étaient raisonnables.

L'Allemagne est toujours désunie. Un duc d'une partie de la Baviére, dont Landshut est la capitale, songe plutôt par exemple à soûtenir d'anciens droits sur Donavert, qu'au bien général de l'europe. Et au contraire dans l'antousiasme des anciennes croisades on eût vendu Donavert pour aller à Jerusalem.

Ce duc de Baviére, Louis, ligué contre tous les princes de sa maison & avec Ulric comte de Virtemberg, a une armée de vingt mille hommes.

L'empereur soûtient les droits de Donavert, ville

dès long-tems impériale, contre les prétentions du duc. Il se sert du fameux Albert *l'Achille* électeur de Brandebourg, pour reprimer le duc de Bavière & sa ligue.

Autres troubles pour le comté de Holstein. Le roi de Dannemarck Christiern s'en empare par droit de succession aussi-bien que de Schlesvick, en donnant quelque argent aux autres héritiers, & fait hommage du Holstein à l'empereur.

1461. 1462. 1463.

Autres troubles beaucoup plus grands par la querelle de la Bavière qui déchire l'Allemagne; autres encor par la discorde qui règne entre l'empereur & son frere Albert duc de la Haute-Autriche. Il faut que l'empereur plie, & qu'il céde par accommodement le gouvernement de son propre païs de l'Autriche Viennoise ou Basse-Autriche. Mais sur le délai d'un païement de quatorze-mille ducats, la guerre recommence entre les deux freres. Ils en viennent à une bataille, & l'empereur est battu.

Son ami Albert *l'Achille* de Brandebourg est aussi, malgré son surnom, battu par le duc de Bavière. Tous ces troubles intestins anéantissent la majesté de l'empire, & rendent l'Allemagne très-malheureuse.

Autre

1464.

Autre aviliffement encor. Il règnait toujours dans les nations un préjugé, que celui qui était poffeffeur d'un certain gage, d'un certain figne, avait de grands droits à un roïaume. Dans le malheureux empire Grec, un habit & des fouliers d'écarlate fuffifaient quelquefois pour faire un empereur. La couronne de fer de Monza donnait des droits fur la Lombardie ; la lance & l'épée de Charlemagne quand des rivaux fe difputaient l'empire, attirait un grand parti à celui qui s'était faifi de ces vieilles armes. En Hongrie il fallait avoir une certaine couronne d'or. Cet ornement était dans le tréfor de l'empereur Fréderic qui ne l'avait jamais voulu rendre, en rendant aux Hongrois Ladislas fon pupille.

Mathias Huniade redemande fa couronne d'or à l'empereur & lui déclare la guerre.

Fréderic III. rend enfin ce *palladium* de la Hongrie. On fait un traité qui ne reffemble à aucun traité. Mathias reconnaît Fréderic pour *pere*, & Fréderic appelle Mathias *fon fils* ; & il eft dit, que fi ce prétendu fils meurt fans enfans & fans neveux, le prétendu pere fera roi de Hongrie. Enfin le fils donne au pere foixante mille écus.

1465. 1466.

C'était alors le tems des petiteffes parmi les
puiffances

puissances chrétiennes. Il y avait toujours deux partis en Bohéme, les Catholiques & les Hussites. Le roi George Podibrad au lieu d'imiter les Scanderberg & les Huniades, favorise les Hussites contre les Catholiques en Silésie. Et le pape Paul II. autorise la révolte des Siléfiens par une bulle Ensuite il excommunie Podibrad, il le prive du roïaume. Ces indignes querelles privent la chrétienté d'un puissant secours. Mahomet II. n'avait point de Muphti qui l'excommuniât.

1467.

Les Catholiques de Bohéme offrent la couronne de Bohéme à l'empereur ; mais dans une diéte à Nuremberg la plûpart des princes prennent le parti de Podibrad en présence du légat du pape. Et le duc Louis de Baviére-Lanshut dit, qu'au lieu de donner la Bohéme à Fréderic, il faut donner à Podibrad la couronne de l'empire. La diéte ordonne qu'on entretiendra un corps de vingt-mille hommes pour défendre l'Allemagne contre les Turcs. L'Allemagne bien gouvernée eût pû leur en opposer trois cens mille.

Les chevaliers Teutoniques qui pouvaient imiter l'exemple de Scanderberg, ne font la guerre que pour la Prusse : & enfin par un traité solemnel ils se rendent feudataires de la Pologne. Le traité

traité fut fait à Torn l'année précédente, & exécuté en 1467.

1468.

Le pape donne la Bohême à Mathias Huniade ou Corvin, roi de Hongrie. C'est-à-dire que le pape dont le grand intérêt était d'opposer une digue au progrès des Turcs, sur tout après la mort du grand Scanderberg, excite une guerre civile entre des chrétiens, & outrage l'empereur & l'empire, en osant déposer un roi électeur. Car le pape n'avait pas plus de droit de déposer un roi de Bohême que ce prince n'en avait de donner le siége de Rome.

Mathias Huniade perd du tems, des troupes & des négociations, pour s'emparer de la Bohême.

L'empereur fait avec mollesse le rôle de médiateur. Plusieurs princes d'Allemagne se font la guerre; d'autres font des tréves. La ville de Constance s'allie avec les cantons Suisses.

Un Abbé de St. Gal unit le Tockembourg à sa riche abbaïe, & il ne lui en coûte que quatorze mille florins. Les Liégeois ont une guerre malheureuse avec le duc de Bourgogne. Chaque prince est en crainte de ses voisins, il n'y a plus de centre. L'empereur ne fait rien.

1469. 1470. 1471. 1472.

Mathias Huniade & Podibrad se disputent toujours

jours la Bohême. La mort subite de Podibrad n'éteint point la guerre civile. Le parti *Hussite* élit Ladislas prince de Pologne. Les Catholiques tiennent pour Mathias Huniade.

La maison d'Autriche qui devait être puissante sous Fréderic III, perd long-tems beaucoup plus qu'elle ne gagne. Sigismond d'Autriche dernier prince de la branche du Tirol, vend au duc de Bourgogne, Charles le *téméraire*, le Brisgau, le Suntgau, le Comté de Ferrete, qui lui appartenaient, pour quatre-vingt mille écus d'or. Rien n'est plus commun dans le quatorze & quinzième siécles pour des états vendus à vil prix. C'était démembrer l'empire, c'était augmenter la puissance d'un prince de France, qui alors possédait tous les Païs-Bas. On ne pouvait prévoir qu'un jour l'héritage de la maison de Bourgogne reviendrait à la maison d'Autriche. Les loix de l'empire défendent ces aliénations, il y faut au moins le consentement de l'empereur; & on néglige même de le demander.

Dans le même tems le duc Charles de Bourgogne achette environ pour le même prix, le duché de Gueldres & le comté de Zutphen.

Ce duc de Bourgogne était le plus puissant de tous les princes qui n'étaient pas rois, & peu de rois étaient aussi puissants que lui. Il se trouvait

à la

à la fois vassal de l'Empereur & du roi de France ; mais très-redoutable à l'un & à l'autre.

1473. 1474.

Ce duc de Bourgogne aussi entreprenant que l'empereur l'était peu, inquiéte tous ses voisins & presque tous à la fois. On ne pouvait mieux mériter le nom de *téméraire*.

Il veut envahir le Palatinat. Il attaque la Lorraine & les Suisses. C'est alors que les rois de France traitent avec les Suisses pour la premiere fois. Il n'y avoit encor que huit cantons d'unis. Schitz, Uri, Untervald, Lucerne, Zurich, Glaris, Zug & Berne.

Louis XI. leur donne vingt-mille francs par an, & quatre florins & demi par soldas tous les mois.

1475.

C'est toujours la destinée des Turcs, que les chrétiens se déchirent entre eux, comme pour faciliter les conquêtes de l'empire Ottoman. Mahomet maître de l'Epire, du Péloponèse, du Négre-Pont, fait tout trembler. Louis XI. ne songe qu'à sapper la grandeur du duc de Bourgogne dont il est jaloux, les provinces d'Italie qu'à se maintenir les unes contre les autres, Mathias Huniade qu'à disputer la Bohême au roi de Pologne, & Fréderic III. qu'à amasser quelque argent dont il puisse un jour faire usage pour mieux établir sa puissance.

Mathias.

Mathias Huniade après une bataille gagnée se contente de la Silésie & de la Moravie; il laisse la Bohême & la Lusace au roi de Pologne.

Charles le *téméraire* envahit la Lorraine, il se trouve par cette usurpation, maître d'un des plus beaux états de l'Europe, depuis Lion jusqu'à la mer de Hollande.

1476.

Sa puissance ne le satisfait pas, il veut renouveller l'ancien roïaume de Bourgogne, & y enclaver les Suisses. Ces peuples se défendent contre lui, aussi-bien qu'ils ont fait contre les Autrichiens; ils le défont entiérement à la bataille de Grandson, ou de Morat. Leurs piques & leurs espadons triomphent de la grosse artillerie & de la brillante gendarmerie de Bourgogne. Les Suisses étaient alors les seuls dans l'Europe qui combattissent uniquement pour la liberté. Les princes, les républiques même, comme Venise, Florence, Gênes n'avaient presque été en guerre que pour leur agrandissement. Jamais peuple ne défendit mieux cette liberté précieuse que les Suisses. Il ne leur a manqué que des historiens.

C'est à cette bataille de Morat que Charles le *téméraire* perdit ce beau diamant, qui passa depuis au duc de Florence. Un Suisse qui le trouva parmi les dépouilles, le vendit pour un écu.

1477.

Charles le *téméraire* périt enfin devant Nanci, trahi par le Napolitain Campo-Baffo, & tué en fuïant après la bataille, par Baufemont gentilhomme Lorrain.

Par fa mort le duché de Bourgogne, l'Artois, le Charolois, Macon, Bar-fur-feine, Lille, Douay, les villes fur la Somme, reviennent à Louis XI. roi de France, comme des fiefs de la couronne : mais la Flandre qu'on nomme impériale avec tous les Païs-Bas & la Franche-comté appartenaient à la jeune princeffe Marie, fille du dernier duc.

Ce que fit certainement de mieux Frederic III. fut de marier fon fils Maximilien avec cette riche héritiere.

Maximilien époufe Marie le 17. Août dans la ville de Gand, & Louis XI. qui avait pû la donner en mariage à fon fils, lui fait la guerre.

Ce droit féodal, qui n'eft dans fon principe que le droit du plus fort ; & dans fes conféquences, qu'une fource éternelle de difcordes allumait cette guerre contre la princeffe. Le Henaut devait-il revenir à la France ? était-ce une province impériale ? la France avait-elle des droits fur Cambrai ? en avait-elle fur l'Artois ; la Franche-comté devait-elle être encor réputée province de l'empire ? était-elle de la fucceffion de Bourgogne, ou reverfible à la couronne

couronne de France ? Maximilien aurait bien voulu tout l'héritage, Louis XI. voulait tout ce qui était à sa bienséance. C'est donc ce mariage qui est la véritable origine de tant de guerres malheureuses entre les maisons de France & d'Autriche ; c'est parce qu'il n'y avait point de loi reconnue, que tant de peuples ont été sacrifiés.

Louis XI. s'empare d'abord des deux Bourgognes; & vers les Païs-Bas de tout ce qu'il peut prendre dans l'Artois & dans le Henaut.

1478.

Un prince d'Orange, de la maison de Chalons en Franche-comté, tâche de conserver cette province à Marie. Cette Princesse se défend dans le Païs-Bas, sans que son mari puisse lui fournir des secours d'Allemagne. Maximilien n'était encor que le mari indigent d'une héroïne souveraine. Il presse les princes Allemans d'embrasser sa cause. Chacun songeait à la sienne propre. Un landgrave de Hesse enlevait un électeur de Cologne & le retenait en prison. Les chevaliers Teutons prenaient Riga en Livonie. Mathias Huniade était prêt de s'accommoder avec Mahomet II.

1176.

Enfin Maximilien aidé des seuls Liegeois, se met à la tête des armées de sa femme : on les appelle les *armées Flamandes*, quoique la Flandre proprement dite, c'eſt-à-dire, le païs depuis Lille juſqu'à Gand, fût en partie aux Français. La princeſſe Marie eut une armée plus forte que le roi de France.

Maximilien défait les Français à la journée de Guinegaſte au mois d'Août. Cette bataille n'eſt pas de celles qui décident du ſort de toute une guerre.

1480.

On négocie. Le pape Sixte IV. envoie un légat en Flandres. On fait une trêve de deux années. Où eſt pendant tout ce tems l'empereur Frederic III ? Il ne fait rien pour ſon fils ni pendant la guerre, ni pendant les négociations ; mais il lui avait donné Marie de Bourgogne, & c'était beaucoup.

1481.

Cependant les Turcs aſſiegent Rodes ; le fameux grand-maître Daubuſſon à la tête de ſes chevaliers, fait lever le ſiege au bout de trois mois.

Mais le bacha Acomat aborde dans le roïaume de Naples avec cent cinquante galeres. Il prend Otrante d'aſſaut. Tout le roïaume eſt prêt d'être envahi. Rome tremble. L'indolence des princes chrétiens n'échappe à ce torrent que par la mort

imprévûe

imprévûe de Mahomet II. Et les Turcs abandonnent Otrante.

Accord bizarre de Jean roi de Dannemarck & de Suede avec son frere Frederic duc de Holstein. Le roi & le duc doivent gouverner le Hostein fief de l'empire, & Schlesvick fief du Dannemarck en commun. Tous les accords ont été des sources de guerres, mais celui-ci sur-tout.

Les cantons de Fribourg en Suisse & de Soleure se joignent aux huit autres. C'est un très léger évenement par lui-même. Deux petites villes ne font rien dans l'histoire du monde; mais devenus membres d'un corps toujours libre, cette liberté les met au-dessus des plus grandes provinces qui servent.

1482.

Marie de Bourgogne meurt. Maximilien gouverne ses états au nom du jeune Philippe son fils. Les villes des Païs-Bas ont toutes des privileges. Ces privileges causent presque toujours des dissentions entre le peuple qui veut les soutenir & le souverain qui veut les faire plier à ses volontés. Maximilien réduit la Zelande, Leide, Utrecht, Nimegue.

1483. 1484. 1485.

Presque toutes les villes se soulevent l'une après l'autre, mais sans concert, & sont soumises l'une après

après l'autre. Il reste toujours un levain de mécontentement.

1486.

On était si loin de s'unir contre les Turcs, que Mathias Huniade roi de Hongrie, au-lieu de profiter de la mort de Mahomet II. pour les attaquer, attaque l'empereur. Quelle est la cause de cette guerre du prétendu fils contre le prétendu pere ? Il est difficile de la dire. Il veut s'emparer de l'Autriche. Quel droit y avait-il ? Ses troupes battent les Impériaux, il prend Vienne. Voilà son seul droit. L'empereur paraît insensible à la perte de la Basse Autriche, il voiage pendant ce tems-là dans les Païs-Bas, & de-là il va à Francfort faire élire par tous les électeurs son fils Maximilien, roi des Romains. On ne peut avoir moins de gloire personnelle, ni mieux préparer la grandeur de sa maison.

Maximilien est couronné à Aix-la-Chapelle le 9. Avril par l'Archevêque de Cologne ; le Pape Innocent VIII. y donne son consentement, que les Papes veulent toujours qu'on croie nécessaire.

L'empereur qui a eu dans la diète de Francfort le credit de faire son fils, roi des romains, n'a pas celui d'obtenir cinquante mille florins par mois pour recouvrer l'Autriche. C'est une de ces contradictions qu'on rencontre souvent dans l'histoire.

Ligue de Suabe pour prévenir les guerres particulieres qui déchirent l'Allemagne, & qui l'affaiblissent. Ce fut d'abord un reglement de tous les Princes à la diéte de Francfort, une loi comminatoire qui met au ban de l'empire tous ceux qui attaqueront leurs voisins. Ensuite tous les gentilshommes de Suabe s'associerent pour venger les torts. Ce fut une vraie chevalerie. Ils allaient par troupes démolir des châteaux de brigands, ils obligerent même le duc George de Baviere à ne plus persécuter ses voisins. C'était la milice du bien public. Elle ne dura pas.

1487.

L'empereur fait avec Mathias Huniade un traité qu'un vaincu seul peut faire. Il lui laisse la basse Autriche jusqu'à ce qu'il paie au vainqueur tous les frais de la guerre, mais faisant toujours valoir son titre de pere, & se réservant le droit de succéder à son fils adoptif dans le roïaume de Hongrie.

1488.

Le roi des Romains Maximilien se trouve dans les Païs-Bas attaqué à la fois par les Français & par ses sujets. Les habitans de Bruges sur lesquels il voulait établir quelques impôts contre les loix du païs, s'avisent tout d'un coup de le mettre en prison, & l'y tiennent quatre mois ; ils ne lui rendi-

rendirent sa liberté qu'à condition qu'il ferait sortir le peû de troupes Allemandes qu'il avait avec lui, & qu'il ferait la paix avec la France.

Comment se peut-il faire que le ministere du jeune Charles VIII. roi de France, ne profitât pas d'une si heureuse conjoncture ? Ce ministere alors était faible.

1489.

Maximilien épouse secretement en secondes nôces par procureur, la duchesse Anne de Bretagne. S'il l'eût épousée en effet, & qu'il en eût eu des enfans, la maison d'Autriche pressait la France par les deux bouts. Elle l'entourait à la fois par la Franche-Comté, l'Alsace, la Bretagne, & les Païs-Bas.

1490.

Mathias Corvin Huniade étant mort, il faut voir si l'empereur Frederic son pere adoptif lui succédera en vertu des traités. Frederic donne son droit à Maximilien son fils.

Mais Béatrix, veuve du dernier roi, fait jurer aux états qu'ils reconnaîtront celui qu'elle épousera; elle se remarie aussitôt à Ladislas Jagellon, roi de Bohême, & les Hongrois le couronnent.

Maximilien reprend du moins sa Basse-Autriche, & porte la guerre en Hongrie.

1491.

On renouvelle entre Ladiflas Jagellon & Maximilien, ce même traité que Frederic III. avait fait avec Mathias. Maximilien eft reconnu héritier préfomptif de Ladiflas Jagellon en Hongrie & en Bohême.

La deftinée préparait ainfi de loin la Hongrie à obéir à la maifon d'Autriche.

L'empereur dans ce tems de profpérité fait un acte de vigueur. Il met au ban de l'empire Albert de Baviere duc de Munich fon gendre. C'eft une chofe étonnante que le nombre des princes de cette maifon, aufquels on a fait ce traitement. De quoi s'agiffait-il ? D'une donation du Tirol faite folemnellement à ce duc de Baviere par Sigifmond d'Autriche ; & cette donation ou vente fecrette, était regardée comme la dot de fa femme Cunegonde, propre fille de l'empereur Frederic III.

L'empereur prétendait que le Tirol ne pouvait pas s'aliéner, tout l'empire était partagé fur cette queftion, preuve indubitable qu'il n'y avait point de loix claires, & c'eft en effet ce qui manque le plus aux hommes.

Le ban de l'empire dans un tel cas n'eft qu'une déclaration de guerre ; mais on s'accommoda bientôt. Le Tirol refta à la maifon d'Autriche : On donne quelques compenfations à la Baviere, & le
duc

duc de Baviere rend Ratifbonne, dont il s'était emparé depuis peu.

Ratifbonne était une ville impériale. Le duc de Baviere fondé fur ces anciens droits, l'avait mife au rang de fes états ; elle eft de nouveau déclarée ville impériale, il refta feulement aux ducs de Baviere la moitié des droits de péages.

1492.

Le roi des Romains, Maximilien, qui comptait établir paifiblement la grandeur de fa maifon en mariant fa fille Marguerite d'Autriche à Charles VIII. roi de France, chez qui elle était élevée, & en époufant bientôt Anne de Bretagne, époufée déja en fon nom par procureur, apprend que fa femme eft mariée en effet à Charles VIII. le 6. Décembre 1491. & qu'on va lui envoyer fa fille Marguerite. Les femmes ne font plus des fujets de guerre entre les princes ; mais les provinces le font.

L'héritage de Marie de Bourgogne fomentait une difcorde éternelle, comme l'héritage de Mathilde avoit fi long-tems troublé l'Italie.

Maximilien furprend Arras, il conclut enfuite une paix avangageufe, par laquelle le roi de France lui cede la Franche-Comté en pure fouveraineté, & l'Artois, le Charolois & Nogent, à condition d'hommage.

E ij   Ce

Ce n'est pas à Maximilien proprement qu'on cede ces païs, c'est à Philippe son fils, comme représentant Marie de Bourgogne sa mere.

Il faut avouer que nul roi des Romains ne commença sa carriere plus glorieusement que Maximilien. La victoire de Guinégaste, sur les Français, l'Autriche reconquise, Arras prise, & l'Artois gagné d'un trait de plume, le couvrait de gloire.

1493.

Frederic III. meurt le 19. Août, âgé de 78. ans, il en regna 53. nul regne d'empereur ne fut plus long, mais ce ne fut pas le plus glorieux.

MAXIMILIEN,
Quarantieme Empereur.

Vers le tems de l'avénement de Maximilien à l'empire, l'Europe commençait à prendre une face nouvelle. Les Turcs y possedent déja un vaste terrein. Les Vénitiens qui leur opposent à peine une barriere, conservaient encore Chipre, Candie, une partie de la Grece, de la Dalmatie. Ils s'étendaient en Italie : & la ville de Venise seule valait mieux que tous ses domaines. L'or des nations coulait chez elle par tous les canaux du commerce.

Les papes étaient redevenus souverains de Rome, mais

MAXIMILIEN. 101

mais souverains très-gênés dans cette capitale ; & la plûpart des terres qu'on leur avait autrefois données, & qui avaient toujours été contestées, étaient perdues pour eux.

La maison de Gonzague était en possession de Mantoue, ville de la Comtesse Mathilde ; & jamais le saint siege n'a possédé ce fief de l'empire. Parme & Plaisance qui ne leur avait pas appartenu davantage, était entre les mains des *Sforzes*, ducs de Milan. La maison *d'Este* regnait à Ferrare & à Modene. Les *Bentivoglio* avaient Boulogne, les *Balloni* Pérouse, les *Polentini*, Ravenne, les *Manfredi* Faenza, les *Rimario* Immola & Forli: presque tout ce qu'on appelle la Romagne & le patrimoine de saint Pierre, était possédé par des seigneurs particuliers, dont la plupart avaient obtenu aisément des diplomes de vicaires de l'empire.

Les Sforzes depuis cinquante ans n'avaient pas même daigné prendre ce titre. Florence en avait un plus beau, celui de *libre*, sous l'administration, non sous la puissance des Médicis.

L'état de Savoye encor très-resserré, manquant d'argent & de commerce, était alors bien moins considéré que les Suisses.

Si des Alpes on jette la vûe sur la France, on la voit commencer à renaître. Ses membres long-

E iij

tems

tems féparés, fe réuniffent, & font un corps puiffant.

Le mariage d'Anne de Bretagne avec Charles VIII. acheve de fortifier ce roïaume, accru fous Louis XI. de la Bourgogne & de la Provence. Elle n'avait influé en rien dans l'Europe, depuis la décadence de la race de Charlemagne.

L'Efpagne encor plus malheureufe qu'elle pendant fept cens années, reprenait en même tems une vie nouvelle. Ifabelle & Ferdinand venaient d'arracher aux Maures le roïaume de Grenade, & portaient leurs vûes fur Naples & Sicile.

Le Portugal était occupé d'une entreprife, & d'une gloire inouie jufqu'alors. Il commençait à ouvrir une nouvelle route au commerce du monde, en apprenant aux hommes à pénétrer aux Indes par l'Océan. Voilà les fources de tous les grands événemens qui ont depuis agité l'Europe entiere.

1494.

Les Turcs fous Bajazet II. moins terribles que fous Mahomet, ne laiffent pas de l'être encore. Ils font des incurfions en Hongrie, & fur les terres de la maifon d'Autriche. Mais ce ne font que quelques vagues qui battent les rivages après une grande tempête. Maximilien va raffurer la Croatie & la Carniole.

Il époufe à Infpruck la niéce de Lucovic Sforze, ou Louis le *Maure* ufurpateur de Milan, empoifonneur de fon pupille, héritier naturel. Ce n'étoit pas d'ailleurs une maifon, où la noblefe du fang pût illuftrer les crimes. L'argent feul fit fe mariage. Maximilien prit à la fois Blanche de Sforze, & donna l'inveftiture du Milanais à Louis le *Maure*. L'Allemagne en fut indignée.

Dans le même tems ce Louis le *Maure* appelle auffi Charles VIII. en Italie, & lui donne encor de l'argent. Un duc de Milan foudoyer à la fois un empereur, & un roi de France !

Il les trompe tous deux. Il croit qu'il poura partager avec Charles VIII. la conquête de Naples, & il veut que pendant que Charles VIII. fera en Italie, l'empereur tombe fur la France. Ce commencement du feiziéme fiécle eft fameux par fes intrigues les plus profondes, par les perfidies les plus noires. C'était un tems de crife pour l'Europe, & fur-tout pour l'Italie, où plufieurs petits princes voulaient regagner par le crime ce qui leur manquait en pouvoir.

1495.

Nouvelle chambre impériale établie à Francfort. Le comte de Hohenzollern aîné de la maifon de Brandebourg en eft le premier préfident. C'eft cette même chambre qui fut depuis transférée ferée à Vorms, à Nuremberg, à Augsbourg, à Ratisbonne, à Spire, & enfin à Vetzlar, où elle a à juger des procès qui durent depuis la fondation.

Virtemberg érigé en duché.

Grande difpute pour favoir fi le duché de Lorraine eft une fief de l'empire. Le duc René fait hommage & ferment de fidélité comme duc de Lorraine & de Bar, en proteftant qu'il ne relève que pour quelques fiefs. Qui doit avoir plus de poids, ou l'hommage, ou la proteftation ?

Pendant que Charles VIII, appellé en Italie par Louis le *Maure*, & par le pape Alexandre VI, traverfe rapidement toute l'Italie en conquérant, & fe rend maître du roïaume de Naples fur un bâtard de la maifon d'Arragon, ce même Louis le *Maure*, ce même pape Alexandre VI, s'uniffent avec Maximilien & les Vénitiens pour l'en chaffer. Charles VIII. devait s'y attendre : il paraiffait trop redoutable, & ne l'était pas affez.

1496.

Maximilien va en Italie dès que Charles VIII. en eft chaffé. Il y trouve ce qu'on y a toujours vû, la haine contre les Français & contre les Allemands, la défiance & la divifion entre les puiffances. Mais ce qui eft à remarquer, c'eft qu'il y arrive le plus faible. Il n'a que mille chevaux,

&

& quatre ou cinq-mille Landskenets : il paraiſſait le penſionnaire de Louis le *Maure*. Il écrit au duc de Savoye, au marquis de Saluce, au duc de Modéne, feudataires de l'empire, de venir le trouver & d'aſſiſter à ſon couronnement à Pavie. Tous ces ſeigneurs le refuſent; tous lui font ſentir qu'il eſt venu trop mal accompagné; & que l'Italie ſe croit indépendante.

Etait-ce la faute des empereurs, s'ils avaient en Italie ſi peu de crédit ? Il paraît que non. Les princes, les diétes d'Allemagne ne leur fourniſ- ſaient preſque point de ſubſides. Ils tiraient peu de choſe de leurs domaines. Les Païs-Bas n'apparte- naient pas à Maximilien, mais à ſon fils. Le voïage d'Italie était ruineux.

1497.

Le droit féodal cauſe toujours des troubles. Une diéte de Vorms aïant ordonné une taxe légere pour les beſoins de l'empire, la Friſe ne veut point païer cette taxe. Elle prétend toujours n'être point fief de l'empire. Maximilien y envoie le duc de Saxe en qualité de gouverneur, pour réduire les Friſons, peuple pauvre & amoureux de ſa liberté, reſte des anciens Saxons (du moins en partie) qui avaient combattu Charlémagne. Ils ſe défendirent, mais non pas ſi heureuſement que les Suiſſes.

1498.

Charles VIII. venait de mourir; & malgré les trêves, malgré les traités, Maximilien fait une irruption du côté de la Bourgogne; irruption inutile, après laquelle on fait encor de nouvelles trêves. Maximilien perfiftait toujours à réclamer pour fon fils, Philippe le *beau*, toute la fucceffion de Marie de Bourgogne.

Louis XII. rend plufieurs places à ce jeune prince, qui prête hommage-lige au chancelier de France dans Arras, pour le Charolois, l'Artois & la Flandre, & on convient de part & d'autre qu'on fe raportera pour le duché de Bourgogne à la décifion du parlement de Paris.

Maximilien négocie avec les Suiffes, qu'on regardait comme invincibles chez eux.

Les dix cantons alliés font une ligue avec les Grifons. Maximilien efpere les regagner par la douceur. Il leur écrit une lettre flatteufe. Les Suiffes dans leur affemblée de Zurich s'écrient, *point de confiance en Maximilien.*

1499.

Les Autrichiens attaquent les Grifons. Les Suiffes défont les Autrichiens, & foûtiennent non-feulement leur liberté, mais celle de leurs alliés. Les Autrichiens font encor défaits dans trois combats.

L'empereur

L'empereur fait enfin la paix avec les dix cantons comme avec un peuple libre.

1500.

La ville impériale de Bâle, Schaffhouse, Appenzel entrent dans l'union Suisse, laquelle est composée de treize cantons.

Conseil aulique projetté par Maximilien. C'est une image de l'ancien tribunal qui accompagnait autrefois les empereurs. Cette chambre est approuvée des états de l'empire dans la diéte d'Augsbourg. Il est libre d'y porter les causes, ainsi qu'à la chambre impériale : mais le conseil aulique aïant plus de pouvoir, fait mieux exécuter ses arrêts, & devient un des grands soûtiens de la puissance impériale. Cette chambre ne prit sa forme qu'en 1512.

L'empire est divisé en dix cercles. Les terres électorales y sont comprises ainsi que tout le reste de l'empire. Et ce réglement n'eut encor force de loi que douze ans après à la diéte de Cologne.

Les directeurs de ces dix cercles sont d'abord nommés par l'empereur. Le cercle de Bourgogne qui comprenait toutes les terres, & même toutes les prétentions de Philippe d'Autriche, est dans les commencements un cercle effectif comme les neuf autres.

Naissance de Charles V. dans la ville de Gand,

le 24. Février, jour de St. Mathias, ce qu'on a remarqué, parce que ce jour lui fut toujours depuis favorable. Il eut d'abord le nom de duc de Luxembourg.

Dans la même année la fortune de cet enfant se déclare. Don Michel infant d'Espagne meurt, & l'infante Jeanne mere du jeune prince devient l'héritiere présomptive de la monarchie.

C'est dans ce tems qu'on découvrait un nouveau monde, dont Charles-quint devait un jour recueillir les fruits.

1501.

Maximilien avait été vassal de la France pour une partie de la succession de Bourgogne. Louis XII. demande d'être le sien pour le Milanais. Il venait de conquérir cette province sur Louis le *Maure*, oncle & feudataire de l'empereur, sans que Maximilien eût paru s'inquiéter de la destinée d'un païs si cher à tous ses prédécesseurs.

Louis XII. avait aussi conquis & partagé le roïaume de Naples avec Ferdinand roi d'Arragon, sans que Maximilien s'en fût inquiété davantage.

Maximilien promet l'investiture de Milan à condition que madame Claude fille de Louis XII. & d'Anne de Bretagne, épousera le jeune Charles de Luxembourg. Il veut déclarer le Milanais fief feminin : il n'y a certainement ni fief feminin, ni
fief

fief masculin par leur nature. Tout cela dépend de l'usage insensiblement établi, qu'une fille hérite ou n'hérite pas.

Louis XII. devait bien regarder en effet le Milanais comme un fief feminin, puisqu'il n'y avait prétendu que par le droit de son aïeule Valentine Viscomti.

Maximilien voulait qu'un jour le Milanais & la Bretagne dussent passer à son petit-fils : en ce cas Louis XII. n'eût vaincu, & ne se fût marié que pour la maison d'Autriche.

L'archiduc Philippe & sa femme Jeanne, fille de Ferdinand & d'Isabelle, vont se faire reconnaitre héritiers du roïaume d'Espagne. Philippe y prend le titre de prince des Asturies.

Maximilien ne voit que des grandeurs réelles pour sa postérité, & n'a guères que des titres pour lui même ; car il n'a qu'une ombre de pouvoir en Italie, & la préséance en Allemagne. Ce n'est qu'à force de politique qu'il peut exécuter ses moindres desseins.

1503.

Il tente de faire un électorat de l'Autriche, il n'en peut venir à bout.

Les électeurs conviennent de s'assembler tous les deux ans pour maintenir leurs priviléges.

L'extinction

L'extinction des grands fiefs en France réveillait en Allemagne l'attention des princes.

Les papes commençaient à former une puissance temporelle, & Maximilien les laissait agir.

Urbain, Camerino, & quelques autres territoires venaient d'être ravis à leurs nouveaux maîtres par un des bâtards du pape Alexandre VI. C'est ce fameux *Cefar Borgia* diacre, archevêque, prince féculier; il emploïa pour envahir fept ou huit petites villes, plus d'art que les Alexandres, les Gengis, & les Tamerlans n'en mirent à conquerir l'Afie. Son pere le pape & lui réuffirent par l'empoifonnement & le meurtre; & le bon roi Louis XII. avait été long-tems lié avec ces deux hommes fanguinaires parce qu'il avait befoin d'eux. Pour l'empereur il femblait alors perdre de vûe toute l'Italie.

La ville de Lubec déclare la guerre au Dannemark. Il femblait que Lubec voulût alors être dans le Nord, ce que Venife était dans la mer Adriatique. Comme il y avait beaucoup de troubles en Suéde & en Dannemarck, Lubec ne fut pas écrafée.

1504.

Les querelles du Dannemarck & de fa Suéde n'appartiennent pas à l'hiftoire de l'empire; mais ne faut pas oublier, que les Suedois, aïant élû

un

un administrateur, & que le roi de Dannemarck Jean ne le trouvant pas bon, & aïant condamné les sénateurs de Suede comme rebelles & parjures, envoïa sa sentence à l'empereur pour la faire confirmer.

Ce roi Jean avait été élû roi de Dannemarck, de Suede, & de Norvége; & cependant il a besoin qu'un empereur, qui n'était pas puissant, approuve & confirme sa sentence. C'est que le roi Jean avec ses trois couronnes n'était pas puissant lui-même, & sur-tout en Suede, dont il avait été chassé. Mais ces déférences, dont on voit de tems en tems des exemples, marquent le respect qu'on avait toujours pour l'empire. On s'adressait à lui quand on croïait en avoir besoin; comme on s'adressa souvent au saint siége pour fortifier des droits incertains. Maximilien ne manqua pas de faire valoir, au moins par des rescripts, l'autorité qu'on lui attribuait. Il manda aux états de Suede qu'ils eussent à obéir, qu'autrement il procéderait contre eux selon les droits de l'empire.

Cette année vit naître une guerre civile entre la branche Palatine, & celle qui posséde la Baviére. La branche Palatine est condamnée d'abord dans une diéte à Augsbourg. Cependant on n'en fait pas moins la guerre: triste constitution d'un état, quand les loix sont sans force. La branche
Palatine

Palatine perd dans cette guerre plus d'un territoire.

On conclut à Blois un traité singulier entre les ambassadeurs de Maximilien, & de son fils Philippe, d'une part, & le cardinal d'Amboise de l'autre, au nom de Louis XII.

Ce traité confirme l'alliance avec la maison d'Autriche; alliance par laquelle Louis XII. devait à la vérité être investi du duché de Milan, mais par laquelle, si Louis XII. rompait le mariage de madame Claude avec l'archiduc Charles de Luxembourg, le prince aurait en dédommagement le duché de Bourgogne, le Milanais & le comté d'Asti: comme aussi en cas que la rupture vint de la part de Maximilien, ou de Philippe prince d'Espagne, pere du jeune archiduc, la maison d'Autriche céderoit non-seulement ses prétentions sur le duché de Bourgogne, mais aussi l'Artois & le Charolois, & d'autres domaines. On a peine à croire qu'un tel traité fût sérieux. Si Louis XII. mariait la princesse, il perdait la Bretagne, s'il rompait le mariage, il perdait la Bourgogne. On ne pouvait excuser de telles promesses, que par le dessein de ne les pas tenir. C'était sauver une imprudence par une honte.

1505.

La reine de Castille Isabelle meurt. Son testament déshérite son gendre Philippe, pere de Charles de Luxembourg, & Charles ne doit règner qu'à l'âge de vingt ans; c'était pour conserver à Ferdinand d'Arragon son mari le roïaume de Castille.

La mere de Charles de Luxembourg, Jeanne fille d'Isabelle héritiere de la Castille, fut, comme on sait, surnommée Jeanne la *folle*. Elle mérita dès lors ce titre. Un ambassadeur d'Arragon vint à Bruxelles, & l'engagea à signer le testament de sa mere.

1506.

Accord entre Ferdinand d'Arragon & Philippe. Celui-ci consent à règner en commun avec sa femme & Ferdinand; on mettra le nom de Ferdinand le premier dans les actes publics, ensuite le nom de Jeanne, & puis celui de Philippe; maniere sûre de brouiller bientôt trois personnes, aussi le furent-elles.

Les états de la France d'intelligence avec Louis XII. & avec le cardinal d'Amboise, s'opposent au traité qui donnait madame Claude & la Bretagne à la maison d'Autriche. On fait épouser cette princesse à l'héritier présomptif de la couronne, le comte d'Angoulême, depuis François premier. Charles VIII. avait eu la femme de Maximilien; François premier eut celle de Charles-quint.

Pendant

Pendant qu'on fait tant de traités au déçà des Alpes, que Philippe & Jeanne vont en Espagne, que Maximilien se ménage par tout, & épie toujours l'héritage de la Hongrie, les papes poursuivent leur nouveau dessein, de se faire une grande souveraineté par la force des armes. Les excommunications étaient des armes trop usées. Le pape Alexandre VI. avait commencé; Jules II. achéve: il prend Boulogne sur les Bentivoglio; & c'est Louis XII. ou plutôt le cardinal d'Amboise qui l'assiste dans cette entreprise. Il avait déja réuni au domaine du saint siége ce que Cesar Borgia avait pris pour lui. Alexandre VI. n'avait en effet agi que pour son fils; mais Jules II. conquerait pour Rome.

Le roi titulaire d'Espagne, Philippe, meurt à Burgos. Il nomme en mourant Louis XII. tuteur de son fils Charles. Ce testament n'est fondé que sur la haine qu'il avait pour Ferdinand son beaupere; & malgré la rupture du mariage de madame Claude, il croïait Louis XII. beaucoup plus honnête-homme que son beau-pere Ferdinand le Catholique, monarque très-religieux, mais très-perfide, qui avait trompé tout le monde, sur-tout ses parents, & particuliérement son gendre.

1507.

Chose étrange; les Païs-Bas dans cette minorité de Charles, ne veulent point reconnaître l'empereur Maximilien pour régent. Ils difent que Charles eft Français, parce qu'il eft né à Gand capitale de la Flandre, dont fon pere a fait hommage au roi de France. Sur ce prétexte les dix-fept provinces fe gouvernent elles-mêmes pendant dix-huit mois, fans que Maximilien puiffe empêcher cet affront. Il n'y avait point alors de païs plus libre fous des maîtres, que les Païs-Bas. Il s'en fallait beaucoup que l'Angleterre fût parvenue à ce degré de liberté.

1508.

Une guerre contre la maifon de Gueldre, chaffée depuis long-tems de fes états, & qui en aïant recouvré une partie, combattait toujours pour l'autre, engage enfin les états à déférer la régence à Maximilien, & Marguerite d'Autriche fille chérie de Maximilien en eft déclarée gouvernante.

Maximilien veut enfin effaïer, fi en fe faifant couronner à Rome, il pourra reprendre quelque crédit en Italie. L'entreprife était difficile. Les Vénitiens devenus plus puiffants que jamais, lui déclarent hautement qu'ils l'empêcheront de pénétrer en Italie, s'il y arrive avec une efcorte trop grande. Le gouverneur de Milan pour Louis XII. fe joint aux Vénitiens. Le pape Jules II.

lui

lui fait dire, qu'il lui accorde le titre d'empereur; mais qu'il ne lui conseille pas d'aller à Rome.

Il s'avance jusqu'à Vérone malgré les Vénitiens, qui n'avaient pas assez tôt gardé les passages. Ils lui tiennent parole, & le forcent à rebrousser à Inspruck.

Le fameux Alviano général des Vénitiens défait entièrement la petite armée de l'empereur vers le Trentin. Les Vénitiens s'emparent de presque toute cette province; & leur flotte prend Trieste, Capo d'Istria, & d'autres villes. L'Alviano rentre en triomphe dans Venise.

Maximilien alors pour toute ressource enjoint par une lettre circulaire à tous les états de l'empire de lui donner le titre *d'empereur Romain élû*, titre que ses successeurs ont toujours pris depuis à leur avénement. L'usage auparavant n'accordait le nom d'empereur qu'à ceux qui avaient été couronnés à Rome.

1509.

Il s'en fallait bien alors que l'empire existât dans l'Italie. Il n'y avoit plus que deux grandes puissances avec beaucoup de petites. Louis XII. d'un côté maître du Milanais & de Genes, & aïant une communication libre par la Provence, menaçait le roïaume de Naples imprudemment partagé auparavant avec Ferdinand d'Arragon, qui
prit

prit tout pour lui avec la perfidie qu'on nomme politique. L'autre puiſſance nouvelle était Veniſe, rempart de la chrétienté contre les infideles: rempart à la vérité éboulé en cent endroits, mais réſiſtant encor par les villes qui leur reſtaient en Grece, par les Iſles de Candie, de Chipre, par la Dalmatie. D'ailleurs elle n'était pas toujours en guerre avec l'empire Ottoman ; & elle gagnait beaucoup plus avec les Turcs par ſon commerce, qu'elle n'avait perdu dans ſes poſſeſſions.

Son domaine en terre ferme commençait à être quelque choſe. Ils s'étaient emparés après la mort d'Alexandre VI., de Faenza, de Rimino, de Ceſene, de quelques territoires du Ferrarois & du duché d'Urbin. Ils avaient Ravenne ; ils juſtifiaient la plûpart de ces acquiſitions, parce qu'aiant aidé les maiſons dépoſſédées par Alexandre VI. à reprendre leurs domaines, ils en avaient eu ces territoires pour récompenſe.

Les Vénitiens poſſédaient depuis long-tems Padoue, Vérone, Vicence, la marche Tréviſane, le Frioul. Ils avaient vers le Milanais, Breſſe & Bergame. François Sforze leur avait donné Crême : Louis XII. leur avait cédé Crémone & la Guiara d'Adda.

Tout cela ne compoſait pas dans l'Italie un état ſi formidable, que l'Europe dût y craindre les
Vénitiens

Vénitiens comme des conquérans. La vraie jouiſſance de Veniſe était dans le tréſor de S. Marc. Il y avait alors de quoi ſoudoyer l'empereur & le roi de France.

Au mois d'Avril 1509. Louis XII. marche contre les Vénitiens ſes anciens alliés, à la tête d'une gendarmerie qui allait à quinze mille chevaux, douze mille hommes d'Infanterie Françaiſe, de huit mille Suiſſes. L'empereur avance contre eux du côté de l'Iſtrie, & du Frioul. Jules II. premier pape guerrier, entre à la tête de dix mille hommes dans les villes de la Romagne.

Ferdinand d'Arragon, comme roi de Naples, ſe déclare auſſi contre les Vénitiens, parce qu'ils avaient quelques ports dans le roïaume de Naples, pour ſureté de l'argent qu'ils avaient prêté autrefois..

Le roi de Hongrie ſe déclarait auſſi, eſpérant avoir la Dalmatie. Le duc de Savoye mettait la main à cette entrepriſe, à cauſe de ſes prétentions ſur le roïaume de Chipre. Le duc de Ferrare vaſſal du ſaint ſiège en était auſſi. Enfin hors le grand Turc, tout le continent de l'Europe veut accabler à la fois les Vénitiens.

Le pape Jules II. avait été le premier moteur de cette ſinguliere ligue des forts contre les faibles, ſi connue par le nom *de Ligue de Cambray*. Et lui qui

qui aurait voulu fermer pour jamais l'Italie aux étrangers, en inondait ce païs.

Louis XII. a le malheur de battre les Vénitiens à la journée de la Guiara d'Adda d'une maniere complette. Cela n'était pas bien difficile. Les armées mercénaires de Venife pouvaient bien tenir contre les autres *condottieri* d'Italie, mais non pas contre la gendarmerie Françaife.

Le malheur de Louis XII. en battant les Venitiens, était de travailler pour l'empereur. Maître de Genes & de Milan, il ne tenait qu'à lui de donner la main aux Vénitiens pour fermer à jamais l'entrée de l'Italie aux Allemands.

La crainte de la puiffance de Venife était mal fondée. Venife n'était que riche, & il fallait fermer les yeux pour ne pas voir que les nouvelles routes du commerce par le cap de Bonne-efpérance, & par les mers de l'Amérique, allaient tarir les fources de la puiffance Venitienne.

Louis XII. pour furcroit, avait encor donné cent mille écus d'or à Maximilien, fans lefquels cet empereur n'aurait pu marcher de fon côté vers les Alpes.

Le 14. Juin 1509. l'empereur donne dans la ville de Trente l'inveftiture du Milanais, que le cardinal d'Ambroife reçoit pour Louis XII. Non feulement l'empereur donne ce duché au roi, mais

mais au défaut de ses heritiers, il le donne au comte d'Angoulême, *François premier*. C'était le prix de la ruine de Venise.

Maximilien pour ce parchemin avait reçu cent soixante mille écus d'or. Tout se vendait ainsi depuis près de trois siecles. Louis XII. eût pu emploïer cet argent à s'établir en Italie : il s'en retourne en France après avoir réduit Venise presque à ses seules lacunes.

L'empereur avance alors du côté de Frioul, & retire tout le fruit de la victoire des Français. Mais Venise pendant l'absence de Louis XII. reprend courage ; son argent lui donne de nouvelles armées. Elle fait lever à l'empereur le siege de Padoue ; elle se raccommode avec Jules II, le promoteur de la ligue, en lui cédant tout ce qu'il demande.

Le grand dessein de Jules II. était *di cacciare i barbari d'Italia* ; de défaire une bonne fois l'Italie des Français & des Allemans. Les papes autrefois avaient appellé ces nations pour s'appuyer tantôt de l'une, tantôt de l'autre. Jules vouloit un nom immortel, en réparant les fautes de ses prédécesseurs, en s'affermissant par lui-même, en délivrant l'Italie. Maximilien aurait voulu aider Jules à chasser les Français.

1510.

Jules II. se sert d'abord des Suisses, qu'il anime contre

contre Louis XII. Il excite le vieux Ferdinand roi d'Arragon, & de Naples. Il veut ménager la paix entre l'Empereur & Venife ; & pendant ce tems-là il fonge à s'emparer de Ferrare, de Boulogne, de Ravenne, de Parme, de Plaifance.

Au milieu de tant d'intérêts divers, une grande diette fe tient à Augsbourg. On y agite fi Maximilien accordera la paix à Venife.

On y affure la liberté de la Ville de Hambourg, longtems conteftée par la maifon de Dannemarck.

Maximilien & Louis XII. font encor unis ; c'eft-à-dire, que Louis XII. aide l'empereur à pourfuivre les venitiens, & que l'empereur n'aide point du tout Louis XII. à conferver le Milanais & Gênes, dont le pape le veut chaffer.

Jules II. accorde enfin au roi d'Arragon Ferdinand, l'inveftiture de Naples, qu'il avait promife à Louis XII. Ferdinand maître affermi dans Naples n'avait pas befoin de cette cérémonie : auffi ne lui en coûta-t-il que fept mille écus de redevance, au lieu de quarante-huit mille qu'on païait auparavant au st. fiége.

1511.

Jules II. déclare la guerre au roi de France. Ce roi commençait donc à être bien peu puiffant en Italie.

Le pape guerrier veut conquérir Ferrare, qui apartient à Alphonse d'Este allié de la France. Il prend la Mirandole & Concordia chemin faisant, & les rend à la maison de la Mirandole, mais comme fiefs du st. siége. Ce sont de petites guerres ; mais Jules II. avait certainement plus de ressources dans l'esprit que ses prédecesseurs, puisqu'il trouvait de quoi faire ces guerres ; & toutes les victoires des français avoient bien peu servi ; puisqu'elles ne servaient pas à mettre un frein aux entreprises du pape.

Jules II. cede à l'empereur Modéne, dont il s'étoit emparé, & ne le cede que dans la crainte que les trouppes qui restent au roi de France dans le Milanais n'en fassent le siége.

1512.

Enfin le pape réussit à faire signer secretement à Maximilien une ligue avec lui & le roi Ferdinand contre la France. Voilà quel fruit Louis XII. retire de la ligue de Cambray, & de tant d'argent donné à l'Empereur.

Jules II. qui vouloit *cacciare i barbari d'Italia*, y introduit donc à la fois des arragonois, des suisses, des allemands.

Gaston de Foix neveu de Louis XII. gouverneur de Milan, jeune prince qui a acquis la plus grande réputation, parce qu'il se soutenait avec
très

très peu de forces, défait tous les alliés à la bataille de Ravenne ; mais il est tué dans sa victoire, & le fuit de la victoire est perdu, ce qui arrive presque toujours aux français en Italie. Ils perdent le Milanais après cette célébre journée de Ravenne, qui en d'autre tems eût donné l'Empire de l'Italie. Pavie est presque la seule place qui leur reste.

Les suisses qui excités par le pape avaient servi à cette revolution, reçoivent de lui au lieu d'argent le titre de défenseurs du st. siége.

Maximilien continue cependant la guerre contre les venitiens ; mais ces riches republicains se deffendent, & réparent chaque jour leur premiétes pertes.

Le pape & l'empereur négocient sans cesse. C'est cette année, que Maxilien fait proposer à Jules II. de l'accepter pour son coadjuteur dans le pontificat. Il ne voïait plus d'autre maniere de rétablir l'autorité impériale en Italie. C'est dans cette vue qu'il prenait quelquefois le titre de *Pontifex Maximus*, à l'exemple des empereurs romains. Sa qualité de laïque n'était point une exclusion au pontificat. L'éxemple récent d'Amedée de Savoye, le justifiait. Le pape s'étant moqué de la proposition de la coadjutorerie, Maximilien songe à lui succèder ; il gagne quelques cardinaux, il veut emprunter de l'argent, pour acheter le reste des voix à la mort de Jules, qu'il croit prochaine. Sa fameuse lettre à l'archiduchesse Marguerite sa fille, en est un témoignage subsistant encor en original.

L'investiture du duché de Milan, qui trois ans auparavant avait coûté cent-soixante mille écus d'or à Louis XII. est donnée à Maximilien Sforze à plus bas prix, au fils de ce Louis le Maure que Louis XII. avait retenu dans une prison si rude, mais si juste. Les mêmes suisses qui avaient trahi Louis le Maure pour Louis XII. ramenent le fils en triomphe dans Milan.

Jules II. meurt après avoir fondé la véritable grandeur des papes, la temporelle ; car pour l'autre elle diminuait tous les jours. Cette grandeur temporelle pouvait faire l'équilibre de l'Italie, & ne l'a pas fait. La faiblesse d'un gouvernement sacerdotal, & le népotisme en ont été cause.

1513.

Guerre entre le Dannemarck & les villes anséatiques, Lubec, Dantzick, Vismar, Riga. En voilà plus d'un exemple ; on n'en verrait pas aujourd'hui. Les villes ont perdu, les princes ont gagné dans presque toute l'Europe, tant la vraye liberté est difficile à conserver.

Léon

Léon X. moins guerrier que Jules II. non moins entreprenant, & plus artificieux fans être plus habile forme une ligue contre Louis XII. avec l'empereur, le roi d'Angleterre Henri VIII. & le vieux Ferdinand d'Arragon. Cette ligue eft conclue à Malines le 5 avril par les foins de cette même Marguerite d'Autriche gouvernante des Païs-Bas, qui avait fait la ligue de Cambray.

L'empereur doit s'emparer de la Bourgogne, le pape de la Provence, le roi d'Angleterre de la Normandie, le roi d'Arragon de la Guienne. Il venait d'ufurper la Navarre fur Jean d'Albret avec une bulle du pape fecondée d'une armée. Ainfi les papes toujours faibles donnaient les roiaumes au plus fort ; ainfi la rapacité fe fervit toujours des mains de la religion.

Alors Louis XII. s'unit à ces mêmes venitiens qu'il avait perdus avec tant d'imprudence. La ligue du pape fe diffipe prefque auffitôt que formée. Maximilien tire feulement de l'argent de Henri VIII. C'était tout ce qu'il voulait. Que de faibleffe, que de tromperies, que de cruautés, que d'inconftance, que de rapacité dans prefque toutes ces grandes affaires !

Louis XII. fait une vaine tentative pour reprendre le Milanez. La Trîmouille y marche avec peu de forces. Il eft défait à Novarre par les suisses. On craignait alors que les suisses ne prissent le Milanez pour eux-mêmes. Milan, Gênes sont perdues pour la France aussi bien que Naples.

Les venitiens qui avaient eu dans Louis XII. un ennemi si mal-avisé & si terrible, n'ont plus en lui qu'un allié inutile. Les espagnols de Naples se déclarent contre eux. Ils battent leur fameux général l'Alviane, comme Louis XII. l'avait battu.

De tous les princes qui ont signé la ligue de Malines contre la France Henri VIII. d'Angleterre est le seul qui tienne sa parole. Il s'embarque avec les préparatifs & l'espérance des Edouards III. & des Henri V. Maximilien qui avait promis une armée, suit le roi d'Angleterre en volontaire, & Henri VIII. donne une solde de cent écus par jour au successeurs des Césars qui avait voulu être pape. Il assiste à la victoire que remporte Henri à la nouvelle journée de guinegaste, nommée la journée *des éperons*, dans le même lieu où lui-même avait gagné une bataille dans sa jeunesse.

Maximilien se fait donner ensuite une somme plus considérable : il reçoit deux cent mille écus pour faire en effet la guerre.

La France ainsi attaquée par un jeune roi riche & puissant, était en grand danger après la perte de ses tréfors & de ses hommes en Italie.

Maximilien emploie du moins une partie de l'argent de Henri à faire attaquer la Bourgogne par les suisses. Ulric duc de Wirtemberg y améne de la cavalerie allemande. Dijon est assiégé. Louis XII. allait encore perdre la Bourgogne après le Milanez, & toujours par la main des suisses, que la Trimouille ne put éloigner qu'en leur promettant quatre-cent-mille écus au nom du roi son maître. Quelles sont donc les vicissitudes du monde & que ne doit-on pas espérer & craindre puisqu'on voit les suisses encor fumants de tant de sang répandu pour soutenir leur liberté contre la maison d'Autriche, s'armer en faveur de cette maison, & qu'on verra les hollandais agir de même!

1514.

Maximilien secondé des espagnols entretient toujours un reste de guerre contre les venitiens. C'est tout ce qui reste alors de la ligue de Cambray ; elle avait changé de principe & d'objet Les français avaient été d'abord les héros de cette ligue, & en furent enfin les victimes.

Louis XII. chassé d'Italie, menacé par Ferdinand

nand d'Arragon, battu & rançonné par les fuisses; vaincu par Henri VIII. d'Angleterre qui faisait revivre les droits de ses ancêtres sur la France, n'a d'autre ressource que d'accepter Marie sœur de Henri VIII. pour sa seconde femme.

Cette Marie avait été promise à Charles de Luxembourg. C'était le sort de la maison de France d'enlever toutes les femmes promises à la maison d'Autriche.

1515.

Le grand but de Maximilien est toujours d'établir sa maison. Il conclut le mariage de Louis prince de Hongrie & de Bohéme avec sa petite fille Marie d'Autriche ; & celui de la princesse Anne de Hongrie avec l'un de ses deux petits fils Charles ou Ferdinand, qui furent depuis empereurs l'un après l'autre.

C'est le premier contract par lequel une fille ait été promise à un mari ou à un autre au choix des parents. Maximilien n'oublie pas dans ce contract que sa maison doit hériter de la Hongrie selon les anciennes conventions avec la maison de Hongrie & de Bohéme. Cependant ces deux roiaumes étaient toujours électifs; ce qui ne s'accorde avec ces conventions, que parcequ'on espere que les suffrages de la nation seconderont la puissance autrichienne.   Charles

Charles déclaré majeur à l'âge de quinze ans commencés, rend hommage au roi de France François I. pour la Flandre, l'Artois, & le Charolois. Henri de Naſſau prête ſerment au nom de Charles.

Nouveau mariage propoſé encor à l'archi-duc Charles. François I. lui promet Madame Renée ſa belle-ſœur. Mais cette apparence d'union couvrait une éternelle diſcorde.

Le duché de Milan eſt encor l'objet de l'ambition de François I. comme de Louis XII. Il commence ainſi que ſon prédeceſſeur par une alliance avec les venitiens, & par des victoires.

Il prend après la bataille de Marignan tout le Milanez en une ſeule campagne. Maximilien Sforze va vivre obſcurément en France avec une penſion de trente-mille écus. François I. force le pape *Léon X.* à lui ceder Parme & Plaiſance; il lui fait promettre de rendre Modène, Reggio au duc de Ferrare; il fait la paix avec les ſuiſſes qu'il a vaincus, & devient ainſi en une ſeule campage l'arbitre de l'Italie. C'eſt ainſi que les français commencent toujours.

Ferdinand le catholique roi d'Arragon grand pere de Charlequint meurt le 23 janvier après avoir préparé la grandeur de son petit fils qu'il n'aimait pas.

Les succès de François I. raniment Maximilien. Il leve des troupes dans l'Allemagne avec l'argent que Ferdinand d'Arragon lui avait envoié avant de mourir ; car jamais les états de l'Empire ne lui en fournissent pour ces querelles d'Italie. Alors Léon X. rompt les traités qu'il a faits par force avec François I. ne tient aucune de ses paroles, ne rend à ce roi ni Modene, ni Regio, ni Parme ni Plaisance ; Tant les papes avaient toujours à cœur ce grand dessein d'éloigner les étrangers de l'Italie, de les détruire tous les uns par les autres, & d'acquerir par là un droit sur la liberté italique dont ils auraient été les vangeurs ; grand dessein digne de l'ancienne Rome que la nouvelle ne pouvait accomplir.

L'empereur Maximilien descend par le Trentin, assiége Milan avec quinze mille suisses ; mais ce prince qui prenait toujours de l'argent & qui en manquait toujours, n'en aiant pas pour païer les suisses, ils se mutinent. L'empereur craint d'être arrêté par eux, & s'enfuit. Voilà donc à quoi aboutit la fameuse ligue de Cambray, à dépouiller Louis XII. & à faire enfuir l'empereur de crainte d'être mis en prison par ses mercenaires.

Il propose au roi d'Angleterre Henri VIII. de lui ceder l'Empire & le Duché de Milan dans le deſſein ſeulement d'en obtenir quelque argent. On ne pourrait croire une telle démarche, ſi le fait n'était atteſté par une lettre de Henri VIII.

Autre mariage encor ſtipulé avec l'archiduc Charles, devenu roi d'Eſpagne. Jamais prince ne fut promis à tant de femmes avant d'en avoir une. François I. lui donne ſa fille Madame Louiſe âgée d'un an.

Ce mariage qui ne réuſſit pas mieux que les autres, eſt ſtipulé dans le traité de Noyon. Ce traité portait que Charles rendrait juſtice à la maiſon de Navarre dépouillée par Ferdinand le catholique, & qu'il engageroit l'empereur ſon grand pere à faire la paix avec les venitiens. Ce traité n'eut pas plus d'exécution que le mariage, quoi qu'il dût en revenir à l'empereur deux cent mille ducats que les vénitiens devaient lui compter. François I. devait auſſi donner à Charles cent mille écus par an, juſqu'à ce qu'il fût en pleine poſſeſſion du royaume d'eſpagne. Rien n'eſt plus petit ni plus bizarre. Il ſemble qu'on voie des joueurs qui cherchent à ſe tromper.

Immédiatement après ce traité, l'empereur en fait

fait un autre avec Charles son petit fils & le Roi d'Angleterre contre la France.

1517.

Charles passe en Espagne. Il est reconnu roi de Castille conjointement avec Jeanne sa mere.

1518.

Le Pape Léon X. avait deux grand projets; celui d'armer les princes chrétiens contre les turcs, devenus plus formidables que jamais sous le sultan Selim II. vainqueur de l'Egypte; l'autre était d'embellir Rome, & d'achever cette Basilique de st. Pierre commencée par Jules II. & devenue en effet le plus beau monument d'architecture qu'aient jamais élevé les hommes.

Il crut qu'il lui serait permis de tirer de l'argent de la chrétienté par la vente des indulgences. Ces indulgences étaient originairement des exemptions d'impôts, accordées par les empereurs, ou par les gouverneurs aux campagnes maltraitées.

Les papes & quelques évêques mêmes avaient apliqué aux choses divines ces indulgences temporelles, mais d'une manière toute contraire.

Les

Les indulgences des empereurs étaient des libéralités au peuple, & celles des papes étaient un impôt sur le peuple, surtout depuis que la créance du purgatoire était généralement établie, & que le vulgaire qui fait en tout païs au moins dix-huit parties sur vingt, croïait qu'on pouvait racheter des siécles de supplice avec un morceau de papier acheté à vil prix. Une pareille vente publique, est aujourd'hui un de ces ridicules qui ne tomberaient pas dans la tête la moins sensée, mais alors on n'en était pas plus surpris qu'on ne l'est dans l'orient de voir des Bonzes & des Talapoints vendre pour une obole la rémission de tous les péchés.

Il y eut par tout des bureaux d'indulgences ; on les affermait comme des droits d'entrée & de sortie. La plûpart de ces comptoirs se tenaient dans des cabarets. Le prédicateur, le fermier, le distributeur, chacun y gagnait. Jusques-là tout fut paisible. En Allemagne les augustins, qui avaient été longtems en possession de prendre cette marotte à ferme, furent jaloux des dominicains, auxquels elle fut donnée; & voici la premiere étincelle qui embrasa l'Europe.

Le fils d'un forgeron né à Islebe fut celui par qui commença la révolution. C'était Martin Luther, moine

moine auguſtin que les ſupérieurs chargèrent de prêcher contre la marchandiſe, qu'ils n'avaient pû vendre. La querelle fut d'abord entre les auguſtins & les dominicains ; mais bientôt Luther après avoir décrié les indulgences, éxamina le pouvoir de celui qui les donnait aux chrétiens. Un coin du voile fut levé. Les peuples animés voulurent juger ce qu'ils avaient adoré. Le vieux Fréderic électeur de Saxe, ſurnommé *le ſage*, celui-là même qui après la mort de Maximilien eut le courage de refuſer l'Empire, protégea Luther ouvertement.

Ce moine n'avoit pas encore de doctrine ferme & arrêtée. Mais qui jamais en a eu ? Il ſe contenta dans ces commencements de dire « qu'il
» fallait communier avec du pain ordinaire & du
» vin ; que le peché demeuroit dans un enfant
» après le baptême ; que la confeſſion auricu-
» laire était aſſez inutile ; que les papes & les
» conciles ne peuvent faire des articles de foi ;
» qu'on ne peut prouver le purgatoire par les
» livres canoniques ; que les vœux monaſtiques
» étaient un abus ; qu'enfin tous les princes
» devaient ſe réunir pour abolir les moines men-
» diants.

Fréderic duc & électeur de Saxe, était, comme
on

on l'a dit, le protecteur de Luther & de sa doctrine. Ce prince avait, dit-on, assez de rélligion pour être chrétien, assez de raison pour voir les abus, beaucoup d'envie de les réformer, & beaucoup plus peut-être encore d'entrer en partage des biens immenses que le clergé posèdait dans la Saxe. Il ne se doutait pas alors qu'il travaillait pour ses ennemis, & que le riche archevêché de Magdebourg serait le partage de la maison de Brandebourg déja sa rivale.

1519.

Pendant que Luther cité à la diéte d'Augsbourg, se retire après y avoir comparu; qu'il en appelle au futur concile, & qu'il prépare sans le savoir la plus grande révolution, qui se soit faite en Europe dans la rélligion depuis l'extinction du paganisme, l'empereur Maximilien déja oublié, meurt d'un excès de mélon à Inspruck le 12. janvier.

INTERREGNE jusqu'au 1. Octobre 1520.

Les électeurs de Saxe, & du Palatinat gouvernent conjointement l'Empire jusqu'au jour où le futur élu sera couronné.

Le roi de France François I. & le roi d'Espagne

gne Charles d'Autriche, briguent la couronne impériale. L'un & l'autre pouvaient faire revivre quelque ombre de l'Empire romain. Le voisinage des turcs devenu si rédoutable, mettait les électeurs dans la nécessité dangereuse de choisir un empereur puissant. Il importait à la chrètienté que François ou Charles fut élu : mais il importait au pape Léon X. que ni l'un ni l'autre ne fût à portée d'être son maître. Le pape avait à craindre également dans ce tems-là Charles, François, le Grand-Turc, & Luther.

Léon X. traverse, autant qu'il le peut, les deux concurrens. Sept grands princes doivent donner cette premiere place de l'Europe dans le tems le plus critique ; & cependant on achete des voix.

Parmi ces intrigues, & dans cet interregne, les loix de l'Allemagne anciennes & nouvelles ne sont pas sans vigueur. Les allemands donnent une grande leçon aux princes de ne pas abuser de leur pouvoir. La ligue de Suabe se rend recommandable en faisant la guerre au duc Ulric de Wirtemberg, qui maltraitait ses vassaux.

Cette ligue de Suabe est la véritable ligue du bien public. Elle réduit le duc à fuir de son
état

état, mais ensuite elle vend cet état à vil prix à Charles d'Autriche. Tout se fait donc pour de l'argent ! Comment Charles prêt de parvenir à l'Empire, dépouillait-il ainsi une maison, & achetait-il pour très-peu de chose le bien d'un autre ?

Léon X. veut gouverner despotiquement la Toscane.

Les électeurs s'assemblent à Francfort. Est-il bien vrai qu'ils offrirent la couronne impériale à Frédéric surnommé *le sage*, électeur de Saxe, ce grand protecteur de Luther ? fut-il solemnellement élu ? Non. En quoi consiste donc son refus ? en ce que sa réputation le faisoit nommer par la voix publique, qu'il donna sa voix à Charles, & que sa recommandation entraîna enfin les suffrages.

Charlequint est élu d'une commune voix le 28. juin 1519.

CHARLEQUINT
Quarante-unieme Empereur.

Cette année est celle de la premiere capitulation dressée pour les empereurs. On se contentait auparavant du serment qu'ils faisaient à leur sacre. Un serment vague d'être juste, ouvre la porte à l'injustice. Il fallait une digue plus forte entre l'abus de l'autorité d'un prince si puissant par lui-même.

Par

Par ce contract véritable du chef avec les membres l'empereur promet que s'il a quelque domaine qu'il ne possède pas à bon titre il le restituera à la premiere sommation des électeurs. C'est promettre beaucoup.

Des auteurs considérables prétendent qu'on lui fit jurer aussi de résider toujours dans l'Allemagne. Mais la capitulation porte expressément qu'*il y résidera autant qu'il sera possible*. Exiger une chose injuste eut fourni un trop beau prétexte de ne pas exécuter ce qui était juste.

Le jour de l'élection de Charlequint est marqué par un combat entre un evêque de Hildesheim & un duc de Brunswick dans le duché de Lunébourg. Ils se disputaient un fief; Et malgré l'établissement des austregues, de la chambre impériale, & du conseil aulique, malgré l'autorité des deux vicaires de l'Empire, on voiait tous les jours, princes, évêques, barons donner des combats sanglants pour le moindre procès. Il y avait quelques loix. Mais le pouvoir coërcif qui est la premiere des loix manquait à l'Allemagne.

L'électeur Palatin porte en Espagne à Charles la nouvelle de son élection. Les grands d'Espagne se disaient alors égaux aux électeurs; les pairs de de France à plus forte raison : & les cardinaux prenaient le pas fur eux tous.

L'Espagne craint d'être province de l'Empire. Charles est obligé de déclarer l'Espagne indépendante. Il va en Allemagne, mais il passe auparavant en Angleterre pour se lier déja avec Henri VIII. contre François I. Il est couronné à Aix-la-Chapelle le 23. Octobre 1520.

Au tems de cet avénement de Charlequint à l'Empire l'Europe prend insensiblement une face nouvelle. La puissance Ottomane s'affermit sur des fondements inébranlables dans Constantinople.

L'empereur roi des deux Siciles & d'Espagne parait fait pour opposer une digue aux turcs. Les vénitiens craignaient à la fois le sultan & l'empereur.

Le pape Léon X. est maître d'un petit état ; & sent déja que la moitié de l'Europe va échaper à son autorité spirituelle. Car dès l'an 1520. depuis le fonds du Nord jusqu'à la France les esprits étaient soulevés & contre les abus de l'église romaine & contre ses loix.

François I. roi de France, plus brave chevalier ; que grand prince, avait plutot l'envie que le

pou-

pouvoir d'abaiſſer Charlequint. Comment eut-il pû à armes & à prudence égales l'emporter ſur un empereur roi d'Eſpagne & de Naples, ſouverain des païs-bas dont les frontieres allaient juſqu'aux portes d'Amiens, & qui commençait à recevoir déja dans ſes ports d'Eſpagne les tréſors d'un nouveau monde ?

Henri VIII. roi d'Angleterre prétendait d'abord tenir la balance entre Charlequint & François I. Grand exemple de ce que pouvait le courage anglais ſoutenu déja des richeſſes du commerce.

On peut obſerver dans ce tableau de l'Europe que Henri VIII. l'un des principaux perſonnages était un des plus grands fléaux qu'ait éprouvés la terre. Déſpotique avec brutalité, furieux dans ſa colere, barbare dans ſes amours, meurtrier de ſes femmes, tiran capricieux dans l'état & dans la rélligion. Cependant il mourut dans ſon lit ; & Marie Stuard qui n'avait qu'une faibleſſe criminelle, & Charles I. qui n'eut à ſe reprocher que ſa bonté, ſont morts ſur l'échaffaut.

Un roi plus méchant encor que Henri VIII. C'eſt Chriſtiern II. n'a guères réuniſſant ſous ſon pouvoir, le Dannemarck, la Norwège & la Suéde, monſtre toujours ſouillé de ſang, ſurnommé le
Né-

Néron du Nord, puni à la fin de tous ses crimes, quoique beaufrere de Charlequint, détroné & mort en prison dans une vieillesse abhorrée & méprisée.

Voilà à peu près les principaux princes chrétiens qui figuraient en Europe quand Charlequint prit les renes de l'Empire.

L'Italie fut plus brillante alors par les beaux arts qu'elle ne l'a jamais été. Mais jamais on ne la vit plus loin du grand but que s'était proposé Jules II. *di cacciare i barbari d'Italia.*

Les puissances de l'Europe étaient presque toujours en guerre ; mais heureusement pour les peuples, les petites armées qu'on levait pour un tems, retournaient ensuite cultiver les campagnes ; & au milieu des guerres les plus acharnées il n'y avoit pas dans l'Europe la cinquiéme partie des soldats qu'on voit aujourd'hui dans la plus profonde paix. On ne connaissait point cet effort continuel & funeste qui consume toute la substance d'un gouvernement dans l'entretien de ces armées nombreuses toujours subsistantes, qui en tems de paix ne peuvent être employées que contre les peuples, & qui un jour pourront être funestes à leurs maîtres.

La gendarmerie faisait toujours la principale force des armées chrétiennes, les fantassins étaient méprisés, c'est pourquoi les allemands les appellaient *Lands-Knechta*, valets de terre. La milice des janissaires était la seule infanterie redoutable.

Les rois de France se servaient presque toujours d'une Infanterie étrangére, les suisses ne faisaient encore usage de leur liberté que pour vendre leur sang; & d'ordinaire celui qui avait le plus de suisses dans son armée, se croiait sûr de la victoire. Ils eurent au moins cette réputation jusqu'à la bataille de Marignan que François I. gagna contre eux avec sa gendarmerie quand il voulut pour la premiere fois descendre en Italie.

L'art de la guerre fut plus aprofondi sous Charlequint qu'il ne l'avait été encore. Ses grands succès, le progrès des beaux arts en Italie, le changement de relligion dans la moitié de l'Europe, le commerce des grandes Indes par l'océan, la conquête du Mexique & du Perou rendent ce siécle éternellement mémorable.

1521.

Diéte de Worms fameuse par le rétablissement de la chambre impériale qui ne subsistait plus que de nom.

Charlequint établit deux vicaires non pas de l'Empire mais de l'empereur. Les vicaires nés de l'Empire font Saxe & Palatin ; & leurs arrêts font irrévocables. Les vicaires de l'empereur font des régents qui rendent compte au fouverain. Ces régents furent fon frere Ferdinand auquel il avait cédé fes états d'Autriche, le comte Palatin & vingt-deux affeffeurs.

Cette diéte ordonne que les ducs de Brunfwick & de Lunébourg, d'un côté, & les évêques d'Hildesheim & de Minden de l'autre, qui fe faifaient la guerre, comparaîtront : ils méprifent cet arrêt : on les met au ban de l'Empire, & ils méprifent ce ban. La guerre continue entr'eux. La puiffance de Charlequint n'eft pas encor affez grande pour donner de la force aux loix. Deux évêques armés & rebelles, n'indifpofent pas médiocrement les efprits contre l'églife, & contre les biens de l'églife.

Luther vient à cette diéte avec un fauf-conduit de l'empereur ; il ne craignait pas le fort de Jean Hus : les prêtres n'étaient pas les plus forts à la diéte. On confére avec lui fans trop s'étendre ; on ne convient de rien ; on le laiffe paifiblement retourner en Saxe détruire la rélligion romaine. Le 6 mai l'empereur donne un édit contre Luther abfent, & ordonne fous peine de défobéiffance à tout prince & état de l'Empire d'emprifonner Luther & fes adhérents. Cet ordre étoit contre le duc de Saxe. On favait bien qu'il n'obéirait pas, mais l'empereur qui s'uniffait avec le pape Léon X. contre François I. voulait paraître catholique.

Il veut dans cette diéte faire conclure une alliance entre l'Empire & le roi de Dannemarck Chriftien II. fon beaufrere & lui affurer des fecours. Il regne toujours dans les grandes affemblées un fentiment d'horreur pour la tyrannie: le cri de la nature s'y fait entendre, & l'enthoufiafme de la vertu fe communique. Toute la diété s'éleva contre une alliance avec un fcélérat, teint du fang de quatrevingt-quatorze fénateurs maffacrés à fes yeux par des bourreaux dans Stockholm livrée au pillage. On prétend que Charlequint voulait s'affurer le trois couronnes du Nord en fecourant fon indigne beaufrere.

La même année le pape Léon X. plus intriguant peut-être que politique & qui fe trouvant entre François I. & Charlequint ne pouvait guères être qu'intriguant, fait prefque à la fois un traité avec l'un & avec l'autre le premier en 1520. avec François I. auquel il promet le roiaume de Naples en fe refervant Gaiette, & cela en vertu de cette

cette loi chimérique que jamais un Roi de Naples ne peut être empereur. Le second en 1521 avec Charlequint pour chasser les français de l'Italie & pour donner le Milanez à François Sforze fils puîné de Louis le Maure & surtout pour donner au st. siège Ferrare qu'on voulait toujours ôter à la maison d'Este.

Première hostilité qui met aux mains l'Empire & la France. Le Duc de Bouillon la Marck souverain du château de Bouillon déclare solemnellement la guerre par un hérault à Charlequint & ravage le Luxembourg. On sent bien qu'il agissoit pour François I. qui le désavouait en public.

Charles uni avec Henri VIII. & Léon X. fait la guerre à François I. du côté de la Picardie, & vers le Milanez, elle avait déja commencé en Espagne dès 1520. Mais l'Espagne n'est qu'un accessoire à ces annales de l'Empire.

Lautrec gouverneur du Milanez pour le roi de France, général malheureux parce qu'il était fier & imprudent est chassé de Milan, de Pavie, de Lodi, de Parme & de Plaisance par Prosper Colonne.

Léon X. meurt le 2 décembre. George marquis de Malaspina attaché à la France soupçonné d'avoir empoisonné le pape est arrêté & se justifie d'un crime qu'il est difficile de prouver.

Ce pape avait douze mille fuiſſes à ſon ſervice.

Le cardinal Volſei tiran de Henri VIII. qui était le tiran de l'Angleterre, veut être pape, Charlequint le joue, & manifeſte ſon pouvoir en faiſant pape ſon précepteur Adrien Florent natif d'Utrecht alors régent en Eſpagne.

Adrien eſt élu le 9. Janvier. Il garde ſon nom, malgré la coutume établie dès l'onziéme ſiécle. L'empereur gouverne abſolument le pontificat.

L'ancienne ligue des villes de Suabe eſt confirmée à Ulm pour onze ans. L'empereur pouvait la craindre ; mais il voulait plaire aux allemands.

1522.

Charles va encore en Angleterre reçoit à Windſor l'ordre de la jarretiere ; il promet d'épouſer ſa couſine Marie fille de ſa tante Catherine d'Arragon & de Henri VIII. que ſon fils Philippe épouſa depuis. Il ſe ſoumet par une clauſe étonnante à païer cinq-cent-mille écus s'il n'épouſe pas cette princeſſe. C'eſt la cinquiéme fois qu'il eſt promis ſans être marié. Il partage la France en idée avec Henri VIII. qui compte alors faire revivre les prétentions de ſes ayeux ſur ce roiaume.

L'em-

L'empereur emprunte de l'argent du roi d'Angleterre. Voilà l'explication de cette énigme du dédit de cinq-cent mille écus. Cet argent preté aurait servi un jour de dot. Et ce dédit singulier est exigé de Henri VIII. comme une espéce de caution.

L'empereur donne au cardinal ministre Volsey des pensions qui ne le dédomagent pas de la tiare.

Pourquoi le plus puissant empereur qu'on ait vû depuis Charlemagne est-il obligé d'aller demander de l'argent à Henri VIII. comme Maximilien ? Il faisait la guerre vers les pirenées, vers la picardie, en Italie tout à la fois; l'Allemagne ne lui fournissait rien ; l'Espagne peu de chose : les mines du Mexique ne faisaient pas encor un produit reglé ; les dépenses de son couronnement & des premiers établissements en tout genre furent immenses.

Charlequint est heureux partout. Il ne reste à François I. dans le Milanez que Crémone & Lodi. Gènes qu'il tenoit encore, lui est enlevée par les impériaux. L'empereur permet que François Sforze dernier prince de cette race entre dans Milan.

Mais pendant ce tems-là même la puissance Ottomane menace l'Allemagne. Les turcs sont en

Hongrie. Soliman auffi rédoutable que Sélim & Mahomet II. prend Belgrade ; & de-là il va au fiége de Rodes qui capitule après un fiége de trois mois.

Cette année eft féconde en grands événements. Les états du Dannemarck dépofent folemnellement le tiran Chriftiern, comme on juge un coupable, & en fe bornant à le dépofer, on lui fait grace.

Guftave Vafa profcrit en Suéde la rélligion catholique. Tout le Nord jufqu'au Wefer eft prêt de fuivre cet éxemple.

1523.

Pendant que la guerre de controverfe menace l'Allemagne d'une révolution, & que Soliman menace l'Europe chrêtienne ; les querelles de Charlequint & de François I. font les malheurs de l'Italie & de la France.

Charles & Henri VIII. pour accabler François I. gagnent le connétable de Bourbon qui plus rempli d'ambition & de vangeance que d'amour pour la patrie, s'engage à attaquer le milieu de la France, tandis que fes ennemis pénétreront par fes frontieres. On lui promet Eléonore fœur de Charlequint

quint veuve du roi de Portugal, & ce qui eſt plus eſſentiel, la Provence avec d'autres terres qu'on érigera en roiaume.

Pour porter le dernier coup à la France l'empereur ſe ligue encor avec les venitiens, le pape Adrien & les florentins. Le duc François Sforze reſte poſſeſſeur du Milanez dont François I. eſt dépouillé. Mais l'empereur ne reconnait point encore Sforze pour duc de Milan, & il differe à ſe décider ſur cette province dont il ſera toujours maître quand les français n'y ſeront plus.

Les troupes impériales entrent dans la champagne, le connétable de Bourbon dont le crime eſt découvert, fuit & va commander pour l'empereur en Italie.

Au milieu de ces grands troubles, une petite guerre s'éleve entre l'électeur de Tréves & la nobleſſe d'Alſace comme un petit tourbillon qui s'agite dans un grand. Charlequint eſt trop occupé de ſes vaſtes deſſeins, & de la multitude de ſes intérêts pour penſer à pacifier ces querelles paſſagéres.

Clément VII. ſuccéde à Adrien le 29. novembre, il était de la maiſon de Medicis. Son pontiſcat eſt éternellement remarquable par ſes malheuheureuses intrigues, & par sa faiblesse qui causèrent depuis le pillage de Rome que saccagea l'armée de Charlequint, par la perte de la liberté des florentins, & par l'irrévocable défection de l'Angleterre arrachée à l'Eglise romaine.

1524.

Clément VII. commence par envoyer à la diette de Nuremberg un légat pour armer l'Allemagne contre Soliman : & pour répondre à un écrit intitulé *les cent griefs contre la cour de Rome.* Il ne réussit ni à l'un ni à l'autre.

Il n'était pas extraordinaire qu'Adrien précepteur & depuis ministre de Charlequint né avec le génie d'un subalterne, fut entré dans la ligue qui devait rendre l'empereur maître absolu de l'Italie, & bientôt de l'Europe. Clément VII. eut d'abord le courage de se détacher de cette ligue, espérant tenir la balance égale.

Il y avait alors un homme de sa famille qui était véritablement un grand homme, c'est Jean de Médicis général de Charlequint. Il commandait pour l'empereur en Italie avec le connétable de Bourbon ; c'est lui qui achéva de chasser cette année les français de la petite partie du Milanez qu'ils occupaient encor, qui batit Bonivet à Biagrasse, où fut tué le fameux Chevalier Bayard.

Le marquis de Pescara que les français appellent *Pescaire*, digne émule de ce Jean de Médicis, marche en Provence avec le duc de bourbon. Celui-ci veut assiéger Marseille malgré Pescara & l'entreprise échoue mais la Provence est ravagée.

François I. a le tems d'assembler une armée il poursuit les imperiaux qui se retirent, & passe les Alpes. Il rentre pour son malheur dans ce duché de Milan pris & perdu tant de fois. La maison de Savoye n'était pas encor assez puissante pour fermer le passage aux armées de France.

Alors l'ancienne politique des papes se déploye, & la crainte qu'inspire un empereur trop puissant lie Clément VII. avec François I. il veut lui donner le roiaume de Naples. François y fait marcher un gros détachement de son armée. Par là il s'affaiblit en divisant ses forces & prépare ses malheurs & ceux de Rome.

1525.

Le roi de France assiége Pavie. Le comte de Lanoy vice roi de Naples, Pescara, & Bourbon veulent faire lever le siége, en s'ouvrant un passage par le parc de Mirabel, où François I. était posté. La seule artillerie française met les imperiaux en déroute. Le roi de France n'avait qu'à ne rien faire & ils étaient vaincus. Il veut les poursuivre, & il est battu entierement. Les suisses qui faisaient la force de son infanterie s'enfuient

fuient & l'abandonnent; & il ne reconnaît la faute de n'avoir eu qu'une infanterie mercénaire & d'avoir trop écouté fon courage, que lorfqu'il tombe captif entre les mains des imperiaux & de ce Bourbon qu'il avoit outragé, & qu'il avait forcé à être rebelle.

Charlequint qui étoit alors à Madrid apprend l'excez de fon bonheur & diffimule celui de fa joie. On lui envoie fon prifonnier. Il femblait alors être le maître de l'Europe. Il l'eût été en effet, fi au lieu de refter à Madrid, il eut fuivit fa fortune à la tête de cinquante mille hommes. Mais fes fuccez lui firent des ennemis d'autant plus aifément que lui qui paffait pour le plus actif des princes ne profita pas de ces fuccez.

Le cardinal de Volfey mécontent de l'empereur, au lieu de porter Henri VIII. qu'il gouvernait à entrer dans la France abandonnée, & à la conquérir, porte fon maître à fe déclarer contre Charlequint, & à tenir cette balance qui échapait aux faibles mains de Clément VII.

Bourbon que Charles flattait de l'efpérance d'un roiaume compofé de la Provence, du Dauphiné & des terres de ce connétable, n'eft que gouverneur du Milanez.

Il faut croire que Charlequint avait de grandes affaires fécrettes en Efpagne, puifque dans ce moment critique il ne venait ni vers la France où il pouvoit entrer, ni dans l'Italie qu'il pouvait subjuguer, ni dans l'Allemagne que les nouveaux dogmes & l'amour de l'indépendance remplissaient de troubles.

Les différents sectaires savaient bien ce qu'ils ne voulaient pas croire ; mais ils ne savaient pas ce qu'ils voulaient croire. Tous s'acordaient à s'élever contre les abus de la cour & de l'église romaine : tous introduisaient d'autres abus. Melancton s'oppose à Luther sur quelques articles.

Storck né en Silésie va plus loin que Luther. Il est le fondateur de la secte des anabatistes, Muncer en est l'apôtre, tous deux prêchent les armes à la main. Luther avoit commencé par mettre dans son parti les princes ; Muncer met dans le sien les habitans de la campagne. Il les flatte & les anime par cette idée d'égalité, loi primitive de la nature, que la force & les conventions ont détruite. Les premiéres fureurs des Païsans éclatent dans la Suabe où ils étaient plus esclaves qu'ailleurs. Muncer passe en Turinge. Il s'y rend maître de Mulhausen en prêchant l'égalité, & fait porter à ses pieds l'argent des habitans en prêchant le désintéressement. Tous les païsans se soulévent en Suabe, en Franconie, dans une partie de la Turinge, dans le Palatinat, dans l'Alsace.

A la vérité ces especes de sauvages firent un ma-

manifeste que Licurgue aurait signé. Il demandaient *qu'on ne levât sur eux que les dixmes des bléds, & qu'elles fussent emploiées à soulager les pauvres, que la chasse & la pêche leur fussent permises, qu'ils eussent du bois pour se bâtir des cabanes & pour se garantir du froid, qu'on modérât leurs corvées.* Ils réclamaient les droits du genre humain. Mais ils les soutinrent en bêtes féroces. Ils massacrent les gentilshommes qu'ils rencontrent. Une fille naturelle de l'empereur Maximilien est égorgée.

Ce qui est très remarquable, c'est qu'à l'exemple de ces anciens esclaves revoltez qui se sentant incapables de gouverner choisirent dit-on autrefois pour leur roi le seul maître qui avait échappé au carnage, ces païsans mirent à leur tête un gentilhomme. Ils s'emparent de Heilbron de Spire de Wurtzbourg de tous le païs entre ces villes

Muncer & Storck conduisent l'armée en qualité de prophétes. Le vieux Frédéric électeur de Saxe leur livre une sanglante bataille près de Franchusen dans le comté de Mansfeld. Envain les deux prophétes entonnent des cantiques au nom du seigneur. Ces fanatiques sont entierément défaits. Muncer pris après la bataille est condamné à perdre la tête. Il abjura sa secte avant de mourir. Il n'avait point été enthousiaste, il avoit

con-

conduit ceux qui l'étaient. Mais son disciple Fiffer condamné comme lui mourut persuadé. Storck retourne prêcher en Silésie, & envoie des disciples en Pologne. L'empereur cependant négociait tranquillement avec le roi de France son prisonnier à Madrid.

1526.

Principaux articles du traité dont Charlequint impose les loix à François I.

Le roi de France cede à l'empereur le duché de Bourgogne & le comté de charolois ; il renonce au droit de souveraineté sur l'Artois & sur la Flandre. Il lui laisse Arras, Tournai, Mortagne, st. Amand, l'Isle, Douai, Orchie, Hesdin. Il se désiste de tous ses droits sur les deux Siciles, sur le Milanez, sur le comté d'Asti, sur Génes. Il promet de ne jamais protéger ni le duc de Gueldre qui se soutenait toujours contre cet empereur si puissant, ni le duc de Virtemberg qui revendiquait son duché vendu à la maison d'Autriche, il promet de faire renoncer les héritiers de la Navarre à leur droit sur ce roiaume ; il signe une ligue défensive & même offensive avec son vainqueur qui lui ravit tant d'états, il s'engage à épouser Eléonore sa sœur.

Il est forcé à recevoir le duc de Bourbon en grace, à lui rendre tous ses biens à le dédommager lui & tous ceux qui ont pris son parti.

Ce n'était pas tout. Les deux fils ainez du roi doivent être livrez en ôtage jufqu'à l'accompliffement du traité, il eft figné le 14. janvier.

Pendant que le roi de France fait venir fes deux enfans pour être captifs à fa place, Lanoy vice-roi de Naples entre dans fa chambre en bottes & vient lui faire figner le contract de mariage avec Eléonore qui était à quatre lieues de-là & qu'il ne vit point : étrange façon de fe marier.

On affure que François I. fit une ptoteftation pardevant notaire contre fes promeffes avant de les figner. Il eft difficile de croire qu'un notaire de Madrid ait voulu & pû venir figner un tel acte dans la prifon du roi.

Le Dauphin & le duc d'Orléans font amenez en Efpagne échangez avec leur pere au milieu de la riviere d'Andaye, & menez en ôtage.

Charles aurait pû avoir la Bourgogne, s'il fe l'était fait ceder avant de relacher fon prifonnier. Le roi de France expofa fes deux enfans au courroux de l'empereur en ne tenant pas fa parole. Il y a eu des tems où cette infraction aurait couté la vie à ces deux princes.

François I. fe fait repréfenter par les états de Bourgogne qu'il n'a pû céder cette grande province de la France. Il ne fallait donc pas la promettre. Ce roi était dans un état, où tous les partis étaient triftes pour lui.

Le 22 mai François I. à qui ſes malheurs & ſes reſſources ont donné des amis, ſigne à Cognac une ligue avec le Pape Clément VII. le roi d'Angleterre, les venitiens, les florentins, les ſuiſſes, contre l'empereur. Cette ligue eſt appellée *ſainte* parce que le Pape en eſt le chef. Le roi ſtipule de mettre en poſſeſſion du Milanez ce même duc françois Sforze qu'il avait voulu dépouiller. Il finit par combattre pour ſes anciens ennemis. L'empereur voit tout d'un coup la France, l'Angleterre, l'Italie armées contre ſa puiſſance, parce que cette puiſſance même n'a pas été aſſez grande pour empêcher cette révolution, & parce qu'il eſt reſté oiſif à Madrid au lieu d'aller profiter de la victoire de ſes généraux.

Dans ce cahos d'intrigues, & de guerre les impériaux étaient maîtres de Milan & de preſque toute la province, François Sforze avait le ſeul chateau de Milan.

Mais dès que la ligue eſt ſignée, le Milanez ſe ſouléve. Il prend le parti de ſon duc. Les venitiens marchent & enlévent Lodi à l'empereur. Le duc d'Urbin à la tête de l'armée du pape eſt dans le Milanez. Malgré tant d'ennemis le bonheur de Charlequint lui conſerve l'Italie. Il devait la perdre en reſtant à Madrid; Le vieil Antoine de Leve & ſes autres généraux la lui conſervent. François I. ne peut aſſez tôt faire partir des troupes de son roiaume épuisé. L'armée du pape se conduit lâchement, celle de Venise mollement. François Sforze est obligé de rendre son chateau de Milan. Un très petit nombre d'espagnols & d'allemands bien commandez & accoutumez à la victoire vaut à Charlequint tous ces avantages, dans le même ems de sa vie où il fit le moins de choses par lui-même. Il reste toujours à Madrid. Il s'applique à regler les rangs & à former l'étiquette, il se marie avec Isabelle fille d'Emanuel le grand roi de Portugal, pendant que le nouvel électeur de Saxe Jean *le constant* fait profession de la religion nouvelle & abolit la romaine en Saxe, pendant que le landgrave de Hesse Philippe en fait autant dans ses états, que Francfort établit un sénat luthérien, & qu'enfin un assez grand nombre de chevaliers Teutons destinez à déffendre l'église l'abandonnent pour se marier & approprier à leurs familles les commanderies de l'ordre.

On avait brûlé autrefois cinquante chevaliers du temple & aboli l'ordre parce qu'il n'était que riche. Celui-ci était puissant. Albert de Brandebourg son grand maître partage la Prusse avec les polonais, & reste souverain de la partie qu'on appelle la Prusse Ducale, en rendant hommage & païant tribut au roi de Pologne. On place d'ordinaire en 1525. cette révolution.

Dans

Dans ces circonstances les luthériens demandent hautement l'établissement de leur relligion dans l'Allemagne à la diette de Spire. Ferdinand qui tient cette diette demande du secours contre Soliman qui revenait attaquer la Hongrie. La diette n'acorde ni la liberté de relligion ni des secours aux chrétiens contre les Ottomans.

Le jeune Louis roi de Hongrie & de Bohéme croit pouvoir soutenir seul l'éffort de l'empire Turc. Il ose livrer bataille à Soliman. Cette journée appellée de *Mohats* du nom du champ de bataille non loin de Bude, est aussi funeste aux chrétiens que la journée de Varnes. Presque toute la noblesse de Hongrie y périt. L'armée est taillée en piéces, le roi est noié dans un marais en fuiant. Les écrivains du tems disent que Soliman fit décapiter quinze-cent nobles hongrois prisonniers après la bataille, & qu'il pleura en voiant le portrait du malheureux roi Louis. Il n'est gueres croiable qu'un homme qui fait couper de sang froid quinze-cent têtes nobles, en pleure une. Et ces deux faits sont également douteux.

Soliman prend Bude. Et menace tous les environs. Ce malheur de la chrêtienté fait la grandeur de la maison d'Autriche. L'archi-duc Ferdinand frere de Charlequint demande la Hongrie & la Bohéme comme des états qui doivent lui revenir par les pactes de familles, comme un héritage. On concilie ce droit d'héritage avec le droit d'élection qu'avaient les peuples en soutenant l'un par l'autre. Les états de Hongrie l'élisent le 26. octobre.

Pendant ce tems-là même un autre parti venait de déclarer roi dans Albe roiale Jean Zapoli comte de Scepus Vaivode de Transilvanie. Il n'y eut guères depuis ce tems-là de roiaume plus malheureux que la Hongrie. Il fut presque toujours partagé en deux factions, & inondé par les turcs. Cependant Ferdinand est assez heureux pour chasser en peu de jours son rival, & pour être couronné dans Bude dont les turcs s'étaient retirez.

1529.

Le 27. février, Ferdinand est élu roi de Bohéme sans concurrent, & il reconnait qu'il tient ce roiaume *ex libera & bona voluntate*, de la libre & bonne volonté de ceux qui l'ont choisi.

Charlequint est toujours en Espagne pendant que sa maison acquiert deux roiaumes, & que sa fortune va en Italie plus loin que ses projets.

Il payait mal ses troupes commandées par le duc de Bourbon & par Philibert de Chalons prince d'Orange. Mais elles subsistaient par les rapines, qu'on appelle contributions. La sainte ligue était fort dérangée. Le roi de France avait négligé une vengeance qu'il cherchait, & n'avait point

point encor envoié d'armée de-là les Alpes. Les venitiens agissaient peu. Le pape encor moins & il s'était épuisé à lever de mauvaises troupes. Bourbon mene ses soldats droit à Rome. Il monte à l'assaut le 27. mai, il est tué en apuiant une échelle à la muraille. Mais le prince d'Orange entre dans la ville. Le pape se réfugie au chateau st. Ange où il devient prisonnier. La ville est pillée & saccagée, comme elle le fut autrefois par Alaric & par les autres barbares.

On dit que le pillage monta à quinze millions d'écus. Charles en éxigeant la moitié seulement de cette somme pour la rançon de la ville, eut pû dominer dans Rome. Mais après que ses troupes y eurent vécu près de neuf mois à discretion, il ne put la garder. Il lui arriva ce qu'éprouverent tous ceux qui avaient saccagé cette capitale.

Il y eut dans ce désastre trop de sang répandu; mais beaucoup de soldats enrichis s'habituèrent dans le païs, & on compta à Rome & aux environs au bout de quelque mois, quatre-mille-sept-cent filles enceintes. Rome fut peuplée d'espagnols, & d'allemands après l'avoir été autrefois de gots, d'herules, de vandales. Le sang des romains s'était mêlé sous les Césars à celui d'une foule d'étrangers. Il ne reste pas aujourd'hui dans Rome une seule famille qui puisse se dire romaine. Il n'y a que le nom & les ruines de la maîtresse du monde qui subsistent.

Pendant la prifon du pape, le duc de Ferrare Alphonfe I. à qui Jules II. avait enlevé Modène & Reggio, reprend cet état quand Clément VII. capitule dans le chateau st. Ange. Les Malatefta fe refaififfent de Rimini. Les vénitiens alliés du pape lui prennent Ravenne, mais pour le lui garder, difent-ils, contre l'empereur. Les florentins fecouent le joug des Medicis, & fe remettent en liberté.

François I. & Henri VIII. au lieu d'envoïer des trouppes en Italie, envoient des ambaffadeurs à l'empereur. Il était alors à Valladolid. La fortune en moins de deux ans avait mis entres fes mains Rome, le Milanez, un roi de France & un pape, & il n'en profitait pas. Affez fort pour piller Rome, il ne le fut pas affez pour la garder, & ce vieux droit des empereurs, cette prétention fur le domaine de Rome demeura toujours derriere un nuage.

Enfin François I. envoie une armée dans le Milanez fous ce même Lautrec qui l'avait perdu, laiffant toujours fes deux enfans en ôtage. Cette armée réprend encor le Milanez, dont on fe faififfait & qu'on perdait en fi peu de tems. Cette diverfion & la pefte qui ravagent à la fois Rome & l'armée de fes vainqueurs préparent la délivrance du pape. D'un côté Charlequint fait chanter des pfeaumes & faire des proceffions en

Efpagne

Espagne pour cette délivrance du st. pere qu'il retient captif, de l'autre il lui vend fa liberté quatre-cent-mille ducats. Clement VII. en païe comptant près de cent mille; & s'évade avant d'avoir païé le refte.

Pendant que Rome eft faccagée, & le pape rançonné au nom de Charlequint qui foutient la religion catholique, les fectes ennemies de cette religion font de nouveaux progrès. Le faccagement de Rome, & la captivité du pape enhardiffaient les lutheriens.

La meffe eft abolie à Strasbourg juridiquement après une difpute publique. Ulm, Augsbourg, beaucoup d'autres villes impériales fe déclarent luthériennes. Le confeil de Berne fait plaider devant lui la caufe du catholicifme & celle des facramentaires, difciples de Zuingle. Ces fectaires differaient des lutheriens principalement au fujet de l'eucariftie : les zuingliens difans que Dieu n'eft dans le pain que par la foi, & les luthériens affirmant que Dieu était avec le pain dans le pain & fur le pain : mais tous s'accordant à croire que le pain éxifte. Généve, Conftance fuivent l'éxemple de Bern. Ces zuingliens font les peres des calviniftes. Des peuples qui n'avaient qu'un bon fens fimple & auftére, les bohémes, les allemands, les fuiffes font ceux qui ont ravi la moitié de l'Europe au fiége de Rome.

G 9   Les

Les anabatiftes renouvellent leurs fureurs au nom du feigneur, depuis le palatinat jufqu'à Wurtzbourg ; l'électeur Palatin aidé des généraux Truchfes & Fronsberg les diffipe.

1528.

Les anabatiftes reparaiffent dans Utrecht, & ils font caufe que l'évêque de cette ville, qui en était feigneur, la vend à Charlequint, de peur que le duc de Gueldres ne s'en rende le maître.

Ce duc toujours protegé en fécret par la France réfiftait à Charlequint, à qui rien n'avait réfifté ailleurs. Charles s'acomode enfin avec lui à condition que le duché de Gueldres & le comté de Zutphen reviendront à la maifon d'Autriche fi le duc meurt fans enfans mâles.

Les querelles de la relligion femblaient exiger la préfence de Charles en Allemagne, & la guerre l'appellait en Italie.

Deux hérauts, Guienne & Clarance, l'un de la part de la France l'autre de l'Angleterre viennent lui déclarer la guerre à Madrid, François I. n'avait pas befoin de la déclarer, puis qu'il la faifait déja dans le Milanais, & Henri VIII. encor' moins, puis qu'il ne la lui fit point.

C'eft une bien vaine idée de penfer, que les princes n'agiffent & ne parlent qu'en politiques. Ils agiffent & parlent en hommes. L'empereur reprocha aigrement au roi d'Angleterre le divorce

que

que ce roi méditait avec Catherine d'Arragon, dont Charles était le neveu. Il chargea le hérault Clarence de dire, que le Cardinal Volſei pour ſe vanger de n'avoir pas été pape avait conſeillé ce divorce & la guerre.

Quant à François I. il lui reprocha d'avoir manqué à ſa parole, & dit qu'il le lui ſoutiendrait ſeul à ſeul. Il était très vrai que François I. avait manqué à ſa parole ; il n'eſt pas moins vrai, qu'elle était très difficile à tenir.

François I. lui répondit ces propres mots, *vous avez menti par la gorge, & autant de fois que le direz, vous mentirez* : &c. *Aſſurez nous le camp & nous vous porterons les armes.*

L'empereur envoie un hérault au roi de France, chargé de ſignifier le lieu du combat. Le roi dans le plus grand appareil le reçoit le 10. ſeptembre. Le hérault voulut parler avant de montrer la lettre de ſon maître qui aſſurait le camp. Le roi impoſe ſilence, & veut voir ſeulement la lettre ; elle ne fut point montrée. Deux grands rois s'en tinrent à ſe donner des démentis par des héraults d'armes. Il y a dans ces procédés un air de chevalerie & de ridicule bien éloigné de nos mœurs.

Pendant toutes ces rodomontades, Charlequint perdoit tout le fruit de la bataille de Pavie, de la priſe du roi, & de ce calle du pape. Il allait même perdre le roiaume de Naples. Lautrec avait
déja

déja pris toute l'Abbruze. Les venitiens s'étaient emparés de plufieurs villes maritimes du roiaume. Le célébre André Doria qui alors fervait la France, avait avec les galéres de Gènes battu la flotte impériale. L'empereur qui fix mois auparavant était maître de l'Italie, allait en être chaffé : mais il fallait que les français perdiffent toujours en Italie ce qu'ils avaient gagné.

La contagion fe met dans leur armée. Lautrec meurt. Le roiaume de Naples eft évacué. Henri duc de Brunfwick avec une nouvelle armée vient défendre le Milanais contre les français, & contre Sforze.

Doria qui avoit tant contribué au fuccès de la France, mécontent de François I. & craignant même d'être arrêté l'abandonne & paffe au fervice de l'empereur avec fes galéres.

La guerre fe continue dans le Milanais. Le pape Clement VII. en attendant l'événement négocie. Ce n'eft plus le tems d'excommunier un empereur, de transférer fon fceptre dans d'autres mains par l'ordre de Dieu. On en eut agi ainfi autrefois pour le feul refus de mener la mule du pape par la bride ; mais le pape après fa prifon après le faccagement de Rome, inefficacement fecouru par les français craignant les venitiens même, fes alliés, voulant établir fa maifon à Florence, voiant enfin la Suéde, le Dannemarck, la moitié de l'Allemagne renoncer à l'église romaine, le pape dis-je en ces extrémités ménageait & redoutait Charlequint au point que loin d'oser casser le mariage de Henri VIII. avec Catherine tante de Charles, il était prêt d'excommunier cet Henri VIII. son allié dès que Charles l'exigerait.

1529.

Le roi d'Angleterre livré à ses passions ne songe plus qu'à se separer de sa femme Catherine d'Arragon femme vertueuse dont il a une fille depuis tant d'années, & à épouser sa maîtresse Anne de Bolein, ou Bollen.

François I. laisse toujours ses deux enfans prisonniers auprès de Charlequint en Espagne, & lui fait la guerre dans le milanais. Le Duc François Sforze est toujours ligué avec ce roi, & demande grace à l'empereur, voulant avoir son duché par les mains du plus fort & craignant de le perdre par l'un ou par l'autre. Les catholiques & les les protestans déchirent l'Allemagne. Le sultan Soliman se prépare à l'attaquer. Et Charlequint est à Valladolid.

Le vieil Antoine de Leve l'un de ses plus grands généraux à l'âge de soixante & treize ans, malade de la goutte & porté sur un brancard, defait les français dans le milanais aux environs de Pavie. Ce qui en reste se dissipe, & ils disparaissent de cette terre qui leur a été si funeste.

Le pape négociait toujours, & avait heureusement conclu son traité avant que les français reçussent ce dernier coup. L'empereur traita généreusement le pape, premierement pour réparer aux yeux des catholiques dont il avait besoin le scandale de Rome saccagée ; secondement pour engager le pontife à opposer les armes de la rélligion à l'autre scandale qu'on allait donner à Londres en cassant le mariage de sa tante, & en déclarant bâtarde sa cousine Marie, cette même Marie qu'il avait dû épouser ; troisiémement parce que les français n'étaient pas encor expulsés d'Italie quand le traité fut conclu.

L'empereur accorde donc à Clément VII. Ravenne, Cervia, Modène, Regio, le laisse en liberté de poursuivre ses prétensions sur Ferrare, lui promet de donner la Toscane à Alexandre de Medicis. Ce traité si avantageux pour le pape est ratifié à Barcelone.

Immédiatement après il s'accommode aussi avec François I. il en coute deux millions d'écus d'or à ce roi pour racheter ses enfans, & cinq-cent-mille écus que François doit encor payer à Henri VIII. pour le dédit auquel Charlequint s'étoit soumis en n'épousant pas sa cousine Marie.

Ce n'était certainement pas à François I. à payer

les

les dédits de Charlequint ; mais il était vaincu ; il fallait racheter fes enfans. Deux millions cinq-cent-mille écus d'or apauvriſſaient à la vérité la France, mais ne valaient pas la Bourgogne que le roi gardait. D'ailleurs on s'accomoda avec le roi d'Angleterre qui n'eut jamais l'argent du dédit.

Alors la France apauvrie ne parait point à craindre ; l'Italie attend les ordres de l'empereur ; les vénitiens temporifent, l'Allemagne craint les turcs, & difpute fur la religion.

Ferdinand affemble la diette de Spire, où les luthériens prennent le nom de proteftans parce que la Saxe, la Heffe, le Lunébourg, Anhalt, quatorze villes impériales, proteftent contre l'édit de Ferdinand & appellent au futur concile.

Ferdinand laiffe croire & faire aux proteftans tout ce qu'ils veulent. Il le falait bien. Soliman qui n'avait point de difpute de religion à appaifer, voulait toujours donner la couronne de Hongrie à ce Jean Zapoli vaivode de Tranfilvanie concurrent de Ferdinand, & ce roïaume devait être tributaire des turcs.

Soliman fubjugue toute la Hongrie, pénétre dans l'Autriche, emporte Altembourg d'affaut, met le fiége devant Vienne le 26. Septembre. Mais Vienne eft toujours l'écueïl des turcs. C'eft le fort de la maifon de Bavière de deffendre dans ces

Tome II.   H   périls

périls la maison d'Autriche. Vienne fut défendue par Philippe le belliqueux, frere de l'électeur Palatin, dernier électeur de la premiere branche palatine. Soliman au bout de trente jours léve le siége. Mais il donne l'investiture de la Hongrie à Jean Zapoli, & reste maître de la Hongrie.

Enfin Charles quittait alors l'espagne & était arrivé à Gênes qui n'est plus aux français & qui attend son sort de lui. Il déclare Gênes libre, & fief de l'Empire; il va en triomphe de ville en ville pendant que les turcs assiégeaient Vienne. Le pape Clément VII. l'attend à Boulogne. Charles vient d'abord recevoir à genoux la bénédiction de celui qu'il avait retenu captif, & dont il avait désolé l'état. Après avoir été aux pieds du pape en catholique, il reçoit en empereur François Sforze qui vient se mettre aux siens, & lui demander pardon. Il lui donne l'investiture du Milanais pour cent mille ducats d'or comptans, & cinq cent mille payables en dix années; il lui fait épouser sa niéce fille du tiran Christiern. Ensuite il se fait couronner dans Boulogne par le pape. Il reçoit de lui trois couronnes, celle d'Allemagne, celle de Lombardie, & l'impériale à l'exemple de Fréderic III. Le pape en lui donnant le sceptre, lui dit: *empereur notre fils, prenez ce sceptre pour régner sur les peuples de l'Empire, auxquels nous & les électeurs nous vous avons jugé digne de commander.* Il lui dit en lui donnant le globe; *ce globe représente le monde que vous devez gouverner avec vertu, religion & fermeté.* La cérémonie du globe rappellait l'image de l'ancien Empire romain maître de la
meil-

meilleure partie du monde connu, & convenait en quelque sorte à Charlequint souverain de l'Espagne, de l'Italie, de l'Allemagne & de l'Amerique.

Charles baise les pieds du pape pendant la messe, mais il n'y eut point de mule à conduire. L'empereur & le pape mangent dans la même sale, chacun d'eux à sa table.

Il promet sa bâtarde Marguerite, à Alexandre de Médicis neveu du pape avec la Toscane pour dot.

Par ces arrangemens, & par ces concessions, il est évident que Charles n'aspirait point à être roi du continent chrétien comme le fut Charlemagne : il aspirait à en être le principal personnage, à y avoir la premiere influence, à retenir le droit de suzeraineté sur l'Italie. S'il eût voulu tout avoir pour lui seul, il aurait épuisé son roïaume d'Espagne d'hommes & d'argent pour venir s'établir dans Rome, & gouverner la Lombardie comme une de ses provinces. Il ne le fit pas ; car voulant trop avoir pour lui, il aurait eu trop à craindre.

1530.

Les toscans voïant leur liberté sacrifiée à l'union de l'empereur & du pape, ont le courage de la défendre contre l'un & l'autre. Mais leur courage est inutile contre la force. Florence assiégée se rend à composition.

Alexandre de Médicis est reconnu souverain & il se reconnait vassal de l'Empire.

Charlequint dispose des principautés en juge & en maître; il rend Modène & Regio au duc de Ferrare, malgré les priéres du pape. Il érige Mantoue en duché. C'est dans ce tems qu'il donne Malthe aux chevaliers de saint Jean qui avoient perdu Rhodes. La donation est du 24 mars. Il leur fit ce préfent comme roi d'Espagne, & non comme empereur. Il se vangeait autant qu'il le pouvait des turcs en leur opposant ce boulevard, qu'ils n'ont jamais pû détruire.

Après avoir ainsi donné des états, il va essaïer de donner la paix à l'Allemagne ; mais les querelles de religion furent plus difficiles à concilier que les intérêts des princes.

Confession d'Ausbourg, qui a servi de régle aux protestans, & de ralliment à leur parti. Cette diette d'Ausbourg commence le 20 Juin. Les protestans présentent leur confession de foi en latin & en allemand le 26.

Strasbourg, Memmingen, Lindau, & Constance présentent la leur séparément, & on la nomme *la confession des quatre villes*. Elles étaient luthériennes comme les autres, & différaient seulement en quelques points.

Zuingle envoie aussi sa confession, quoique ni lui, ni le canton de Berne ne fussent ni luthériens ni impériaux.

On dispute beaucoup. L'Empereur donne un décret le 22 septembre, par lequel il enjoint aux protestans de ne plus rien innover, de laisser une pleine liberté dans leurs états à la religion catholique, & de se préparer à présenter leurs griefs au concile qu'il compte convoquer dans six mois.

Les

Les quatre villes s'allient avec les trois cantons Berne, Zuric, & Bâle qui doivent leur fournir des troupes en cas qu'on veuille gêner leur liberté.

La diette fait le procès au grand maître de l'ordre teutonique Albert de Brandebourg, qui devenu luthérien, comme on l'a vû, s'était emparé de la Prusse Ducale, & en avait chassé les chevaliers catholiques. Il est mis au ban de l'Empire, & n'en garde pas moins la Prusse.

La diette fixe la chambre impériale dans la ville de Spire. C'est par là qu'elle finit; & l'empereur en indique une autre à Cologne pour y faire élire son frere Ferdinand roi des romains.

Ferdinand est élu le 5 janvier par tous les électeurs, excepté par celui de Saxe, Jean le *constant*, qui s'y oppose inutilement.

Alors les princes protestans & les députés des villes luthériennes s'unissent dans Smalcalde ville du païs de Hesse. La ligue est signée au mois de mars pour leur défence commune. Le zéle pour leur religion, & la crainte de voir l'Empire électif, devenir une monarchie héréditaire, furent les motifs de cette ligue entre Jean duc de Saxe, Philippe Landgrave de Hesse, le duc de Virtemberg, le prince d'Anhalt, le comte de Mansfeld, & les villes de leur communion.

1531.

François I. qui faisait bruler les luthériens chez lui, promet du secours à ceux d'Allemagne. L'empereur alors négocie avec eux. On ne poursuit que les anabatistes, qui s'étaient établis dans la Moravie. Leur nouvel apôtre Huter qui allait faire partout des profélites, eſt pris dans le Tirol, & brulé dans Inſpruk.

Ce Huter ne prêchait point la ſédition & le carnage, comme la plûpart de ſes prédéceſſeurs. C'était un homme entêté de la ſimplicité des premiers tems; il ne voulait pas même que ſes diſciples portaſſent des armes. Il prêchait la réforme & l'égalité, & c'eſt pourquoi il fut brulé.

Philippe Landgrave de Heſſe prince qui méritait plus de puiſſance & plus de fortune, entreprend le premier de réunir les ſectes ſéparées de la communion romaine; projet qu'on a tenté depuis inutilement, & qui eût pu épargner beaucoup de ſang à l'Europe. Martin Bucer fut chargé au nom des ſacramentaires de ſe concilier avec les luthériens. Mais Luther & Melancton furent infléxibles, & montrèrent en cela bien plus d'opiniâtreté que de politique.

Les princes & les villes avaient deux objets: leur religion, & la réduction de la puiſſance impériale dans des bornes étroites; ſans ce dernier article il n'y eut point eu de guerre civile. Les proteſtans s'obſtinaient à ne vouloir point reconnaitre Ferdinand pour roi des romains.

1532.

L'empereur inquiété par les proteſtans & menacé par les turcs, étouffe pour quelque tems les troubles naiſſants en accordant dans la diéte de Nuremberg au mois de juin, tout ce que les proteſtans demandent, abolition de toutes procédures contre eux, liberté entiére juſqu'à la tenue d'un concile; il laiſſe même le droit de Ferdinand ſon frere indécis. On

On ne pouvait se relâcher davantage. C'était aux turcs que les luthériens devaient cette indulgence.

La condefcendance de Charles anima les proteftans à faire au-delà de leur devoir. Ils lui fourniffent une armée contre Soliman, ils donnent cent cinquante mille florins par-delà les fufides ordinaires. Le pape de fon côté fait un effort, il fournit fix mille hommes & quatre cent mille écus. Charles fait venir des troupes de Flandres & de Naples. On voit une armée compofée de plus de cent mille hommes, de nations différentes dans leurs mœurs, dans leur langage, dans leur culte, animées du même efprit, marcher contre l'ennemi commun. Le comte Palatin Philippe détruit un corps de turcs qui s'était avancé jufqu'à Grats en Stirie. On coupe les vivres à la grande armée de Soliman qui eft obligé de retourner à Conftantinople. Soliman malgré fa grande réputation parut avoir mal conduit cette campagne. Il fit à la vérité beaucoup de mal, il emmena près de deux cent mille efclaves. Mais c'était faire la guerre en tartare, & non en grand capitaine.

L'empereur & fon frere après le départ des turcs congédient leur armée. La plus grande partie était auxiliaire & feulement pour le danger préfent. Il ne refta que peu de troupes fous le drapeau. Tout fe faifait alors par fecouffes ; point de fonds affurés pour entretenir longtems de grandes forces, peu de deffeins longtems fuivis. Tout confiftait à profiter du moment. Charlequint alors fit la guerre, qu'on faifait pour lui depuis fi longtemps, car il n'avait jufques-là

H 4 vû

vû que le siége de la petite ville de Mouzon en 1521. & n'ayant eu depuis que du bonheur, il voulut y joindre la gloire.

1533.

Il retourne en Espagne par l'Italie, laissant au roi des romains son frere le soin de contenir les protestans.

A peine est-il en Espagne que sa tante Catherine d'Arragon est répudiée par le roi d'Angleterre, & son mariage déclaré nul par l'archevêque de Cantorberi Crammer. Clément VII. ne peut se dispenser d'excommunier Henri VIII.

Le Milanais tenait toujours au cœur de François I. ce prince voïant que Charles est paisible, qu'il n'a presque plus de troupes dans la Lombardie, que François Sforze duc de Milan est sans enfans, essaïe de le détacher de l'empereur. Il lui envoie un ministre secret, milanais de nation nommé Maraviglia, avec ordre de ne point prendre de caractére quoiqu'il ait des lettres de créance.

Le sujet de la commission de cet homme est pénétré. Sforze pour se disculper auprès de l'empereur suscite une querelle à Maraviglia. Un homme est tué dans le tumulte, & Sforze fait trancher la tête au ministre du roi de France qui ne peut s'en vanger.

Tout ce qu'il peut faire, c'est d'aider en secret le duc de Virtemberg Ulric à rentrer dans son duché & à secouer le joug de la maison d'Autriche. Ce prince protestant attendait son rétablissement de la ligue de Smalcalde & du secours de la France.

Les princes de la ligue eurent assez d'autorité pour faire décider dans une diette à Nuremberg que Ferdinand roi des romains rendrait le duché de Virtemberg dont il s'était emparé. La diette en cela se conformait aux loix. Le duc avait un fils qui au moins ne devait point être puni des fautes de son pere ; Ulric n'avait point été coupable de trahison envers l'empire, & par conséquent ses états ne devaient point être enlevés à sa postérité.

Ferdinand promit de se conformer au recès de l'Empire & n'en fit rien. Philippe Landgrave de Hesse surnommé alors à bon droit *le magnagnime*, prend les intérêts du duc de Virtemberg, il va en France emprunter du roi cent mille écus d'or, léve une armée de quinze mille hommes & rend le Virtemberg à son prince.

Ferdinand y envoie des troupes commandées par ce même comte Palatin Philippe *le belliqueux* vainqueur des turcs.

1534.

Philippe de Hesse, le *magnanime* bat Philippe le *belliqueux*. Alors le roi des romains entre en composition.

Le duc Ulric fut rétabli ; mais le duché de Virtemberg fut déclaré fief masculin de l'archi-duché d'Autriche, & comme tel il doit retourner au défaut d'héritiers mâles à la maison archiducale.

C'est dans cette année que Henri VIII. se soustrait à la communion romaine & se déclare chef de l'église anglicane. Cette révolution se fit sans le moindre trouble. Il n'en était pas de même en Allemagne. La religion y faisait répandre du sang dans la Westphalie.

Les sacramentaires sont d'abord les plus forts à Munster & en chassent l'évêque Valdec; les anabatistes succédent aux sacramentaires & s'emparent de la ville. Cette secte s'étendait alors dans la Frise & dans la Hollande. Un tailleur de Leide nommé Jean va au secours de ses freres avec une troupe de prophétes & d'assassins, il se fait proclamer roi & couronner solemnellement à Munster le 24 juin.

L'évêque Valdec assiége la ville, aidé des troupes de Cologne & de Cléves : les anabatistes le comparent à Holoferne & se croïent le peuple de Dieu. Une femme veut imiter Judith & sort de la ville dans la même intention, mais au lieu de rentrer dans sa Bethulie avec la tête de l'évêque, elle est penduë dans le camp.

1535.

Charles en Espagne se mêlait peu alors des affaires du corps germanique qui n'était pour lui qu'une source continuelle d'inquiétude sans aucun avantage, il cherche la gloire d'un autre côté. Trop peu fort en Allemagne pour aller porter la guerre à Soliman, il veut se vanger des turcs sur le fameux amiral Cheredin qui venait de s'emparer de Tunis & d'en chasser le roi Muleiassem. L'affriquain détroné était venu lui proposer de se rendre son tributaire. Il passe en Afrique au mois d'avril avec environ vingt-cinq mille hommes, deux cent vaisseaux de transport, cent-quinze galéres. Le pape Paul III. lui avait accordé le dixiéme

xiéme des revenus ecclésiastiques dans tous les états de la maison d'Autriche, & c'était beaucoup. Il avait joint neuf galéres à la flotte espagnole. Charles en personne va combattre l'armée de Chéredin, très supérieure à la sienne en nombre, mais mal disciplinée.

Plusieurs historiens rapportent que Chales avant la bataille dit à ses généraux : *les nefles meurissent avec la paille, mais la paille de notre lenteur fait pourrir & non pas meurir les nefles de la valeur de nos soldats.* Les princes ne s'expriment point ainsi. Il faut les faire parler dignement, ou plutôt il ne faut jamais leur faire dire ce qu'ils n'ont point dit. Presque toutes les harangues sont des fictions mêlées à l'histoire.

Charles remporte une victore complete, & rétablit Muleiassem qui lui céde la Goulette avec dix milles d'étenduë à la ronde, & se déclare lui & ses successeurs vassal des rois d'Espagne, se soumettant à païer un tribut de vingt mille écus tous les ans.

Charles retourne vainqueur en Sicile & à Naples, menant avec lui tous les esclaves chrétiens qu'il a délivrés. Il leur donne à tous libéralement de quoi retourner dans leur patrie. Ce furent autant de bouches qui publiérent partout ses louanges, jamais il ne jouit d'un si beau triomphe.

Dans ce haut dégré de gloire aïant repoussé Soliman, donné un roi à Tunis, réduit François I. à n'oser paraître en Italie, il presse Paul III. d'assembler un concile. Les plaïes faites à l'église romaine augmentaient tous les jours.

Calvin commençait à dominer dans Genève, la secte à laquelle il eut le crédit de donner son nom, se répandait en France, & il était à craindre pour l'église romaine qu'il ne lui restât que les états de la maison d'Autriche & la Pologne.

Cependant le duc de Milan François Sforze meurt sans enfans. Charlequint s'empare du duché comme d'un fief qui lui est dévolu. Sa puissance, ses richesses en augmentent, ses volontés font des loix dans toute l'Italie, il y est bien plus maître qu'en Allemagne.

Il célébre dans Naples le mariage de sa fille naturelle Marguerite avec Alexandre de Médicis, le crée duc de Toscane ; ces cérémonies se font au milieu des plus brillantes fêtes, qui augmentent encor l'affection des peuples.

1536.

François I. ne perd point de vuë le Milanais, ce tombeau de français. Il en demande l'investiture au moins pour son second fils Henri. L'empereur ne donne que des paroles vagues. Il pouvait refuser nettement.

La maison de Savoye long-tems attachée à la maison de France ne l'était plus, tout était à l'empereur : il n'y a point de prince dans l'Europe qui n'ait des prétentions à la charge de ses voisins ; le roi de France en avait sur le comté de Nice & sur le marquisat de Salusse. Le roi y envoie une armée qui s'empare de presque tous les états du duc de Savoye dès qu'elle se montre ; ils n'étaient pas alors ce qu'ils sont aujourd'hui.

Le vrai moïen pour avoir & pour garder le Mila-

jamais eût été de garder le Piémont, de le fortifier. La France maîtresse des Alpes l'eût été tôt ou tard de la Lonbardie.

Le duc de Savoye va à Naples implorer la protection de l'empereur. Ce prince si puissant n'avait point alors une grande armée en Italie. Ce n'était alors l'usage d'en avoir que pour le besoin présent ; mais il met d'abord les vénitiens dans son parti ; il y met jusqu'aux suisses, qui rappellent leurs troupes de l'armée française ; il augmente bientôt ses forces, il va à Rome en grand appareil. Il y entre en triomphe, mais non pas en maître, ainsi qu'il eût pû y entrer auparavant. Il va au consistoire, & y prend place sur un siége plus bas que celui du st. pere. On est étonné d'y entendre un empereur romain victorieux plaider sa cause devant le pape ; il y prononce une harangue contre François I. comme Ciceron en prononçait contre Antoine. Mais ce que Ciceron ne faisait pas, il propose de se battre en duel avec le roi de France. Il y avait dans tout cela un mélange des mœurs de l'antiquité avec l'esprit romanesque. Après avoir parlé du duel il parle du concile.

Le pape Paul III. publie la bulle de convocation.

Le roi de France avait envoïé assez de troupes pour s'emparer des états du duc de Savoye, alors presque sans défense ; mais non assez pour résister à l'armée formidable que l'empereur eut bientôt, & qu'il conduisait avec une foule de grands hommes formés par des victoires en Italie, en Hongrie, en Flandres, en Afrique.

Charles reprend tout le Piémont, excepté Turin. Il entre en Provence avec une armée de cinquante-mille hommes. Une flotte de cent quarante vaisseaux commandée par Doria borde les côtes. Toute la Provence, excepté Marseille, est conquise & ravagée, il pouvait alors faire valoir les anciens droits de l'Empire sur la Provence, sur le Dauphiné, sur l'ancien roïaume d'Arles. Il presse la France à l'autre bout en Picardie par une armée d'allemands qui sous le comte de Reux prend Guise & s'avance encor plus loin.

François I. au milieu de ces désastres perd son Dauphin *François*, qui meurt à Lyon d'une pleurésie. Vingt auteurs prétendent que l'empereur le fit empoisonner. Il n'y a guères de calomnie plus absurde & plus méprisable. L'empereur craignait-il ce jeune prince qui n'avait jamais combattu ? que gagnait-il à sa mort ? quel crime bas & honteux avait-il commis, qui pût le faire soupçonner ? On prétend qu'on trouva des poisons dans la cassette de Montecuculi domestique du dauphin, venu en France avec Catherine de Medicis.

Montecuculi fut écartelé, parce qu'on avait trouvé chez lui des poisons, & que le dauphin était mort. On lui demanda à la question s'il avait jamais entretenu l'empereur. Il répondit que lui aïant été présenté une fois par Antoine de Leve, ce prince lui avait demandé quel ordre le roi de France tenait dans ses repas. Etait-ce-là une raison pour soupçonner Charlequint d'un crime si abominable & si inutile ?

L'invasion de la Provence est funeste aux français, sans être fructueuse pour l'empereur: il ne peut

peut prendre Marseille. Les maladies détruisent une partie de son armée. Il s'en retourne à Gênes sur sa flotte. Son autre armée est obligée d'évacuer la Picardie. La France toujours prête d'être accablée résiste toujours. Les mêmes causes qui avaient fait perdre le roïaume de Naples à François I. font perdre la Provence à Charlequint. Des entreprises lointaines réussissent rarement.

L'empereur retourne en Espagne laissant l'Italie soumise, la France affaiblie, & l'Allemagne toujours dans le trouble.

Les anabatistes continuent leurs ravages dans la Frise, dans la Hollande, dans la Westphalie. Cela s'appellait *combattre les combats du Seigneur.* Ils vont au secours de leur prophete roi Jean de Leide; ils sont défaits par George Schenk gouverneur de Frise. La ville de Munster est prise. Jean de Leide & ses principaux complices sont promenés dans une cage. On les brûle après les avoir déchirés avec des tenailles ardentes. Le parti des luthériens se fortifie, les animosités s'augmentent, la ligue des Smalcalde ne produit point encor de guerre civile.

1537.

Charles en Espagne n'est pas tranquile, il faut soutenir cette guerre légérement commencée par François I. & que ce prince rejettait sur l'empereur.

Le parlement de Paris fait ajourner l'empereur, le déclare vassal rébelle, & privé des comtés de Flandre, d'Artois & de Charolois. Cet arrêt eut été bon après avoir conquis ces provinces. Les
trou-

troupes impériales malgré cet arrêt avancent en Picardie. François I. va en personne assiéger Hesdin dans l'Artois, mais il est repris ; on donne des petits combats dont le succès est indécis.

François I. voulait frapper un plus grand coup. Il hazardait la chrétienté pour se venger de l'empereur. Il s'était engagé avec Soliman à descendre dans le Milanais avec une grande armée, tandis que les turcs tomberaient sur le roïaume de Naples & sur l'Autriche.

Soliman tint sa parole, mais François I. ne fut pas assez fort pour tenir la sienne. Le fameux capitan Pacha Cheredin descend avec une partie de ses galéres dans la Pouille, l'autre aborde vers Otrante : il ravage ces païs, & fait seize mille esclaves chrétiens. Ce Cheredin vice-roi d'Alger est le même que les auteurs nomment *Barberousse*. Ce sobriquet avait été donné à son frere, conquérant d'une partie des côtes de la Barbarie, mort en 1519.

Soliman s'avance en Hongrie. Le roi des romains Ferdinand marche au-devant des turcs entre Bude & Belgrade. Une sanglante bataille se donne, dans laquelle Ferdinand prend la fuite après avoir perdu vingt-quatre mille hommes. On croirait l'Italie & l'Autriche au pouvoir des Ottomans, & François I. maître de la Lonbardie ; mais non. Barberousse qui ne voit point venir François I. dans le Milanais, s'en retourne à Constantinople avec son butin & ses esclaves. L'Autriche est mise en sûreté. L'empereur avait retiré ses troupes de l'Artois & de la Picardie. Ses deux sœurs, l'une Marie de Hongrie gouvernante des Païs-bas, l'aul'autre Eléonore de Portugal, femme de François I. aïant ménagé une trève fur ces frontières, l'empereur avait confenti à cette trève pour avoir de nouvelles troupes à oppofer aux turcs, & François I. afin de pouvoir paffer en liberté en Italie.

Déja le dauphin Henri était dans le Piémont, les français étaient les maîtres de prefque toutes les villes; le marquis del Valfto que les français appellent Duguaft défendait le refte. Alors on conclut une trève de quelques mois dans ce païs. C'était ne pas faire la guerre férieufement, après de fi grands & de fi dangereux projets. Celui qui perdit le plus à cette paix & à cette trève, fut le duc de Savoye dépouillé par fes ennemis & par fes amis, car les impériaux & les français retinrent prefque toutes fes places.

1538.

La trève fe prolonge pour dix années entre Charlequint & François I. & aux dépens du duc de Savoye.

Soliman mécontent de fon allié, ne pourfuit point fa victoire. Tout fe fait à demi dans cette guerre.

Charles aïant paffé en Italie pour conclure la trève, marie fa bâtarde Marguerite veuve d'Alexandre de Medicis à Octavio Farnèfe, petit-fils d'un bâtard de Paul III. duc de Parme, de Plaifance & de Caftro. Ces duchés étaient un ancien héritage de la comteffe Mathilde, elle les avait donnés à l'églife, & non pas aux bâtards des papes. On a vû qu'ils avaient été annexés depuis au duché de Milan. Le pape Jules II. les incorpora

pora à l'état ecclésiastique ; Paul III. les en détacha, & en revêtit son fils. L'empereur en prétendait bien la suzeraineté, mais il aima mieux favoriser le pape, que de se brouiller avec lui.

Après toutes ces grandes levées de bouclier, François I. qui était sur les frontières du Piémont, s'en retourne. Charlequint fait voile pour l'Espagne, & voit François I. à Aiguemortes avec la même familiarité que si ce prince n'eût été jamais son prisonnier, qu'ils ne se fussent jamais donnés de démentis, point appellés en duel, que le roi de France n'eût point fait venir les turcs, & qu'il n'eût point souffert que Charlequint eût été traité d'empoisonneur.

1539.

Charlequint apprend en Espagne que la ville de Gand, lieu de sa naissance, soutient ses priviléges jusqu'à la révolte. Chaque ville des Païs-bas avait des droits ; on n'a jamais rien tiré de ce florissant païs par des impositions arbitraires : les états fournissaient aux souverains des dons gratuits dans le besoin, & la ville de Gand avait de tems immémorial la prérogative d'imposer elle-même sa contribution. Les états de Flandres aïant accordé douze cent mille florins à la gouvernante des Païs-bas, en répartirent quatre cent mille sur les gantois ; ils s'y opposerent, ils montrerent leurs priviléges. La gouvernante fait arrêter les principaux bourgeois. La ville se souleve, prend les armes ; c'était une des plus riches & des plus grandes de l'Europe : elle veut se donner au roi de France comme à son Seigneur suzerain, mais le roi qui se flattait toujours de l'espérance d'obtenir

tenir de l'empereur l'inveſtiture du Milanais pour un de ſes fils, ſe fait un mérite auprés de lui de refuſer les gantois. Qu'arriva-t-il ? François I. n'eut ni Gand, ni Milan.

L'empereur prend alors le parti de demander paſſage par la France pour aller punir la révolte de Gand. Le Dauphin & le duc d'Orléans vont le recevoir à Bayonne. François I. va au-devant de lui à Chatelleraut. Il entre dans Paris le 1. janvier ; le parlement & tous les corps viennent le complimenter hors de la ville : on lui porte les clefs, les priſonniers ſont délivrés en ſon nom, il préſide au parlement & il fait un chevalier.

On avait trouvé mauvais, dit-on, cet acte d'autorité dans Sigiſmond ; on le trouva bon dans Charlequint. Créer un chevalier alors, c'était ſeulement déclarer un homme noble, ou ajouter à ſa nobleſſe un titre honorable & inutile.

La chevalerie avait été en grand honneur dans l'Europe ; mais elle n'avait jamais été qu'un nom qu'on avait donné inſenſiblement aux ſeigneurs de fief, diſtingués par les armes. Peu à peu ces ſeigneurs de fief avaient fait de la chevalerie une eſpéce d'ordre imaginaire, compoſé de cérémonies religieuſes de vertu & de débauche. Mais jamais ce titre de chevalier n'entra dans la conſtitution d'aucun état. On ne connut jamais que les loix féodales. Un ſeigneur de fief, reçu chevalier, pouvait être plus conſidéré qu'un autre dans quelques châteaux ; mais ce n'était pas comme chevalier qu'il entrait aux diettes de l'Empire, aux états de France, aux *las cortes* d'Eſpagne, au parlement d'Angleterre ; c'était comme baron, comte,

mar-

marquis ou duc. Les seigneurs Bannerets dans les armées avaient été appellés chevaliers ; mais ce n'était pas en qualité de chevaliers qu'ils avaient des bannieres ; de même qu'ils n'avaient point des châteaux & des terres en qualité de preux : mais on les appellait *preux*, parce qu'ils étaient supposés faire des prouesses.

En général ce qu'on a appellé la chevalerie, appartient beaucoup plus au roman qu'à l'histoire ; Et ce n'était guères qu'une mommerie honorable. Charlequint n'aurait pas pû créer en France un bailli de village, parce que c'est un emploi réel. Il donna le vain titre de chevalier, & l'effet le plus réel de cette cérémonie fut de déclarer noble un homme qui ne l'était pas. Cette noblesse ne fut reconnuë en France que par courtoisie, par respect pour l'empereur. Mais ce qui est de la plus grande vraisemblance, c'est que Charlequint voulut faire croire que les empereurs avaient ce droit dans tous les états. Sigismond avait fait un chevalier en France, Charles voulut en faire un aussi. On ne pouvait refuser cette prérogative à un empereur à qui on donnait celle de délivrer les prisonniers.

Ceux qui ont imaginé qu'on délibera si on retiendrait Charles prisonnier, l'ont dit sans aucune preuve. François I. se serait couvert d'opprobre, s'il eût retenu par une basse perfidie celui dont il avait été le captif par le sort des armes. Il y a des crimes d'état que l'usage autorise. Il y en a d'autres que l'usage, & sur-tout la chevalerie de ces tems-là n'autorisait pas. On tient que le roi lui fit seulement promettre de donner le Milanais au duc d'Orléans frere du Dauphin Henri, & qu'il se contenta d'une parole vague ; il se piqua dans cette occasion d'avoir plus de générosité que de politique.

Charles entre dans Gand avec deux mille cavaliers & six mille fantassins qu'il avait fait venir. Les gantois pouvaient mettre quatre-vingt mille hommes en armes, & ne se défendirent pas.

1540.

Le 12. mai on fait pendre vingt-quatre bourgeois de Gand, on ôte à la ville ses priviléges, on jette les fondements d'une citadelle, & les citoïens sont condamnés à païer trois cent mille ducats pour la rebâtir, & neuf mille par an pour l'entrétien de la garnison. Jamais on ne fit mieux valoir la loi du plus fort. La ville de Gand avait été impunie quand elle versa le sang des ministres de Marie de Bourgogne aux yeux de cette princesse. Elle fut accablée quand elle voulut soutenir de véritables droits.

François I. envoie à Bruxelles sa femme Eléonore solliciter l'investiture du Milanais, & pour la faciliter, non-seulement il renonce à l'alliance des turcs, mais il fait une ligue offensive contre eux avec le pape. Le dessein de l'empereur était de lui faire perdre son allié, & de ne lui point donner le Milanais.

En Allemagne la religion luthérienne, & la ligue de Smalkalde prennent de nouvelles forces par la mort de George de Saxe, puissant prince souverain de la Misnie & de la Thuringe. C'était un catholique très-zelé, & son frere Henri qui continua

tinua sa branche, était un luthérien déterminé. George par son testament deshérite son frere & ses neveux en cas qu'ils ne retournent point à la religion de leurs peres, & donne ses états à la maison d'Autriche. C'était un cas tout nouveau. Il n'y avait point de loi dans l'empire qui privât un prince de ses états pour cause de religion. L'électeur de Saxe Jean Fréderic, & le magnanime landgrave de Hesse gendre de George, conservent la succession à l'héritier naturel en lui fournissant des troupes contre ses sujets catholiques. Luther vient les prêcher, & tout le païs est bientôt aussi luthérien que la Saxe & la Hesse.

Le luthéranisme se signale en permettant la poligamie. La femme du landgrave, fille de George, indulgente pour son mari, à qui elle ne pouvait plaire, lui permit d'en avoir une seconde. Le landgrave amoureux de Marguerite de Saal, fille d'un gentilhomme de Saxe, demande à Luther, à Melancton & à Bucer, s'il peut en conscience avoir deux femmes, & si la loi de la nature peut s'accorder avec la loi chrétienne. Les trois apôtres embarrassés, lui en donnent secrétement la permission par écrit. Tous les maris pouvaient en faire autant, puisqu'en fait de conscience il n'y a pas plus de privilége pour un landgrave que pour un autre homme. Mais cet exemple n'a pas été suivi ; la difficulté d'avoir deux femmes chez soi étant plus grande que le dégoût d'en avoir une seule.

L'empereur fait ses efforts pour dissiper la ligue de Smalkalde ; il ne peut en détacher qu'Albert de Brandebourg, surnommé l'Alcibiade. On tient
des

des assemblées & des conférences entre les catholiques & les protestans, dont l'effet ordinaire est de ne pouvoir s'accorder.

1541.

Le 18. Juillet l'empereur publie à Ratisbonne ce qu'on appelle un *Interim*, un *Inhalt*; c'est un édit par lequel chacun restera dans sa croïance en attendant mieux, sans troubler personne.

Cet *Interim* était nécessaire pour lever des troupes contre les turcs. On a déja remarqué qu'alors on ne formait de grandes armées que dans le besoin. On a vû que Soliman avait été le protecteur de Jean Zapoli, qui avait toujours disputé la couronne de Hongrie à Ferdinand. Cette protection avait été le prétexte des invasions des turcs. Jean était mort, & Soliman servait de tuteur à son fils.

L'armée impériale assiége le jeune pupille de Soliman dans Bude; mais les turcs viennent à son secours, & défont sans ressource l'armée chrétienne.

Le sultan lassé enfin de se battre & de vaincre tant de fois pour des chrétiens, prend la Hongrie pour prix de ses victoires, & laisse la Transilvanie au jeune prince, qui selon lui ne pouvait avoir par droit d'héritage un roïaume électif comme la Hongrie.

Le roi des romains Ferdinand offre alors de se rendre tributaire de Soliman, s'il veut lui rendre ce roïaume. Le sultan lui répond qu'il faut qu'il renonce à la Hongrie, & qu'il lui fasse hommage de l'Autriche.

Le

Les choses restent en cet état, & tandis que Soliman, dont l'armée est diminuée par la contagion, retourne à Constantinople, Charles va en Italie. Il s'y prépare à aller attaquer Alger, au lieu d'aller enlever la Hongrie aux turcs. C'était être plus soigneux de la gloire de l'Espagne que de celle de l'Empire. Maître de Tunis & d'Alger, il eut rangé toute la Barbarie sous la domination espagnole, & l'Allemagne se serait défendue contre Soliman comme elle aurait pû. Il débarque sur la côte d'Alger le 23. octobre, avec autant de monde à peu près qu'il en avait quand il prit Tunis ; mais une tempête furieuse aïant submergé quinze galéres & quatre-vingt-six vaisseaux, & ses troupes sur terre étant assaillies par les orages & par les maures, Charles est obligé de se rembarquer sur les bâtimens qui restaient, & arrive à Cartagéne au mois de novembre avec les débris de sa flotte & de ses troupes. Sa réputation en souffrit. On accusa son entreprise de témérité ; mais s'il eût réussi comme à Tunis, on l'eût appellé le vengeur de l'Europe. Le fameux Fernand Cortez triomphateur de tant d'états en Amérique, avait assisté en soldat volontaire à l'entreprise d'Alger. Il y vit quelle est la différence d'un petit nombre d'hommes qui sçait se défendre, & des multitudes qui se laissent égorger.

On ne voit pas pourquoi Soliman demeure oisif après ses conquêtes ; mais on voit pourquoi l'Allemagne les lui laisse. C'est que les princes catholiques s'unissent contre les princes protestans ;

c'est que la ligue de Smalcalde fait la guerre au duc de Brunſwick catholique, qu'elle le chaſſe de ſon païs, & rançonne tous les eccléſiaſtiques. C'eſt enfin que le roi de France fatigué des refus de l'inveſtiture du Milanais, préparait contre l'empereur les plus fortes ligues, & les plus grands armements.

L'empire & la vie de Charlequint ne ſont qu'un continuel orage. Le ſultan, le pape, Venize, la moitié de l'Allemagne, la France lui ſont preſque toujours oppoſés, & ſouvent à la fois; l'Angleterre tantôt le ſeconde, tantôt le traverſe. Jamais empereur ne fut plus craint & n'eut plus à craindre.

François I. envoïait un ambaſſadeur à Conſtantinople & un autre à Venize en même tems. Celui qui allait vers Soliman était un Navarois nommé Rinçone, l'autre était Frégoſe Génois. Tous deux embarqués ſur le Pô ſont aſſaſſinés par ordre du gouverneur de Milan. Ce meurtre reſſemble parfaitement à celui du colonel Saint-Clair aſſaſſiné de nos jours en revenant de Conſtantinople en Suéde; ces deux événemens furent les cauſes ou les prétextes de guerres ſanglantes. Charlequint déſavoua l'aſſaſſinat des deux ambaſſadeurs du roi de France. Il les regardait à la vérité comme des hommes nés ſes ſujets & devenus infidéles. Mais il eſt bien mieux prouvé que tout homme eſt né avec le droit naturel de ſe choiſir une patrie, qu'il n'eſt prouvé qu'un prince a le droit d'aſſaſſiner ſes ſujets. Si c'était

une

une des prérogatives de la roïauté, elle lui serait trop funeste. Charles en désavouant l'attentat commis en son nom, avouait en effet que ce n'était qu'un crime honteux.

La politique & la vengeance pressaient également les armements de François I.

Il envoie le Dauphin dans le Roussillon avec une armée de trente-mille hommes, & son autre fils le duc d'Orléans avec un pareil nombre dans le Luxembourg.

Le duc de Clèves héritier de la Gueldre envahie par Charlequint, était avec le comte de Mansfeld dans l'armée du duc d'Orléans.

Le roi de France avait encor une armée dans le Piémont.

L'empereur est étonné de trouver tant de ressources & de forces dans la France, à laquelle il avait porté de si grands coups. La guerre se fait à armes égales & sans avantage décidé de part ni d'autre. C'est au milieu de cette guerre qu'on assemble le concile de Trente. Les impériaux y arrivent le 28 Janvier. Les protestans refusent de s'y rendre, & le concile est suspendu.

1543.

Transaction du duc de Lorraine avec le corps germanique dans la diète de Nuremberg le 26. août. Son duché est reconnu souveraineté libre & indépendante, à la charge de payer à la chambre impériale les deux tiers de la taxe d'un électeur.

Cependant on publie la nouvelle ligue concluë entre Charlequint & Henri VIII. contre François I. c'est ainsi que les princes se brouillent & se réunissent. Ce même Henri VIII. que Charles avait fait excommunier pour avoir répudié sa tante, s'allie avec celui qu'on croïait son ennemi irréconciliable. Charles va d'abord attaquer la Gueldre, & s'empare de tout ce païs appartenant au duc de Clêves allié de François I. Le duc de Clêves vient lui demander pardon à genoux. L'empereur le fait renoncer à la souveraineté de Gueldre & lui donne l'investiture de Clêves & de Juliers.

Il prend Cambrai alors libre que l'empire & la France se disputaient. Tandis que Charles se ligue avec le roi d'Angleterre pour accabler la France, François I. appelle les turcs une seconde fois. Cheredin cet amiral des turcs vient à Marseille avec ses galéres, il va assiéger Nice avec le comte d'Anguien, ils prennent la ville mais le chateau est secouru par les impériaux, & Cheredin se retire à Toulon : la descente des Turcs ne fut mémorable que parce qu'ils étaient armés au nom du roi très-chrétien.

Dans le tems que Charlequint fait la guerre à la France, en Picardie, en Piemont & dans le Roussillon, qu'il négocie avec le pape & avec les protestans, qu'il presse l'allemagne de se mettre en sûreté contre les invasions des turcs, il a encor une guerre avec le Dannemarck.

Chriſtiern II. retenu en priſon par ceux qui avaient été autrefois ſes ſujets, avait fait Charlequint héritier de ſes trois roïaumes, qu'il n'avait point, & qui étaient électifs. Guſtave Vaſa regnait paiſiblement en Suéde. Le duc de Holſtein avait été élu roi de Dannemarck en 1536. C'eſt ce roi de Dannemarck Chriſtiern III. qui attaquait l'empereur en Hollande avec une flotte de quarante vaiſſeaux; mais la paix eſt bientôt faite. Ce Chriſtiern III. renouvelle avec ſes freres Jean & Adolphe, l'ancien traité, qui regardait les duchés de Holſtein & de Sleſwich. Jean & Adolphe, & leurs deſcendans devaient poſſéder ces duchés en commun avec les rois de Dannemarck.

Alors Charles aſſemble une grande diette à Spire où ſe trouvent Ferdinand ſon frere, tous les électeurs, tous les princes catholiques & proteſtans. Charlequint & Ferdinand y demandent du ſecours contre les turcs, & contre le roi de France. On y donne à François I. les noms de *renegat*, de *barbare* & d'*ennemi de Dieu*.

Le roi de France veut envoyer des ambaſſadeurs à cette grande diette. Il dépêche un héraut d'armes pour demander un paſſe-port. On met ſon héraut en priſon.

La diette donne des ſubſides & des troupes; mais ces ſubſides ne ſont que pour ſix mois, & les troupes ne ſe montent qu'à quatre mille gens-d'armes, & vingt mille hommes de pied : faible ſecours pour un prince, qui n'aurait pas eu de grands états héreditaires.

Lem-

L'empereur ne put obtenir ce secours, qu'en se relâchant beaucoup en faveur des luthériens. Ils gagnent un point bien important en obtenant dans cette diette, que la chambre impériale de Spire, sera composée, moitié de luthériens & moitié de catholiques. Le pape s'en plaignit beaucoup, mais inutilement. *

---

* *Le P. Barre auteur d'une grande histoire de l'Allemagne, met dans la bouche de Charlequint ces paroles :* Le pape est bienheureux que les princes de la ligue de Smalkalde ne m'ayent pas proposé de me faire protestant ; car s'ils l'avaient voulu, je ne sçais pas ce que j'aurais fait. *On sçait que c'est la réponse de l'empereur Joseph, quand le pape Clément XI. se plaignit à lui de ses condescendences pour Charles XII. Le P. Barre ne s'est pas contenté d'imputer à Charlequint ce discours qu'il ne tint jamais, mais il a dans son histoire inséré un très-grand nombre de faits & de discours pris mot pour mot de l'histoire de Charles XII. Il en a copié plus de cent pages. Il n'est pas impossible à la rigueur qu'on ait dit & fait dans le douziéme, treiziéme & quatorziéme siécle précisément les mêmes choses que dans le dixhuitiéme. Mais cela n'est pas bien vraisemblable. On a été obligé de faire cette note parce que des journalistes ayant vu dans l'histoire de Charles XII. & dans celle d'Allemagne tant de traits absolument semblables, ont accusé l'historien de Charles XII. de plagiat, ne faisant pas refléxion que cet historien avait écrit vingt ans avant l'autre.*

Le vieil amiral Barberouſſe qui avait paſſé l'hiver à Toulon & Marſeille, va encor ravager les côtes d'Italie; & ramène ſes galéres chargées de butin & d'eſclaves à Conſtantinople, où il termine une carriére qui fut longtems fatale à la chrétienté.

Le roi de France jouit d'un ſuccès moins odieux & plus honorable par la bataille de Cériſoles, que le comte d'Anguien gagne dans le Piemont le 11. d'avril ſur le marquis del Vaſto fameux général de l'empereur : mais cette victoire ne peut conduire les français dans le milanais, & l'empereur penetre juſqu'à Soiſſons & menace Paris.

Henri VIII. de ſon côté eſt en Picardie. La France malgré la victoire de Cériſoles, eſt plus en danger que jamais. Cependant par un de ces miſtéres que l'hiſtoire ne peut guéres expliquer, François I. fait une paix avantageuſe. A quoi peut-on l'attribuer qu'aux défiances que l'empereur & le roi d'Angleterre avaient l'un de l'autre. Cette paix eſt concluë à Crépi le 18. ſeptembre. Le traité porte que le duc d'Orléans ſecond fils du roi de France épouſera une fille de l'empereur ou du roi des romains, & qu'il aura le Milanais, ou les Païs-bas. Cette alternative parait bien extraordinaire. Charles en donnant le Milanais, ne donnait qu'un fief de l'Empire : mais en cédant les Païs-bas, il dépouillait ſon fils de ſon héritage.

Pour le roi d'Angleterre, ſes conquêtes ſe bornérent à la ville de Boulogne; & la France fut ſauvée contre toute attente.

1545.

1545.

On fait enfin l'ouverture du concile de Trente au mois d'avril. Les proteſtans déclarent qu'ils ne reconnaiſſent point ce concile. Commencement de la guerre civile.

Henri duc de Brunſwick dépouillé de ſes états, comme on l'a vû, par la ligue de Smalcalde, y rentre avec le ſecours de l'archevêque de Brême ſon frere. Il y met tout à feu & à ſang.

Philippe ce fameux landgrave de Heſſe, & Maurice de Saxe neveu de George, le réduiſent aux dernieres extremités. Il ſe rend à diſcretion à ces princes, marchant tête nuë avec ſon fils Victor entre les troupes des vainqueurs. Charles aprouve & félicite ces vainqueurs dangereux. Il les menaçait encor.

Tandis que le concile commence, Paul III. avec le conſentement de l'empereur, donne ſolemnellement l'inveſtiture de Parme & de Plaiſance à ſon fils ainé Pierre-Louis Farnéſe, dont le fils Octave avait déja épouſé la bâtarde de Charlequint veuve d'Alexandre de Medicis. Ce couronnement du bâtard d'un pape faiſait un étrange contraſte avec un concile convoqué pour réformer l'égliſe.

L'électeur Palatin prit ce tems pour renoncer à la communion romaine. Luther mourut bientôt après à Islebe le 18 fevrier 1545. à compter ſelon l'ancien Calendrier. Il avait eu la ſatisfaction de ſouſtraire la moitié de l'Europe à l'égliſe romaine, & il mettait cette gloire au deſſus de celle des conquérants.

1546.

1546.

La mort du duc d'Orléans qui devait épouser une fille de l'empereur, & avoir les païs-bas ou le Milanais, tire Charlequint d'un grand embarras. Il en avait assez d'autres: les princes protestants de la ligue de Smalcalde avaient en effet divisé l'Allemagne en deux parties. Dans l'une, il n'avait guere que le nom d'empereur; dans l'autre on ne combatait pas ouvertement son autorité; mais on ne la respectait pas autant qu'on eût fait, si elle n'eût pas été presque anéantie chez les princes protestants.

Ces princes signalent leur crédit en ménageant la paix entre les rois de France & d'Angleterre, ils envoient des ambassadeurs dans ces deux roïaumes, cette paix se conclut; & Henri VIII. favorise la ligue de Smalcalde.

Le luthéranisme avait fait tant de progrès, que l'électeur de Cologne Herman de Neuvid tout archevêque qu'il était, l'introduisait dans ses états & n'attendait que le moment de pouvoir se séculariser lui & son électorat. Paul III. l'excommunie & le prive de son archevêché. Un pape peut excommunier qui il veut. Mais il n'est pas si aisé de dépouiller un prince de l'Empire: il faut que l'Allemagne y consente. Le pape ordonne en vain qu'on ne reconnaisse plus qu'Adolphe de Schavembourg coadjuteur de l'archevêque, mais non coadjuteur de l'électeur. Charlequint reconnait toujours l'électeur Herman, & le menace, afin qu'il ne donne point de secours aux princes de la ligue de Smalcalde, qu'il se

pro-

propose enfin de soumettre : mais l'année suivante Herman fut enfin déposé & Schavembourg eut son électorat.

La guerre civile avait déja commencé par l'aventure de Henri de Brunfwick prifonnier chez le landgrave de Heffe. Albert de Brandebourg margrave de Culmbach fe joint à Jean de Brunfwick neveu du prifonnier pour le délivrer & le venger. L'empereur les encourage & les aide fous-main.

Alors les princes & les villes de la ligue mettent leurs troupes en campagne. Charles ne pouvant plus diffimuler, commence par obtenir de Paul III. environ dix mille homme d'infanterie & cinq cent chevaux légers pour fix mois avec deux cent mille écus romains, & une bulle pour lever la moitié des revenus d'une année des benefices d'Efpagne, & pour aliéner les biens des monaftéres jufqu'à la fomme de cinq-cent-mille écus. Il n'ofait demander les mêmes conceffions fur les églifes d'Allemagne. Les luthériens étaient trop voifins, & quelques églifes euffent mieux aimé fe féculariser que de païer.

Les proteftants font déja maîtres des paffages du Tirol, ils s'étendent de là jufqu'au Danube. L'électeur de Saxe Jean Fréderic, Philippe landgrave de Heffe marchent par la Franconie. Philippe prince de la maifon de Brunfwick & fes quatre fils, trois princes d'Anhalt, George de Virtemberg frere du duc Ulric font dans cette armée; on y voit les comtes d'Oldembourg, de Mansfelt, d'Oettingen de Henneberg, de Furftemſtemberg, beaucoup d'autres ſeigneurs immédiats à la tête de leurs ſoldats. Les villes d'Ulm, de Strasbourg, de Norlingue, d'Augsbourg y ont envoïé leurs troupes. Il y a huit régiments des cantons proteſtans ſuiſſes. L'armée était de plus de ſoixante mille homme de pied, & de quinze mille chevaux.

L'empereur qui n'avait que peu de troupes, agit cependant en maître, en mettant l'electeur de Saxe au ban de l'Empire le 18 Juillet dans Ratisbonne. Bientôt il y a une armée capable de ſoutenir cet arrêt. Les dix mille italiens envoyés par le pape arrivent. Six mille eſpagnols de ſes vieux regiments du Milanais & de Naples ſe joignent à ſes allemands. Mais il fallait qu'il armât trois nations & il n'avait pas encor une armée égale à celle de la ligue qui venait d'être renforcée par la gendarmerie de l'électeur Palatin.

On donne pluſieurs petits combats. On prend on reprend des poſtes & des villes comme dans toutes les guerres.

Le ſalut de l'empereur vint d'un prince proteſtant. Le prince de Saxe Maurice marquis de Miſnie & de Turinge, neveu de George, & gendre du landgrave de Heſſe, le même à qui ce landgrave & l'electeur de Saxe avaient conſervé ſes états, & dont l'électeur avait été le tuteur, oublia ce qu'il devait à ſes proches, & ſe rengea du parti de l'empereur; on lui promettait de ne point toucher à ſa religion luthérienne, & cette aſſurance lui ſervait d'excuſe auprès de ſes ſujets.

Il aſſembla dix mille fantaſſins & trois mille che-

chevaux, fit une diverſion dans la Saxe défit les troupes que l'électeur y envoïa, & fut la premiére cauſe du malheur des alliés. Le roi de France leur envoïa deux cent mille écus ; c'était aſſez pour entretenir la diſcorde & non aſſez pour rendre leur parti vainqueur.

L'empereur gagne du terrain de jour en jour. La plupart des villes de Franconie ſe rendent, & païent de groſſes taxes.

L'électeur Palatin l'un des princes de la ligue vient demander pardon à Charles & ſe jette à ſes genoux. Preſque tout le païs juſqu'à Heſſe-Caſſel eſt ſoumis.

Le pape Paul III. retire alors ſes troupes qui n'avaient dû ſervir que ſix mois. Il craint de trop ſecourir l'empereur, même contre des proteſtants. Charles n'eſt que médiocrement affaibli de cette perte. La mort du roi d'Angleterre Henri VIII. arrivée le 28 Janvier, & la maladie qui conduiſait dans le même tems François I. à ſa fin, le délivraient des deux protecteurs de la ligue de Smalcalde.

1547.

Charles réuſſit aiſément à détacher le vieux duc de Virtemberg de la ligue. Il était alors ſi irrité contre les révoltes dont la religion eſt la cauſe ou le prétexte, qu'il voulut établir à Naples l'inquiſition dès longtems reçuë en Eſpagne. Mais il y eut une ſi violente ſédition, que ce tribunal fut aboli auſſitôt qu'établi. L'empereur aima mieux tirer quelque argent des napolitains pour l'aider à dompter la ligue de Smalcalde, que de s'obſtiner à faire recevoir l'inquiſition dont il ne tirait rien.

La ligue semblait presque détruite par la soumission du Palatinat, & du Virtemberg. Mais elle prend de nouvelles forces par la jonction des citoïens de Prague & de plusieurs cantons de la Bohéme qui se révoltent contre Ferdinand leur souverain, & qui vont secourir les conféderés. Le margrave de Culmbach Albert de Brandebourg, surnommé l'Alcibiade dont on a déja parlé, est à la vérité pour l'empereur; mais ses troupes sont défaites & il est pris par l'électeur de Saxe.

Pour compenser cette perte l'électeur de Brandebourg Jean le Sévére tout luthérien qu'il est, prend les armes en faveur du chef de l'empire, & donne du secours à Ferdinand contre les Bohémiens.

Tout était en confusion vers l'Elbe & on n'entendait parler que de combats & de pillages. Enfin l'empereur passe l'Elbe avec une forte armée vers Mulberg. Son frere l'accompagnait avec ses enfans Maximilien & Ferdinand, & le duc d'Albe était son principal général.

On attaque l'armée du duc de Saxe le 24. avril. Cette bataille de Mulberg fut décisive. On dit qu'il n'y eut que quarante hommes de tués du côté de l'empereur : ce qui est bien difficile à croire. L'électeur de Saxe blessé, est prisonnier avec le jeune prince Ernest de Brunswick. Charles fait condamner le 12. mai l'électeur de Saxe par le conseil de guerre à perdre la tête. Le sévére duc d'Albe présidait à ce tribunal. Le sécrétaire du conseil signifie le même jour la sentence de l'électeur, qui se mit à jouer aux échecs avec le prince Ernest de Brunswick. Le

Le duc Maurice qui devait avoir son électorat, voulut encor avoir la gloire aisée de demander sa grace. Charles accorde la vie à l'électeur à condition qu'il renoncera pour lui & ses enfans, à la dignité électorale en faveur de Maurice. On lui laissa la ville de Gotha & ses dépendances ; mais on en démolit la forteresse. C'est de lui que descendent les ducs de Gotha & de Weimar. Le duc Maurice s'engagea à lui faire une pension de cinquante mille écus d'or, & à lui en donner cent mille une fois païés, pour acquiter ses dettes. Tous les prisonniers qu'il avait faits, & surtout Albert de Brandebourg, & Henri de Brunswick furent relachés ; mais l'électeur n'en demeura pas moins prisonnier de Charles.

Sa femme Sibille, sœur du duc de Cléves, vint inutilement se jetter aux pieds de l'empereur, & lui demander en larmes la liberté de son mari.

Les alliés de l'électeur se dissipérent bientôt. Le landgrave de Hesse ne pensa plus qu'à se soumettre. On lui imposa pour condition, de venir embrasser les genoux de l'empereur, de raser toutes ses forteresses à la réserve de Cassel, ou de Zigenhim en païant cent cinquante mille écus d'or.

Le nouvel électeur Maurice de Saxe, & l'électeur de Brandebourg promirent par écrit au landgrave qu'on ne ferait aucune entreprise sur sa liberté. Ils s'en rendirent caution, & consentirent d'être appellés en justice par lui, ou par ses enfans, & à souffrir eux-mêmes le traitement que l'empereur lui ferait contre la foi promise.

Le landgrave sur ces assurances consentit à tout.

Granvel évêque d'Arras depuis cardinal, redigea les conditions que Philippe signa. On a toujours assuré que le prélat trompa ce malheureux prince, lequel avait expressément stipulé qu'en venant demander grace à l'empereur, il ne resterait pas en prison. Granvel écrivit qu'il ne resterait pas toujours en prison. Il ne fallait qu'un *v* à la place d'un *n* pour faire cette étrange différence en langue allemande. Le titre devait porter *nicht mit einiger gefengniss*, & Granvel écrivit *evviger*.

Le landgrave n'y prit pas garde en relisant l'acte. Il crut voir ce qui devait y être, & dans cette confiance il alla se jetter aux genoux de Charlequint. Il fut arrêté quand il croïait s'en retourner en sûreté, & conduit longtems à la suite de l'empereur.

Le vainqueur se saisit de toute l'artillerie de l'électeur de Saxe Jean Fréderic, du landgrave de Hesse, & même du duc de Virtemberg. Il confisqua les biens de plusieurs chefs du parti ; il imposa des taxes sur ceux qu'il avait vaincus, & n'en excepta pas les villes qui l'avaient servi. On prétend qu'il en retira seize cent mille écus d'or.

Le roi des romains Ferdinand punit de son côté les Bohémiens. On ôta aux citoyens de Prague leurs priviléges, & leurs armes. Plusieurs furent condamnés à mort, d'autres à une prison perpétuelle. Les taxes & les confiscations furent immenses. Elles entrent toujours dans la vangeance des souverains.

Le concile de Trente s'était dispersé pendant ces troubles. Le pape voulait le transférer à Boulogne.

L'em-

L'empereur avait vaincu la ligue, mais non pas la religion protestante. Ceux de cette communion demandent dans la diéte d'Augsbourg, que les théologiens protestans ayent voix délibérative dans le concile.

L'empereur était plus mécontent du pape que des théologiens protestans. Il ne lui pardonnait pas d'avoir rappellé les troupes de l'église dans le plus fort de la guerre de Smalcalde. Il lui fit sentir son indignation au sujet de Parme & de Plaisance. Il avait souffert que le st. pere en donnât l'investiture à son bâtard dans le tems qu'il le voulait ménager ; mais quand il en fut mécontent, il se ressouvint que Parme & Plaisance avaient été une dépendance du Milanais, & que c'était à l'empereur seul à en donner l'investiture. Paul III. de son côté allarmé de la puissance de Charlequint, négociait contre lui avec Henri II. & les Vénitiens.

Dans ces circonstances le fils du pape, odieux à toute l'Italie par ses crimes, est assassiné par des conjurés. L'empereur alors s'empare de Plaisance, qu'il ôte à son propre gendre, malgré sa tendresse de pere pour Marguerite sa fille.

1548.

L'empereur brouillé avec le pape, en ménageait davantage les protestans. Ils avaient toujours voulu que le concile se tînt dans une ville d'Allemagne. Paul III. venait de le transférer à Boulogne. C'était encor un nouveau sujet de querelles, qui envenimait celle de Plaisance. D'un côté le pape menaça l'empereur de l'excommunier, s'il ne restituait cette ville, & par-là il donnait
trop

trop de prise sur lui aux protestans, qui relevaient comme il faut le ridicule de ces armes spirituelles, emploiées par un pape en faveur de ses fils. De l'autre côté Charlequint se faisait en quelque manière chef de la religion en Allemagne.

Il publie dans la diète d'Augsbourg le 15. may le grand *Interim*. C'est un formulaire de foi, & de discipline. Les dogmes en étaient catholiques; on y permettait seulement la communion sous les deux espéces aux laïcs, & le mariage aux prêtres. Plusieurs cérémonies indifférentes y étaient sacrifiées aux luthériens pour les engager à recevoir les choses plus essentielles.

Ce tempérament était raisonnable; c'est pourquoi il ne contenta personne. Les esprits étaient trop aigris; l'église romaine & les luthériens se plaignirent, & Charlequint vit qu'il est plus aisé de gagner des batailles que de gouverner les opinions. Maurice le nouvel électeur de Saxe voulut en vain pour lui complaire, faire recevoir le nouveau formulaire dans ses états; les ministres protestans furent plus forts que lui. L'électeur de Brandebourg, l'électeur Palatin acceptent l'*Interim*. Le landgrave de Hesse s'y soumet pour obtenir sa liberté, qu'il n'obtient pourtant pas.

L'ancien électeur de Saxe Jean Fréderic tout prisonnier qu'il est, refuse de le signer. Quelques autres princes, & plusieurs villes protestantes suivent son exemple. Et partout le cri des théologiens s'élève contre la paix que l'*Interim* leur présentait.

L'empereur se contente de menacer; & comme
il

il en veut alors plus au pape qu'aux luthériens, il fait décreter par la diète, que le concile reviendra à Trente, & se charge du soin de l'y faire transférer.

On met dans cette diète les Païs bas sous la protection du corps germanique. On les déclare éxempts des taxes que les états doivent à l'Empire, & de la jurisdiction de la chambre impériale tout compris qu'ils étaient dans le dixiéme cercle. Ils ne sont obligés à rendre aucun service à l'Empire, excepté dans les guerres contre les turcs; alors ils doivent contribuer autant que trois électeurs. Ce réglement est souscript par Charlequint le 26. Juin.

Les habitans du Vallais sont mis au ban de l'Empire pour n'avoir pas paié les taxes; ils en sont éxempts aujourd'hui qu'ils appartiennent au canton de Berne.

La ville de Constance ne reçoit l'*Interim* qu'après avoir été mise au ban de l'Empire.

La ville de Strasbourg obtient que l'*Interim* ne soit que pour les églises catholiques de son district, & que le luthéranisme y soit professé en liberté.

Christiern III. roi de Dannemarck reçoit par ses ambassadeurs l'investiture du duché de Holstein, en commun avec ses freres, Jean & Adolphe.

Maximilien fils de Ferdinand épouse Marie sa cousine, fille de l'empereur. Le mariage se fait à Valladolid les derniers jours de septembre; & Maximilien & Marie sont conjointement régents d'Espagne; mais c'est toujours le conseil d'Espagne nommé par Charlequint, qui gouverne.

1549.

1549.

L'empereur retiré dans Bruxelles fait prêter hommage à son fils aîné Philippe, par les provinces de Flandres, de Hainaut & d'Artois.

Le concile de Trente restait toujours divisé. Quelques prélats attachés à l'empereur, étaient à Trente. Le pape en avait assemblé d'autres à Boulogne. On craignait un schisme. Le pape craignait encor plus que la maison de Bentivoglio dépossédée de Boulogne par Jules II. n'y rentrât avec la protection de l'empereur. Il dissoud son concile de Boulogne.

Octavio Farnèse gendre de Charlequint, & petit-fils de Paul III. a également à se plaindre de son beau-pere & de son grand-pere. Le beau-pere lui retenait Plaisance, parce qu'il était brouillé avec le pape; & son grand-pere lui retenait Parme, parce qu'il était brouillé avec l'empereur. Il veut se saisir au moins de Parme, & n'y réussit pas. On prétend que le pape mourut des chagrins que lui causaient sa famille & l'empereur : mais on devait ajouter qu'il avait plus de quatre vingt & un ans.

1550.

Les turcs n'inquiétent point l'Empire : Soliman était vers l'Euphrate. Les persans sauvaient l'Autriche; mais les turcs restaient toujours maîtres de la plus grande partie de la Hongrie.

Henri II. roi de France paraissait tranquile. Le nouveau pape Jules III. était embarrassé sur l'affaire du concile, & sur celle de Plaisance. L'empereur l'était davantage de son *Interim*, qui causait fait toujours des troubles en Allemagne. Quand on voit des hommes auſſi peu ſcrupuleux que Paul III. Jules III. & Charlequint décider de la religion, que peuvent penſer les peuples ?

La ville de Magdebourg très-puiſſante était en guerre contre le duc de Mecklembourg, & était liguée avec la ville de Brême. L'empereur condamne les deux villes, & charge le nouvel électeur de Saxe, Maurice, de réduire Magdebourg : mais il l'irritait en lui marquant cette confiance. Maurice juſtifiait ſon ambition qui avait dépouillé ſon tuteur & ſon parent de l'électorat de Saxe, par les loix qui l'avaient attaché au chef de l'Empire : mais il croïait ſon honneur perdu par la priſon du landgrave de Heſſe ſon beau-pere, retenu toujours captif malgré ſa garantie, & malgré celle de l'électeur de Brandebourg. Ces deux princes preſſaient continuellement l'empereur de dégager leur parole. Charles prend le ſingulier parti d'annuller leur promeſſe. Le landgrave tente de s'évader. Il en coûte la tête à quelques-uns de ſes domeſtiques.

L'électeur Maurice indigné contre Charlequint, n'eſt pas fort empreſſé à combattre pour un empereur dont la puiſſance ſe fait ſentir ſi deſpotiquement à tous les princes : il ne fait nul effort contre Magdebourg. Il laiſſa tranquillement les aſſiégeans battre le duc de Mecklembourg, & le prendre priſonnier ; & l'empereur ſe repentit de lui avoir donné l'électorat. Il n'avait que trop de raiſon de ſe repentir. Maurice ſongeait à ſe faire chef du parti proteſtant, à mettre non ſeulement Magdebourg dans ſes intérêts, mais auſſi les autres

tres villes, & à se servir de son nouveau pouvoir pour balancer celui de l'empereur. Déja il négociait sur ces principes avec Henri II. & un nouvel orage se préparait dans l'Empire.

1551.

Charlequint qu'on croïait au comble de la puissance, était dans le plus grand embarras. Le parti protestant ne pouvait ni lui être attaché, ni être détruit. L'affaire de Parme & de Plaisance, dont le roi de France commençait à se mêler, lui faisait envisager une guerre prochaine. Les turcs étaient toujours en Hongrie. Tous les esprits étaient révoltés dans la Bohême contre son frere Ferdinand.

Charles imagine de donner un nouveau poids à son autorité, en engageant son frere à céder à son fils Philippe le titre de roi des romains, & la succession à l'Empire. La tendresse paternelle pouvait suggérer ce dessein : mais il est sûr que l'autorité impériale avait besoin d'un chef, qui maître de l'Espagne & du nouveau monde, aurait assez de puissance pour contenir à la fois les ennemis, & les princes de l'Empire. Il est sûr aussi que les princes auraient vû par-là leurs prérogatives bien hazardées, & qu'ils se feraient difficilement prêtés aux vuës de l'empereur. Elles ne servirent qu'à indigner Ferdinand, & à brouiller les deux freres.

Charles rompt ouvertement avec Ferdinand, demande sa déposition aux électeurs, & leurs suffrages en faveur de son fils. Il ne recueille de toute cette entreprise que le chagrin d'un refus,

&

& de voir les électeurs du Palatinat, de Saxe, & de Brandebourg s'opposer ouvertement à ses desseins.

L'électeur Maurice entre enfin dans Magdebourg par capitulation : mais il soumet cette ville pour lui-même, quoiqu'il la prenne au nom de l'empereur. La même ambition qui l'avait porté à recevoir l'électorat de Saxe des mains de Charlequint, le porte à s'unir contre lui avec Joachim électeur de Brandebourg, Fréderic comte Palatin, Christophe duc de Virtemberg, Ernest marquis de Bade-Dourlach, & plusieurs autres princes.

Cette ligue fut plus dangereuse que celle de Smalkalde. Le roi de France Henri II. jeune & entreprenant s'unit à tous ces princes. Il devait fournir deux cent quarante mille écus pour les trois premiers mois de la guerre, & soixante-mille pour chaque mois suivant. Il se rend maître de Cambrai, Metz, Toul & Verdun, pour les garder comme vicaire du st. Empire; titre singulier qu'il prenait alors comme un prétexte, comme si c'en avait été un.

Le roi de France s'était déja servi du prétexte de Parme pour porter la guerre en Italie. Il ne paraissait pas dans l'ordre des choses que ce fût lui qui dût protéger Octave Farnèse contre l'empereur son beau-pere : mais il était naturel que Henri II. tâchât par toutes sortes de voïes de rentrer dans le duché de Milan, l'objet des prétentions de ses prédécesseurs.

Maurice & les confédérés marchent vers les défilés du Tirol, & chaffent le peu d'impériaux qui les gardaient. L'empereur & fon frere Ferdinand fur le point d'être pris, font obligés de fuir en défordre. Charles menait toujours avec lui fon prifonnier, l'ancien électeur de Saxe. Il lui offre fa liberté. Il eft difficile de rendre raifon pourquoi ce prince ne voulut pas l'accepter. La véritable raifon peut-être, c'eft que l'empereur ne la lui offrit pas.

Cependant le roi de France s'était faifi de Toul, de Verdun & de Metz dès le commencement du mois d'avril. Il prend Haguenau & Viffembourg. De-là il tourne vers le païs de Luxembourg, & s'empare de plufieurs villes.

L'empereur pour comble de difgraces apprend dans fa fuite que le pape l'a abandonné, & s'eft déclaré neutre entre lui & la France. C'eft alors que fon frere Ferdinand fut excommunié. Il eût été plus beau au pape de ne pas attendre que fes cenfures ne paruffent que l'effet de fa politique.

Au milieu de tous ces troubles les peres du concile fe retirent de Trente, & le concile eft encor fufpendu.

Dans ce tems funefte toute l'Allemagne eft en proie aux ravages. Albert de Brandebourg pille toutes les commanderies de l'ordre teutonique, les terres de Bamberg, de Nuremberg, de Virtzbourg, & plufieurs villes de Suabe. Les confédérés mettent à feu & à fang les états de l'électeur de Mayence, Worms, Spire, & affiégent Francfort.

Cepen-

CHARLEQUINT

Cependant l'empereur retiré dans Paſſau, & aïant raſſemblé une armée après tant de diſgraces, amène les confederés à un traité. La paix eſt concluë le 12. aouſt. Il accorde par cette paix célébre de Paſſau une amniſtie générale à tous ceux qui ont porté les armes contre lui depuis l'année 1546. Non ſeulement les proteſtans obtiennent le libre exercice de la relligion ; mais ils ſont admis dans la chambre impériale, dont on les avait exclus après la victoire de Mulberg. Il y a ſujet de s'étonner qu'on ne rende pas une liberté entière au landgrave de Heſſe par ce traité ; qu'il ſoit confiné dans le fort de Rheinfeld juſqu'à ce qu'il donne des aſſurances de ſa fidélité ; & qu'il ne ſoit rien ſtipulé pour Jean Fréderic, l'ancien électeur de Saxe.

L'empereur cependant rendit bientôt après la liberté à ce malheureux prince, & le renvoïa dans les états de la Thuringe qui lui reſtaient.

L'heureux Maurice de Saxe aïant fait triompher ſa relligion, & aïant humilié l'empereur, jouit encore de la gloire de le deffendre. Il conduit ſeize mille hommes en Hongrie ; mais Ferdinand malgré ce ſecours, ne peut reſter en poſſeſſion de la haute Hongrie, qu'en ſouffrant que les états ſe ſoumettent à païer un tribut annuel de vingt mille écus d'or à Soliman.

Cette année eſt funeſte à Charlequint. Les troupes de France ſont dans le Piémont, dans le Montferrat, dans Parme. Il était à craindre que de plus grandes forces n'entraſſent dans le Milanais, ou dans le roïaume de Naples. Dragut infeſtait les côtes de l'Italie.

Les finances de Charles étaient épuisées malgré les taxes imposées en Allemagne après sa victoire de Mulberg, & malgré les tresors du Mexique. La vaste étenduë de ses états, ses voïages, ses guerres absorbaient tout : il emprunte deux cent mille écus d'or au duc de Florence Côme de Medicis, & lui donne la souveraineté de Piombino, & de l'Isle d'Elbe. Aidé de ce secours il se soutient du moins en Italie, & il va assiéger Metz avec une puissante armée.

Albert de Brandebourg le seul des princes protestants qui était encor en armes contre lui, joint ses troupes aux siennes ; mais le fameux François duc de Guise qui défendait Metz avec l'élite de la noblesse française, l'oblige de lever le siége le 26. décembre au bout de soixante cinq jours. Charles y perdit plus du tiers de son armée.

1553.

Charles se venge du malheur qu'il a essuïé devant Metz en envoiant les comtes de Lalin, & de Rœux assiéger Terouane. La ville est prise & rasée.

Philbert Emmanuel prince de Piemont, depuis duc de Savoye, qui devient bientôt un des plus grands généraux de ce siecle, est mis à la tête de l'armée de l'empereur Il prend Hesdin qui est rasé comme Terouane. Mais le duc d'Arscot qui commandait un corps considérable, se laisse battre, & la fortune de Charles est encor arrêtée.

Les affaires en Italie restent dans la même situation. L'Allemagne n'est pas tranquille. L'inquiet Albert de Brandebourg qu'on nommait l'Alcibiade, toujours à la tête d'un corps de troupes, les fait
sub-

subsister de pillage. Il ravage les terres de Henri de Brunswick, & même de l'électeur Maurice de Saxe.

L'électeur Maurice lui livre bataille, auprès de Hildesheim au mois de juillet ; il la gagne mais il y est tué. Ce prince n'avait que trente-deux ans, mais il avait acquis la réputation d'un grand capitaine & d'un grand politique. Son frere Auguste lui succede.

Albert l'Alcibiade fait encor la guerre civile. La chambre impériale lui fait son procès. Il n'en continue pas moins ses ravages, mais enfin manquant d'argent & de troupes, il se réfugie en France. L'empereur pour mieux soutenir cette grande puissance, qui avait reçu tant d'accroissement & tant de diminution, arrête le mariage de son fils Philippe avec Marie reine d'Angleterre, fille de Henri VIII. & de Catherine d'Arragon.

Quoique le parlement d'Angleterre ajoutât aux clauses du contract de mariage, que l'alliance entre les français & les anglais subsisterait, Charles n'en espérait pas moins, & avec raison, que cette alliance serait bientôt rompuë. C'était en effet armer l'Angleterre contre la France, que de lui donner son fils pour roi ; & si Marie avoit eu des enfans, la maison d'Autriche voïait sous ses loix tous les états de l'Europe, depuis la mer baltique, excepté la France.

1554.

Charles cede à son fils Philippe le roïaume de Naples & de Sicile, avant que ce prince s'embarque pour l'Angleterre, où il arrive au mois de juillet, & est couronné roi conjointement avec

Marie son épouse ; comme depuis le roi Guillaume l'a été avec une autre Marie, mais non pas avec le pouvoir qu'a eu Guillaume.

Cependant la guerre dure toujours entre Charlequint & Henri II. sur les frontiéres de la France & en Italie, avec des succès divers & toujours balancés.

Les troupes de France étaient toujours dans le Piémont & dans le Montferrat, mais en petit nombre. L'empereur n'avoit pas de grandes forces dans le Milanais. Il semblait qu'on fût épuisé des deux côtes.

Le Duc de Florence Côme armait pour l'empereur. Sienne qui craignait de tomber un jour au pouvoir des Florentins, comme il lui est arrivé, était protegée par les français. Medequino marquis de Marignan général de l'armée du duc de Florence, remporte une victoire sur quelques troupes de France & sur leurs alliés le 2. Août. C'est en mémoire de cette victoire, que Côme institua l'ordre de st. Etienne, parce que c'était le jour de st. Etienne que la bataille avait été gagnée.

1555.

Ernest comte de Mansfeld gouverneur de Luxembourg est prêt de reprendre par les artifices d'un cordelier, la ville de Metz que l'empereur n'avait pû reduire avec cinquante mille-hommes. Ce cordelier nommé Léonard, gardien du Couvent, qui avait été confesseur du duc de Guise, & qu'on respectait dans la ville, faisait entrer tous les jours de vieux soldats, allemands, espagnols & italiens déguisés en cordeliers, sous pretexte

texte d'un chapitre général qui devait se tenir. Un Chartreux découvre le complot. On arrête le pere Léonard, qu'on trouva mort le lendemain. Son corps fut porté au gibet, & on se contenta de faire assister dix-huit cordeliers à la potence.

L'ancienne politique des papes se renouvelle sous Paul IV. de la maison de Caraffe. Cette politique est, comme on a vû dans le cours de cet ouvrage, d'empêcher l'empereur d'être trop puissant en Italie.

Paul IV. ne songe point au concile de Trente, mais à faire la guerre dans le roïaume de Naples, & dans le Milanais avec le secours de la France, pour donner s'il le peut, des principautés à ses neveux. Il s'engage à joindre dix mille hommes aux nouvelles troupes que Henri II. doit envoïer.

La guerre allait donc devenir plus vive que jamais. Charles voïait qu'il n'aurait pas un moment de repos dans sa vie. La goutte le tourmentait. Le fardeau de tant d'affaires devenait pésant. Il avoit joué longtems le plus grand rôle dans l'Europe: il voulut finir par une action plus singuliére que tout ce qu'il avait fait dans sa vie, pour abdiquer toutes ses couronnes & l'empire.

Tandis qu'il se préparait à renoncer à tant d'états pour s'ensevelir dans un monastére, il assurait la liberté des protestans dans la diette d'Augsbourg; il leur abandonnait les biens ecclésiastiques dont ils s'étaient emparés; on changeait en leur faveur la formule du serment des conseillers de la chambre impériale; on ne devait plus jurer par les saints, mais par les évangiles. Le vainqueur de Mulberg cédait ainsi à la

K 3   nécess-

nécessité; & prêt d'aller vivre en moine, il agiſſait en philoſophe.

Le 24. Novembre il aſſemble les états à Bruxelles & remet les Païs-bas à ſon fils Philippe:
le 10. Janvier ſuivant il lui céde l'Eſpagne & le
nouveau monde & toutes ſes provinces héréditaires.

Il pardonne à Octave Farneſe ſon gendre; il
lui rend Plaiſance & le Novarais; & ſe prépare
à céder l'Empire à ſon frere le roi des romains.

556.

Tout le dégoutait. Les turcs étaient toujours
maîtres de la Hongrie juſqu'à Bude & inquiétaient
le reſte. Les tranſilvains ſouffraient impatiemment
le joug. Le proteſtantiſme pénetrait dans les états
autrichiens; & l'empereur avait réſolu depuis
longtems de dérober à tant de ſoins une vieilleſſe
prematurée & infirme, & un eſprit détrompé de
toutes les illuſions.

Ne pouvant donc céder l'Empire à ſon fils, il
le céde à ſon frere; il demande préalablement
l'agrément du st. ſiége, lui qui n'avait pas certainement demandé cet agrément pour être élu empereur.

Paul IV. abuſe de la ſoumiſſion de Charlequint,
& le refuſe. Ce pontife était à la fois très ſatiſ-
fait de le voir quitter l'Empire, & de le chagriner.

Charlequint, ſans conſulter le pape davantage,
envoie de Bruxelles ſon abdication le 17. ſeptembre 1556. la trente ſixiéme année de ſon Empire.

Le prince d'Orange porte la couronne & le
ſceptre impérial à Ferdinand. Charles s'embarque
auſſitôt pour l'Eſpagne, & va ſe retirer dans
l'Eſtra-

l'Eſtramadoure au monaſtére de st. Juſt de l'ordre des hiéronimites. La commune opinion eſt qu'il ſe repentit; opinion fondée ſeulement ſur la faibleſſe humaine, qui croit impoſſible de quitter ſans regret ce que tout le monde envie avec fureur. Charles oublia abſolument le théatre où il avoit joué un ſi grand perſonage, & le monde qu'il avait troublé.

 Paul IV. engage les électeurs eccléſiaſtiques à ne point admettre la démiſſion de Charlequint, & à ne point reconnaître Ferdinand. Son intérêt était de mettre la diviſion dans l'Empire, pour avoir plus de pouvoir en Italie. En effet tous les actes dans l'Empire furent promulgués au nom de Charlequint juſqu'à l'année de ſa mort; fait auſſi important que véritable, & qu'aucun hiſtorien n'a raporté.

FERDINAND I.
QUARANTE-DEUXIEME EMPEREUR.
1557.

L'abdication de Charlequint laiſſe la puiſſance des princes d'Allemagne affermie. La maiſon d'Autriche diviſée en deux branches eſt ce qu'il y a de plus conſidérable dans l'Europe : mais la branche eſpagnolle très-ſupérieure à l'autre, tout occupée d'intérêts ſéparés de l'Empire, ne fait plus ſervir les troupes eſpagnolles, italiennes, flamandes à la grandeur impériale.

 Ferdinand a de grands états en Allemagne,

mais la haute Hongrie qu'il posséde, ne lui rapporte pas à beaucoup près de quoi entretenir assez de troupes pour faire tête aux turcs. La Boheme semble porter le joug à regret, & Ferdinand ne peut être puissant, que quand l'empire se joint à lui.

La premiere année de son regne est remarquable, par la diette de Ratisbonne, qui confirme la paix de la relligion, par l'accommodement de la maison de Hesse, & de celle de Nassau.

L'électeur Palatin, celui de Saxe, & le duc de Cleves choisis pour austrégues, adjugent le comté de Darmstat à Philippe landgrave de Hesse, & le comté de Dietz à Guillaume de Nassau.

Cette année est encor marquée par une petite guerre, qu'un archevêque de Brême, de la maison de Brunswich fait à la Frise. On vit alors de quelle utilié pouvait être la sage institution des cercles & des directeurs des cercles par Fréderic III. & Maximilien. L'assemblée du cercle de la basse Saxe rétablit la paix.

Enfin le 28. Février les électeurs confirment à Francfort l'abdication de Charles, & le regne de son frere. On envoie une ambassade au pape qui ne veut pas la recevoir, & qui prétend toujours que Ferdinand n'est pas empereur. Les ambassadeurs font leur protestation & se retirent de Rome. Ferdinand n'en est pas moins reconnu en Allemagne.

Le duché de Schlefwich est encor reconnu indépendant de l'Empire.

1558.

Le plus grand événement de cette année est

la mort de Charlequint le 21. Septembre 1558. On fait que par une dévotion bizarre, il avait fait célébrer fes obféques avant fa derniére maladie, qu'il y avait affifté lui-même en habit de deuil, & s'était mis dans la biére au milieu de l'églife de st. Juft, tandis qu'on lui chantait un *De profundis*. Il fembla dans cette derniére action de fa vie, tenir un peu de Jeanne fa mere, lui qui n'avait fur le trône agi qu'en politique, en héros, & en homme fenfible aux plaifirs. Son efprit raffemblait tant de contraftes, qu'avec cette dévotion plus que monacale, il fut foupçonné de mourir attaché à plus d'un dogme de Luther. Jufqu'où va la faibleffe & la bizarrerie humaine! Maximilien voulut être pape. Charlequint meurt moine, & meurt foupçonné d'héresie.

Depuis les funérailles d'Alexandre, rien de plus fuperbe que les obfeques de Charlequint dans toutes les principales villes de fes états. Il en coûta foixante & dix mille ducats à Bruxelles, dépenfes nobles qui en illuftrant la memoire d'un grand homme, emploïent & encouragent les arts. Il vaudrait mieux encor élever des monuments durables. Une oftentation paffagére eft trop peu de chofe. Il faut, autant qu'on le peut, bâtir pour l'immortalité.

1559.

Ferdinand tient une diéte à Augsbourg, dans laquelle les ambaffadeurs du roi de France Henri II. font introduits. La France venait de faire la paix avec Philippe II. roi d'Efpagne à Catau-Cambrefis. Les français par cette paix ne gardaient plus dans l'Italie que Turin & quelques villes

villes, qu'ils rendirent enfuite ; mais *ils* gardaient Metz, Toul & Verdun que l'empire pouvait redemander. A peine en parle-t-on à la diéte. On dit feulement aux ambaſſadeurs qu'il ſera difficile que la bonne intelligence fubfifte entre la France & l'Allemagne, tant que ces trois villes refteront à la France.

Le nouveau pape Pie IV. n'eft pas fi difficile que Paul IV. & reconnaît fans difficulté Ferdinand pour empereur.

1560.

Le concile de Trente fi longtems fufpendu, eft enfin rétabli par une bulle de Pie IV. du 29. novembre. Il indique la tenue du concile à tous les princes ; il la fignifie même aux princes proteſtans d'Allemagne ; mais comme l'adreſſe des lettres portait, *à notre très-cher fils*, ces princes qui ne veulent point être enfans du pape, renvoient la lettre fans l'ouvrir.

1561.

La Livonie qui avait jufques-là appartenu à l'Empire, en eft détachée. Elle fe donne à la Pologne. Les chevaliers de Livonie, branche des chevaliers teutoniques, s'étaient depuis long-tems emparés de cette province, fous la protection de l'Empire : mais ces chevaliers ne pouvant point réfifter aux mofcovites, & n'étant point fecourus des allemands, cédent cette province à la Pologne. Le roi des polonais Sigifmond donne le Duché de Courlande à Godar Ketler, & le fait vice-roi de Livonie.

On recommence à tenir des féances à Trente.

1562.

1562.

L'ambaſſadeur de Bavière conteſte dans le concile la préſéance à l'ambaſſadeur de Veniſe. Les venitiens ſont maintenus dans la poſſeſſion de leur rang. Une des prémieres choſes, qu'on diſcute dans le concile, eſt la communion ſous les deux eſpéces. Le concile ne la permet, ni ne la deffend aux ſéculiers. Son decret porte ſeulement, que l'égliſe a eu de juſtes cauſes de la prohiber; & les peres s'en rapporterent pour la déciſion au jugement ſeul du pape.

Le 24. Novembre les électeurs à Francfort déclarent unanimement Maximilien fils de Ferdinand, roi des romains. Tous les électeurs font en perſonne à cette cérémonie les fonctions de leurs charges, ſelon la teneur de la Bulle d'or. Un ambaſſadeur de Soliman aſſiſte à cette ſolemnité, & la rend plus glorieuſe, en ſignant entre les deux empires une paix par laquelle les limites de la Hongrie autrichienne & de la Hongrie ottomane étaient reglées. Soliman vieilliſſait & n'était plus ſi terrible. Cependant cette paix ne fut pas de longue durée, mais le corps de l'empire fut alors tranquille & heureux.

1563.

L'année 1563. eſt mémorable par la clôture du concile de Trente. Ce concile ſi long le dernier des œcuméniques, ne ſervit ni à ramener les ennemis de l'égliſe romaine, ni à les ſubjuguer. Il fit des decrets ſur la diſcipline, qui ne furent admis chez preſque aucune nation catholique, & il ne produiſit nul grand événement. Celui de Bâle avait déchiré l'égliſe, & fait un antipape. Celui de Conſtance alluma à la lueur des buchers, l'incendie de trente ans de guerres. Celui de Lyon dépoſa un empereur, & attira ſes vengeances. Celui de Latran dépouilla le comte Raimond de ſes états de Toulouſe. Gregoire VII. mit tout en feu au huitieme concile de Rome en excommuniant Henri IV. Le quatrieme de Conſtantinople contre Photius du tems de Charles *le Chauve* fut le champ des diviſions. Le ſecond de Nicée ſous Irene fut encor plus tumultueux, & plus troublé pour la querelle des images. Les diſputes des Monothélites furent ſur le point d'enſanglanter le troiſieme de Conſtantinople. On ſait quels orages agitérent les conciles tenus au ſujet d'Arius. Le concile de Trente fut preſque le ſeul tranquille.

1564.

Ferdinand meurt le 25. Juillet. Un teſtament qu'il avait fait vingt ans auparavant en 1543. & auquel il ne dérogea point par ſes dérniéres volontés jetta de loin la ſemence de la guerre qui a troublé l'Europe deux cents ans après.

Ce fameux teſtament de 1543. ordonnait qu'en cas que la poſterité mâle de Ferdinand & de Charlequint s'éteignît, les états autrichiens reviendraient à ſa fille Anne, ſeconde fille de Ferdinand épouſe d'Albert ſecond duc de Baviere, & à ſes enfans. L'événement prévu eſt arrivé de nos jours, & a ebranlé l'Europe. Si le teſtament de Ferdinand auſſi-bien que le contract de mariage de ſa fille avaient été enoncés en termes plus clairs, il eut prevenu des événements funeſtes.

On

On peut remarquer que cette duchesse de Baviere Anne avait pris, ainsi que toutes ses sœurs, le titre de reine de Hongrie dans son contrat de mariage. On peut en effet s'intituler reine sans l'être, comme on se nomme archiduchesse sans posseder l'archiduché : mais cet usage n'a pas été suivi.

Au reste Ferdinand laissa par son testament à Maximilien son fils roi des Romains, la Hongrie, la Bohême, la haute & basse-Autriche.

A son second fils Ferdinand le Tirol, & l'Autriche antérieure.

A Charles la Stirie, la Carinthie, la Carniole, & ce qu'il possédait en Istrie.

Alors tous les domaines Autrichiens furent divisés, mais l'Empire qui resta toujours dans la Maison, fut l'étendart auquel se réunissaient tous les princes de cette race.

Ferdinand ne fut couronné ni à Rome ni en Lombardie. On s'appercevait enfin de l'inutilité de ces cérémonies, & il était bien plus essentiel que les deux branches principales de la maison impériale, c'est-à-dire, l'Espagnole & l'Autrichienne, fussent toujours d'intelligence. C'était-là ce qui rendait l'Italie soumise, & mettait le saint siége dans la dépendance de cette Maison.

MAXIMILIEN II.
QUARANTE-TROISIEME EMPEREUR.
1564.

L'empire, comme on le voit, était devenu héréditaire sans cesser d'être électif. Les empereurs

reurs depuis Charlequint ne paffaient plus les Alpes pour aller chercher une couronne de fer, & une couronne d'or. La puiffance préponderante en Italie était Philippe fecond, qui vaffal à la fois de l'empire & du faint fiége, dominait dans l'Italie & dans Rome par fa politique, & par les richeffes du nouveau monde dont fon pere n'avait eu que les prémices, & dont il recueillait la moiffon.

L'empire fous Maximilien fecond, comme fous Ferdinand premier, était donc en effet l'Allemagne fuzeraine de la Lombardie; mais cette Lombardie étant entre les mains de Philippe II, apartenait plutôt à un allié qu'à un vaffal. La Hongrie devenait le domaine de la maifon d'Autriche; domaine qu'elle difputait fans ceffe contre les Turcs, & qui était l'avant-mur de l'Allemagne.

Maximilien dès la premiere année de fon regne, eft obligé comme fon pere & fon ayeul, de foutenir la guerre contre les armées de Soliman.

Ce fultan qui avait laffé les généraux de Charlequint & de Ferdinand, fait encore la guerre par fes lieutenans dans ces dernieres années de fa vie. La Tranfilvanie en était le prétexte; il y voulait toujous nommer un Vaivode tributaire: & Jean Sigifmond fils de cette reine de Hongrie, qui avait cédé fes droits pour quelques villes en Siléfie, était revenu mettre fon héritage fous la protection du Sultan, aimant mieux être fouverain tributaire des Turcs, que fimple feigneur. La guerre fe faifait donc en Hongrie. Les généraux de Maximilien prennent Tokai au mois de Janvier. L'électeur de Saxe Augufte

était

était le seul prince qui secourût l'Empereur dans cette guerre. Les princes catholiques & protestans songeaient tous à s'affermir. La religion occupait plus alors les peuples qu'elle ne les divisait. La plûpart des catholiques en Baviere, en Autriche, en Hongrie, en Bohême, en acceptant le concile de Trente, voulaient seulement qu'on leur permît de communier avec du pain & du vin. Les prêtres à qui l'usage avait permis de se marier avant la clôture du concile de Trente, demandaient à garder leurs femmes. Maximilien second demande au Pape ces deux points; Pie IV, à qui le concile avait abandonné la décision du calice, le permet aux laïques Allemands, & refuse les femmes aux prêtres; mais ensuite on a ôté le calice aux séculiers.

1565.

On fait une trève avec les Turcs, qui restent toujours maîtres de Bude, & le prince de Transilvanie demeure sous leur protection.

Soliman envoie le Bacha Mustapha assiéger Malthe. Rien n'est plus connu que ce siége, où la fortune de Soliman échoua.

1566.

Malgré l'affaiblissement du pouvoir impérial depuis le traité de Passau, l'autorité législative résidait toujours dans l'Empereur, & cette autorité était en vigueur, quand il n'avait pas affaire à des princes trop puissans.

Maximilien II déploie cette autorité contre le duc de Mecklenbourg Jean Albert, & son frere Ulric. Ils prétendaient tous deux les mêmes droits sur la ville de Rostock. Les habitans prouvaient

vaient qu'ils étaient exempts de ces droits. Les deux freres se faisaient la guerre entre eux, & s'accordaient seulement à dépouiller les citoyens.

L'Empereur a le crédit de terminer cette petite guerre civile par une commission impériale.

La flote de Soliman prend la ville de Chio sur les Vénitiens. Maximilien en prend occasion de demander dans la diéte d'Augsbourg plus de secours qu'on n'en avait accordé à Charlequint, lorsque Soliman était devant Vienne. La diéte ordonne une levée de soldats, & accorde des mois romains pour trois ans, ce qu'on n'avait point fait encore.

Soliman qui touchait à sa fin, n'en faisait pas moins la guerre. Il se fait porter à la tête de cent-mille hommes, & vient assiéger la ville de Zigeth. Il meurt devant cette place ; ses janissaires y entrent l'épée à la main deux jours après sa mort.

Le comte de Serin qui commandait dans Zigeth, est tué en se défendant, après avoir mis lui-même la ville en flammes. Le grand Visir envoie la tête de Serin à Maximilien, & lui fait dire que lui-même aurait dû hazarder la sienne, pour venir défendre sa ville, puisqu'il était à la tête de près de cent vingt mille hommes.

L'armée de Maximilien, la mort de Soliman, & l'approche de l'hiver servent au moins à arrêter les progrès des Turcs.

Les états de l'Autriche & de la Bohême profitent du mauvais succès de la campagne de l'Empereur, pour lui demander le libre exercice de la confession d'Augsbourg.

Le troubles des Pays-bas commençaient en même

même tems, & tout était déja en feu en France au sujet du calvinisme; mais Maximilien fut plus heureux que Philippe second & le roi de France. Il refusa la liberté de conscience à ses sujets, & son armée qui avait peu servi contre les Turcs, mit chez lui la tranquilité.

1567.

Cette année fut le comble des malheurs pour l'ancienne branche de la maison électorale de Saxe, dépouillée de son électorat par Charlequint.

L'électorat donné comme on a vû, à la branche cadette, devait être l'objet des regrets de l'aînée. Un gentilhomme nommé Groumbach, proscrit avec plusieurs de ses complices pour quelques crimes, s'était retiré à Gotha chez Jean Frederic fils de ce Jean Frederic, à qui la bataille de Mulberg avait fait perdre le duché & l'électorat de Saxe.

Groumbach avait principalement en vue de se venger de l'électeur de Saxe Auguste, chargé de faire exécuter contre lui l'arrêt de sa proscription. Il était associé avec plusieurs brigands qui avaient vécu avec lui de rapines & de pillage. Il forme avec eux une conspiration pour assassiner l'électeur. Un des conjurés pris à Dresde avoua le complot. L'électeur Auguste avec une commission de l'Empereur fait marcher ses troupes à Gotha. Groumbach que le duc de Gotha soutenait, était dans la ville avec plusieurs soldats déterminés, attachés à sa fortune. Les troupes du duc & les bourgeois défendirent la ville ; mais enfin il fallut se rendre. Le duc Jean Fréderic aussi malheureux que son pere est arrêté, conduit à Vienne, transféré feré enfuite à Naples; & fes états font donnés à Jean Guillaume fon frere. Pour Groumbach & fes complices ils furent tous exécutés à mort.

1568.

Les troubles des Païs-bas augmentaient. Le prince d'Orange Guillaume le *taciturne*, déja chef de parti, qui fonda la république des Provinces-unies, s'adreffe à l'Empereur, comme au premier fouverain des Païs-bas, toujours regardés comme appartenans à l'empire : & en effet l'empereur envoie en Efpagne fon frere Charles d'Autriche archiduc de Gratz, pour adoucir l'efprit de Philippe fecond : mais il ne put ni fléchir le roi d'Efpagne, ni empêcher que la plûpart des princes proteftans d'Allemagne n'envoiaffent du fecours au prince d'Orange.

Le duc d'Albe gouverneur fanguinaire des Païs-bas, preffe l'Empereur de lui livrer le prince d'Orange, qui alors levait des troupes en Allemagne. Maximilien répond que l'empire ayant la jurisdiction fuprême fur les Païs-bas, c'eft à la diette impériale qu'il faut s'adreffer. Une telle réponfe montre affez que le prince d'Orange n'était pas un homme qu'on pût arrêter.

L'Empereur laiffe le prince d'Orange faire la guerre dans les Païs bas à la tête des troupes Allemandes contre d'autres troupes Allemandes, fans fe mêler de la querelle. Il était pourtant naturel qu'il affiftât Philippe II fon coufin dans cette affaire importante, d'autant plus que cette année-là même il fit la paix avec Selim II, fucceffeur du grand Soliman. Mais apparemment qu'après cette paix, on ne lui payait plus de mois romains.

Loin

Loin d'aider le roi d'Espagne à soumettre ses sujets des Païs-bas, qui demandaient la liberté de conscience, il parut désapprouver la conduite de Philippe, en accordant bientôt dans l'Autriche la permission de suivre la confession d'Augsbourg. Il promit après au Pape de révoquer cette permission. Tout cela découvre un gouvernement gêné, faible, inconstant. On eût dit que Maximilien craignait la puissance des ennemis de sa communion, & en effet toute la maison de Brandebourg était protestante. Un fils de l'électeur Jean George, élu archevêque de Magdebourg, professait publiquement le protestantisme. Un évêque de Verden en faisait autant. Le duc de Brunswick Jules embrassait cette religion, qui était déja celle de ses sujets. L'électeur Palatin, & presque tout son pays, était calviniste. Le catholicisme ne subsistait plus guères en Allemagne, que chez les électeurs ecclésiastiques, dans les états des évêques & des abbés, dans quelques commanderies de l'ordre teutonique, dans les domaines héréditaires de la maison d'Autriche & dans la Baviere, & encore y avait-il beaucoup de protestans dans tous ces pays; ils faisaient même en Bohême le plus grand nombre. Tout cela autorisait la liberté que Maximilien donnait en Autriche à la religion protestante ; mais une autre raison plus forte s'y joignait ; c'est que les états d'Autriche avaient promis à ce prix des subsides considérables.

1569.

Au milieu de tant de guerres de religion & de politique, voici une dispute de vanité. Le duc de Florence Cofme fecond, & le duc de Ferrare Alphonfe fe difputaient la préféance. Les rangs étaient réglés dans les diettes en Allemagne : mais en Italie il n'y avait point de diette ; & ces querelles de rang étaient indécifes. Les deux ducs tenaient tous deux à l'Empereur. François prince héréditaire de Florence, & le duc de Ferrare, avaient époufé les fœurs de Maximilien. Les deux ducs remettent leur différend à fon arbitrage. Mais le pape Pie V qui regardait le duc de Ferrare comme fon feudataire, & le duc de Florence comme fon allié, fe hâte de donner un titre nouveau à Cofme ; il lui confere la dignité de grand-duc avec beaucoup de cérémonie ; comme fi le mot de *grand* ajoutait quelque chofe à la puiffance. Maximilien eft irrité que le Pape s'arroge le droit de donner des titres aux feudataires de l'empire, & de prévenir fon jugement. Le duc de Florence prétend qu'il n'eft point feudataire. Le Pape foutient qu'il a non feulement la prérogative de faire des grands ducs, mais des rois. La difpute s'aigrit. Mais enfin le grand duc qui était très-riche, fut reconnu par l'Empereur.

1570.

Diette de Spire dans laquelle on rend prefque tous les états aux enfans du malheureux duc de Gotha qui refte confiné à Naples. On y conclut une paix entre l'Empereur & Jean Sigifmond, prince de Tranfilvanie, qui eft reconnu fouverain de cette province, & renonce au titre de roi de Hongrie, titre d'ailleurs très-vain, puifque l'empereur avait une partie de ce royaume, & les Turcs l'autre.

On y termine de très-grands différends, qui avaient long-tems troublé le nord au sujet de la Livonie. La Suede, le Dannemarck, la Pologne, la Moscovie s'étaient disputé cette province, que l'on regardait encore en Allemagne comme province de l'empire. Le roi de Suede Sigismond céde à Maximilien ce qu'il a dans la Livonie. Le reste est mis sous la protection du Dannemarck; on convient d'empêcher que les Moscovites ne s'en emparent. La ville de Lubec est comprise dans cette paix comme partie principale. Tous les priviléges de son commerce sont confirmés avec la Suede & le Dannemarck. Elle était encore puissante.

Les Vénitiens à qui les Turcs enlevaient toujours quelque possession, avaient fait une ligue avec le Pape & le roi d'Espagne. L'Empereur refusait d'y entrer, dans la crainte d'attirer encore en Hongrie les forces de l'empire Ottoman. Philippe second n'y entrait que pour la forme.

Le gouverneur du Milanez leva des troupes; mais ce fut pour envahir le marquisat de Final appartenant à la maison de Carretto. Les Génois avaient des vues sur ce coin de terre, & inquiétaient le possesseur. La France pouvait les aider. Le marquis de Caretto était à Vienne où il demandait justice en qualité de vassal de l'empire; & pendant ce tems-là Philippe second s'emparait de son pays, & trouvoit aisément le moyen d'avoir raison dans le conseil de l'Empereur.

1572.

Après la mort de Sigismond II roi de Pologne, dernier Roi de la race des Jagellons, Maximilien

lien brigue sous main ce trône, & se flatte que la république de Pologne le lui offrira par une ambassade.

La république croit que son trône vaut bien la peine d'être demandé ; elle n'envoie point d'ambassade, & les brigues secrettes de Maximilien sont inutiles.

1573.

Le duc d'Anjou l'un de ses compétiteurs est élu le premier mai, au grand mécontentement des princes protestans d'Allemagne, qui virent passer chez eux avec horreur ce prince teint du sang répandu à la journée de la St. Barthelemi.

1574.

Le prince d'Orange, qui se soutenait dans les Païs-bas par sa valeur & par son crédit contre toute la puissance de Philippe II, tient à Dordrecht une assemblée de tous les seigneurs & de tous les députés des villes de son parti. Maximilien y envoie un commissaire impérial pour soutenir en apparence la majesté de l'empire, & pour ménager un accommodement entre Philippe & les confédérés.

1575.

Maximilien II fait élire son fils aîné Rodolphe roi des Romains, dans la diéte de Ratisbonne. La possession du trône impérial dans la maison d'Autriche devenait nécessaire par le long usage, par la crainte des Turcs, & par la convenance d'avoir un chef capable de soutenir par lui-même la dignité impériale.

Les

MAXIMILIEN II.

Les princes de l'empire n'en jouissaient pas moins de leurs droits. L'électeur Palatin fournissait des troupes aux calvinistes de France, & d'autres princes en fournissaient toujours aux calvinistes des Païs-bas.

Le duc d'Anjou roi de Pologne, devenu roi de France par la mort de Charles IX, ayant quitté la Pologne comme on se sauve d'une prison, & le trône ayant été déclaré vacant, Maximilien a enfin le crédit de se faire élire roi de Pologne le 15 décembre.

Mais une faction opposée fait un sanglant affront à Maximilien. Elle proclame Etienne Battori Vaivode de Transilvanie, vassal du Sultan, & qui n'était regardé à la cour de Vienne que comme un rebelle & un usurpateur. Les Polonais lui font épouser la sœur de Sigismond Auguste, reste du sang des Jagellons.

Le Czar de Moscovie Jean offre d'appuyer le parti de Maximilien, espérant qu'il pourra regagner la Livonie. La cour de Moscou toute grossière qu'elle était alors, avait déja les mêmes vues qui se sont manifestées de nos jours avec tant d'éclat.

La Porte Ottomane de son côté menaçait de prendre le parti d'Etienne Battori contre l'Empereur. C'était encore la même politique qu'aujourd'hui.

Maximilien essayait d'engager tout l'empire dans sa querelle; mais les protestans au lieu de l'aider à devenir plus puissant, se contenterent de demander à la diète la libre profession de la confession d'Augsbourg, pour la noblesse protestante qui habitait les pays ecclésiastiques.

1576.

Maximilien très-incertain de pouvoir soutenir son élection à la couronne de Pologne, meurt à l'âge de quarante-neuf ans le 12 d'octobre.

RODOLPHE II.
Quarante-quatrieme Empereur.
1577.

Rodolphe couronné roi des Romains du vivant de son pere, prend les rénes de l'empire qu'il tient d'une main faible. Il n'y avait point d'autre capitulation que celle de Charlequint. Tout se faisait à l'ordinaire dans les diétes; même forme de gouvernement, mêmes intérêts, mêmes mœurs. Rodolphe promet seulement à la premiere diéte tenue à Francfort de se conformer aux réglemens des diétes précédentes Il est remarquable que les princes d'Allemagne proposent dans cette diéte d'appaiser les troubles des Païs-bas en diminuant l'autorité ainsi que la sévérité de Philippe II : par-là ils faisaient sentir que les intérêts des princes & des seigneurs Flamands leur étaient chers, & qu'ils ne voulaient point que la branche ainée de la maison Autrichienne en écrasant ses vassaux, apprît à la branche cadette à abbaisser les siens.

Tel était l'esprit du corps Germanique : & il parut bien que l'empereur Rodolphe n'était pas plus absolu que Maximilien, puisqu'il ne put empêcher son frere l'archiduc Mathias d'accepter le gouvernement des Païs-bas de la part des confédérés

dérés qui étaient en armes contre Philippe II. de sorte qu'on voyait d'un côté Don Juan d'Autriche fils naturel de Charlequint gouverneur au nom de Philippe II. en Flandre, & de l'autre son neveu Mathias à la tête des rebelles, l'empereur neutre, & l'Allemagne vendant des soldats aux deux partis.

Rodolphe ne se remuait pas d'avantage pour l'irruption que les moscovites faisaient alors en Livonie.

1578.

Les Païs-bas devenaient le théatre de la confusion, de la guerre, de la politique, & Philippe II. n'ayant point pris le parti de venir de bonne heure y remettre l'ordre, comme avait fait Charlequint, jamais cette faute ne fut réparée. L'archiduc Mathias ne contribuant presque que de son nom à la cause des confédérés, avait moins de pouvoir que le prince d'Orange, & le prince d'Orange n'en avait pas assez pour se passer de secours. Le prince Palatin Casimir tuteur du jeune électeur Fréderic IV. qui avait marché en France avec une petite armée au secours des protestans, venait avec les débris de cette armée & de nouvelles troupes soutenir la cause des protestans & des mécontents des Païs-bas. Le frere du roi de France Henri III. qui portait le titre de duc d'Anjou, était aussi déja appellé par les confédérés tout catholique qu'il était. Il y avait ainsi quatre puissances qui cherchaient à profiter de ces troubles, l'archiduc, le prince Casimir, le duc d'Anjou, & le prince d'Orange, tous quatre désunis ; & Don Juan d'Autriche célébre par la bataille de Lépante seul contre eux. On prétendait que ce même Don Juan aspirait aussi à se faire souverain. Tant de troubles étaient la suite de l'abus que Philippe second avait fait de son autorité, & de ce qu'il n'avait pas soutenu cet abus par sa présence.

Don Juan d'Autriche meurt le 1. octobre, & on accuse Philippe second son frere de sa mort, sans autre preuve que l'envie de le rendre odieux.

1579.

Pendant que la désolation est dans les Païs-bas, & que le grand capitaine Alexandre Farnése, prince de Parme, successeur de Don Juan, soutient la cause de Philippe second & de la religion catholique par les armes, Rodolphe fait l'office de médiateur ainsi que son pere. La reine d'Angleterre Elisabeth, & la France secouraient les confédérés d'hommes & d'argent, & l'empereur ne donne à Philippe second que de bons offices qui furent inutiles. Rodolphe était peu agissant par son caractére, & peu puissant par la forme que l'Empire avait prise Sa médiation est éludée par les deux partis L'inflexible Philippe second ne voulait point accorder la liberté de conscience; & le prince d'Orange ne voulait point d'une paix qui l'eût réduit à l'état d'un homme privé.

1580.

Le prince d'Orange avait trouvé le secret de
ré-

résister aux succès de Farnése, & de se débarrasser de l'archiduc Mathias: cet archiduc se démit de son gouvernement équivoque, & demanda aux états une pension, qu'on lui assigna sur les revenus de l'évêché d'Utrecht.

1581.

Mathias se retire des Païs-bas, n'y aïant rien fait que de stipuler sa pension, dont on lui retranche la moitié. Les états généraux se soustraient juridiquement par un édit le 26. juillet, à la domination du roi d'Espagne, mais ils ne renoncent point à être état de l'Empire. Leur situation avec l'Allemagne reste indécise. Et le duc d'Anjou qu'on venait d'élire duc de Brabant aïant depuis voulu asservir la nation qu'il venait défendre, fut obligé de s'en retourner en 1683. & d'y laisser le prince d'Orange plus puissant que jamais.

1582.

Gregoire XIII. aïant signalé son pontificat par la réforme du calendrier, les protestans d'Allemagne ainsi que tous les autres de l'Europe s'opposent à la réception de cette réforme nécessaire. Ils n'avaient d'autre raison, sinon que c'était un service que Rome rendait aux nations Ils craignaient que cette cour ne parût trop faire pour instruire, & que les peuples en recevant des loix dans l'astronomie, n'en reçussent dans la religion L'empereur dans une diéte à Augsbourg est obligé d'ordonner que la chambre impériale conservera l'ancien stile de Jules César, qui était bon du tems de César, mais que le tems avait rendu mauvais.

Un événement tout nouveau inquiéte cette année l'Empire. Gebhard de Truchsès archevêque de Cologne, qui n'était pas prêtre, avait embrassé la confession d'Augsbourg, & s'était marié secrettement à Bonn avec Agnès de Mansfeld religieuse du monastére de Guerichen. Ce n'était pas une chose bien extraordinaire, qu'un évêque marié; mais cet évêque était électeur : il voulait épouser sa femme publiquement, & garder son électorat. Un électorat est incontestablement une dignité séculiere. Il pouvait arriver très-aisément que l'électorat de Cologne fût séparé de l'archevêché, ou que le prélat fût à la fois évêque luthérien, & électeur. Alors il n'y auroit eu d'électeur catholique que le roi de Bohême, & les archevêques de Mayence & de Tréves. L'Empire serait bientôt tombé dans les mains d'un protestant, & cela seul pouvait donner à l'Europe une face nouvelle.

Gebhard de Truchsès essaïait de rendre Cologne luthérienne. Il n'y réussit pas. Le chapitre, & le sénat étaient d'autant plus attachés à la religion catholique, qu'ils partageaient en beaucoup de choses la souveraineté avec l'électeur, & qu'ils craignaient de la perdre. En effet l'électeur quoique souverain, était bien loin d'être absolu. Cologne est une ville libre impériale, qui se gouverne par ses magistrats. On leva des soldats de part & d'autre, & l'archevêque fit d'abord la guerre avec succès pour sa maîtresse.

1583.

Les princes protestans prirent le parti de l'électeur

RODOLPHE II.

lecteur de Cologne. L'électeur Palatin, ceux de Saxe & de Brandebourg écrivirent en sa faveur à l'empereur, au chapitre, au sénat de Cologne, mais ils s'en tinrent là; & comme ils n'avaient point un intérêt personnel & présent à faire la guerre pour le mariage d'une religieuse, ils ne la firent point.

Truchsès ne fut secouru que par des princes peu puissants. L'archevêque de Brême, marié comme lui, amena de la cavalerie à son secours Le comte de Solms, & quelques gentilshommes luthériens de Westphalie, donnerent des troupes dans la prémiere chaleur de l'événement. Le prince de Parme d'un autre côté en envoïait au chapitre. Un chanoine de l'ancienne maison de Saxe, qui est la même que celle de Brunswick, commandoit l'armée du chapitre, & prétendait que c'était une guerre sainte.

L'électeur de Cologne n'aïant plus rien à ménager, célébra publiquement son mariage à Rosendal au milieu de cette petite guerre.

L'empereur Rodolphe ne s'en mêle, qu'en exhortant l'archevêque à quitter son église & son électorat, s'il veut garder sa nouvelle religion, & sa religieuse.

Le pape Gregoire XIII. l'exeommunie comme un *membre pourri*, & ordonne qu'on élise un nouvel archevêque. Cette bulle du pape révolte les princes protestans, mais ils ne font que des instances. Ernest de Baviere évêque de Liége, de Frisingue, & d'Hildesheim, est élû électeur de Cologne, & soutient son droit par la voie des armes.

Il n'y eut alors que le prince Palatin Casimir, qui secourut l'électeur dépossédé, mais ce fut pour très-peu de tems. Il ne resta bientôt plus à Truchsès que la ville de Bonn. Les troupes envoïées par le duc de Parme, jointes à celles de son compétiteur en firent le siége, & Bonn se rendit bientôt.

1584.

L'ancien électeur luttait encor contre sa mauvaise fortune. Il lui restait quelques troupes qui furent défaites; & enfin n'aïant pû être ni assez habile, ni assez heureux pour armer de grands princes en sa faveur, il n'eut d'autre ressource que d'aller vivre à la Haye, dans un état au dessous de la médiocrité sous la protection du prince d'Orange.

L'intérieur de l'Empire resta paisible. Le nouveau calendrier romain fut reçu par les catholiques. La tréve avec les turcs fut prolongée. C'était à la vérité à la charge d'un tribut; & Rodolphe se croïait encor trop heureux d'acheter la paix d'Amurath III.

1585.

L'exemple de Gebhard de Truchsès engage deux évêques à quitter leurs évêchés. L'un est un fils de Guillaume duc de Cléves, qui renonce à l'évêché de Munster pour se marier; l'autre est un évêque de Minden de la maison de Brunswick.

1586.

Le fanatisme délivre Philippe II. du prince d'Orange,

range, ce que dix ans de guerre n'avaient pû faire. Cet illuſtre fondateur de la liberté des provinces-unies eſt aſſaſſiné par Balthaſar Gerard franc-comtois: il l'avait deja été auparavant par un nommé Jaurigni biſcaïen, mais il était guéri de ſa bleſſure. Salcede avait conſpiré contre ſa vie, & on obſerva que Jaurigni, & Gerard avaient communié pour ſe préparer à cette action.

Maurice ſon ſecond fils lui ſuccede à l'âge de dix-huit ans. C'eſt lui qui devint le plus célébre général de l'Europe. Les princes proteſtans d'Allemagne ne le ſecoururent pas, quoique ce fût l'intérêt de leur religion, mais ils envoïerent des troupes en France au roi de Navarre qui fut depuis Henri IV. C'eſt que le parti des calviniſtes de France était aſſez riche pour ſoudoïer ſes troupes, & que Maurice ne l'était pas.

1587.

Le prince Maurice continue toujours la guerre dans les Païs-bas contre Alexandre Farneſe. Il fait quelques levées aux dépens des états chez les proteſtans d'Allemagne: c'eſt tout le ſecours qu'il en tire.

Un nouveau trône s'offrit alors à la maiſon d'Autriche, mais cet honneur ne devint qu'une nouvelle preuve du peu de crédit de Rodolphe.

Le roi de Pologne Etienne Battori vaivode de Tranſilvanie étant mort le 13. décembre 1586. le Czar de Moſcovie Fédor ſe met ſur les rangs, mais il eſt unanimement refuſé. Une faction élit Sigiſmond roi de Suède, fils de Jean III. & d'une princeſſe du ſang des Jagelons. Une autre faction

faction proclame Maximilien, frere de l'empereur. Tous deux se rendent en Pologne à la tête de quelques troupes. Maximilien est défait, il se retire en Silésie, & son compétiteur est couronné.

1588.

Maximilien est vaincu une seconde fois par le général de la Pologne Zamoski. Il est enfermé dans un château auprès de Lublin ; & tout ce que fait en sa faveur l'empereur Rodolphe son frere, c'est de prier Philippe II. d'engager le pape Sixte V. à écrire en faveur du prisonnier.

1589.

Maximilien est enfin élargi, après avoir renoncé au roïaume de Pologne. Il voit le roi Sigismond avant de partir. On remarque qu'il ne lui donna point le titre de *majesté* parce qu'en Allemagne on ne le donnait qu'à l'empereur.

1590.

Le seul événement qui peut regarder l'Empire c'est la guerre des Païs-bas, qui défole les frontieres du côté du Rhin & de la Westphalie. Les Cercles de ces provinces se contentent de s'en plaindre aux deux partis. L'Allemagne était alors dans une langueur que le chef avait communiquée aux membres.

1591.

Henri IV. qui avait son roïaume de France à

conquérir, envoïe le vicomte de Turenne en Allemagne négocier des troupes avec les princes protestans. L'empereur s'y oppose en vain; l'électeur de Saxe Christiern excité par le vicomte de Turenne, prêta de l'argent & des troupes, mais il mourut lorsque cette armée était déja en chemin, & il n'en arriva en France qu'une petite partie. C'est tout ce qui se passait alors de considérable en Allemagne.

1592.

La nomination à l'évêché de Strasbourg cause une guerre civile, comme à Cologne, mais pour un autre sujet. La ville de Strasbourg était protestante. L'évêque catholique résidant à Saverne, était mort. Les protestans élisent Jean-George de Brandebourg luthérien; les caholiques nomment le cardinal de Lorraine. L'empereur Rodolphe donne en vain l'administration à l'archiduc Ferdinand l'un de ses freres, avec une commission pour appaiser ce différend. Ni les catholiques, ni les protestans ne le reçoivent. Le cardinal de Lorraine soutient son droit avec dix mille hommes. Les cantons de Berne, de Zurich, & de Bâle donnent des troupes à l'évêque protestant; elles sont jointes par un prince d'Anhalt, qui revenait de France, où il avait servi inutilement Henri IV. Ce prince d'Anhalt défait le cardinal de Lorraine. Cette affaire est mise en arbitrage l'année suivante; & il fut enfin convenu en 1603. que le cardinal de Lorraine resterait évêque de Strasbourg, mais en païant cent trente mille écus d'or au

L 5   prince

prince de Brandebourg Jean George. On ne peut guéres acheter un évêché plus cher.

1593.

Une affaire plus confidérable réveillait l'indifférence de Rodolphe. Amurath III. rompait la tréve, & les turcs ravageaient déja la haute Hongrie. Il n'y eut que le duc de Baviere, & l'archevêque de Saltzbourg, qui fournirent d'abord des fecours. Ils joignirent leurs troupes à celles des états héréditaires de l'empereur.

Ferdinand frere de Rodolphe avait un fils nommé Charles d'Autriche qu'il avait eu d'un premier mariage avec la fille d'un fénateur d'Augfbourg. Ce fils n'était point reconnu prince, mais il méritait de l'être. Il commandait un corps confidérable. Un comte Montecuculi en commandait un autre; ceux qui ont porté ce nom, ont été déftinés à combattre heureufement pour la maifon d'Autriche. Les Serin, les Nadafti, les Palfi, étaient à la tête des milices hongroifes. Les turcs furent vaincus dans plufieurs combats, la haute Hongrie fut en fureté, mais Bude refta toujours aux ottomans.

1594.

Les turcs étaient en campagne, & Rodolphe tenait une diéte à Augfbourg au mois de Juin, pour s'oppofer à eux. Croirait-on qu'il fut ordonné de mettre un tronc à la porte de toutes les églifes d'Allemagne, pour recevoir des contributions volontaires? C'eft la premiere fois qu'on a fait la guerre avec des aumônes. Cependant les troupes impé-

impériales & hongroises, quoique mal païées, combattirent toujours avec courage. L'archiduc Mathias voulut commander l'armée, & la commanda. L'archiduc Maximilien qui gouvernait la Carinthie & la Croatie au nom de l'empereur son frere, se joint à lui : mais ils ne peuvent empêcher les turcs de prendre la ville de Javarin.

1595.

Par bonheur pour les impériaux, Sigismond Battori Vaivode de Transilvanie secoue le joug des ottomans pour prendre celui de Vienne. On voit souvent ces princes passer tour à tour d'un parti à l'autre ; Destinée des faibles obligés de choisir entre deux protecteurs trop puissants! Battori s'engage à prêter foi & hommage à l'empereur pour la Transilvanie, & pour quelques places de Hongrie, dont il était en possession. Il stipule que s'il meurt sans enfans mâles, l'empereur comme roi de Hongrie, se mettra en possession de son état, & on lui promet en récompense, Christine fille de l'archiduc Charles, le titre d'*Illustrissimus*, & l'ordre de la Toison d'or.

La campagne fut heureuse, mais les troncs établis à la porte des églises pour païer l'armée, n'étant pas assez remplis, les troupes impériales se révolterent & pillérent une partie du païs qu'ils étaient venus deffendre.

1596.

L'archiduc Maximilien commande cette année contre les turcs. Mahomet III. nouveau sultan vient en personne dans la Hongrie. Il assiége Agria qui se rend à composition, mais la garnison est massacrée en sortant de la ville. Mahomet indigné contre l'Aga des janissaires, qui avait permis cette perfidie, lui fait trancher la tête.

Mahomet défait Maximilien dans une bataille le 26. Octobre.

Pendant que l'empereur Rodolphe reste dans Vienne, s'occupe à distiller, à tourner, à chercher la pierre philosophale, que Maximilien son frere est battu par les turcs, que Mathias songe déja à profiter de l'inaction de Rodolphe pour s'élever; Albert l'un de ses freres qui était cardinal, & dont on n'avait point entendu parler encore, était depuis peu gouverneur de la partie des Païsbas restée à Philippe II. Il avait succédé dans ce gouvernement à un autre de ses freres l'archiduc Ernest, qui venait de mourir après l'avoir possedé deux années sans avoir rien fait de mémorable. Il n'en fut pas de même du cardinal Albert d'Autriche. Il faisait la guerre à Henri IV. que Philippe II. avait toujours inquiété depuis la mort de Henri III. Il prit Calais & Ardres.

Henri IV. à peine vainqueur de la ligue, demande du secours aux princes protestans; il n'en obtient pas & se défend lui-même.

1597.

Les turcs sont toujours dans la Hongrie. Les païsans de l'Autriche foulés par les troupes impériales

périales, se soulevent, & mettent eux-mêmes le comble à la désolation de ce païs. On est obligé d'envoyer contre eux une partie de l'armée. C'était une bien favorable occasion pour les Turcs; mais par une fatalité singuliere, la haute Hongrie a presque toujours été le terme de leurs progrès, & cette année les révoltes des janissaires firent le salut de l'armée Impériale.

1598.

Le comté de Simeren retombe par la mort du dernier comte, à l'électeur Palatin.

Le roi d'Espagne Philippe II. meurt à 72. ans après quarante-deux de regne. Il avoit troublé une partie de l'Europe, sans que jamais ni son oncle Ferdinand, ni son cousin Maximilien, ni son neveu Rodolphe eussent servi à ses desseins, ni qu'il eût contribué à leur grandeur. Il avait donné avant sa mort les Païs-bas à l'infante Isabelle sa fille; ce fut sa dot en épousant le cardinal archiduc Albert. C'était priver son fils Philippe III. & la couronne d'Espagne, d'une belle province; mais les troubles qui la déchiraient, la rendaient onéreuse à l'Espagne; & ce païs devait revenir à la couronne espagnole, en cas que l'archiduc Albert n'eût point d'enfans mâles, ce qui arriva en effet.

Il s'agissait de chasser les turcs de la haute Hongrie. La diéte accorde vingt mois romains pendant trois ans pour cette guerre.

Le même Sigismond Battori qui avait quitté les turcs, & fait hommage de la Transilvanie à l'empereur, se repent de ces deux démarches. On lui avait donné en échange de sa souveraineté & de la Valachie les mêmes terres qu'à la reine mere d'Etienne Jean Sigifmond, c'est-à-dire Opelen & Ratibor en Siléfie. Il ne fut pas plus content de fon marché que cette reine. Il quitte la Siléfie, il rentre dans fes états. Mais toujours inconftant & faible, il les cede à un cardinal fon coufin. Ce cardinal André Battori fe met auffitôt fous la protection des turcs, reçoit du fultan une vefte, comme un gage de la faveur qu'il demande. Semblable à Martinufius, il fe met comme lui à la tête d'une armée, mais il eft tué en combattant contre les Impériaux.

1599.

Par la mort du cardinal Battori, & par la fuite de Sigifmond, la Tranfilvanie refte à l'empereur; mais la Hongrie ne ceffe d'être dévaftée par les turcs. Ceux qui s'étonnent aujourd'hui que ce païs fi fertile foit fi dépeuplé, en trouveront aifément la raifon dans le nombre d'efclaves des deux fexes, que les Turcs ont fi fouvent enlevés.

L'empereur dans cette année fe réfolut à affranchir enfin le Virtemberg de l'inféodation de l'Autriche. Le Virtemberg ne releva plus que de l'Empire, mais il doit toujours revenir à la maifon d'Autriche au défaut d'héritiers.

1600.

Les Turcs s'avancent jufqu'à Canife fur la Drave vers la Stirie. Le duc de Mercœur célèbre prince de la maifon de Lorraine, ne put empêcher la prife de cette forte place. Alors les peuples de Tranfilvanie & de Valachie refufent de reconnaître l'Empereur.

1601.

1601.

La fortune de Sigifmond Battori eft auffi inconftante que lui-même: il rentre en Tranfilvanie, mais il y eft défait par le parti des Impériaux. Ce ne font que des révolutions continuelles dans ces provinces. Heureufement ce même duc de Mercœur, qui n'avait pû ni défendre ni reprendre Canife, prend fur les Turcs Albe Royale.

1602.

Enfin l'Archiduc Mathias plus agiffant que fon frere, & fecondé du duc de Mercœur, pénetre jufqu'à Bude, mais il l'affiege inutilement. Tout cela ne fait qu'une guerre ruineufe à charge à l'empereur & à l'empire.

Sigifmond Battori beaucoup plus malheureux, & méprifé par les turcs qui ne le fecouraient pas, va fe rendre enfin aux troupes impériales fans aucune condition; & ce prince qui devait époufer une archiducheffe, eft alors trop heureux d'être baron en Bohême avec une penfion très-modique.

1603.

Il y a toujours une fatalité qui arrête les conquêtes des Turcs. Mahomet III. qui menaçait de venir commander en perfonne une armée formidable, meurt à la fleur de fon âge Il laiffe fur le trône des Ottomans fon fils Acmet âgé de treize ans. Les factions troublent le ferrail, & la guerre de Hongrie languit.

La diète de Ratisbonne promet cette fois

quatrevingt mois romains. Jamais l'Empire n'avait encor donné un si puissant secours; mais il ne fut guéres fourni qu'en paroles.

Dans cette année Lubeck, Dantzig, Cologne, Hambourg & Brême, villes de l'ancienne Hanse d'Allemagne, obtiennent en France des priviléges que ces villes prétendaient avoir eus, & que le tems avait abolis. Les négocians de ces villes furent exemptés du droit d'aubaine, & le sont encore. Ce ne sont pas là des événemens d'éclat, mais ils contribuent au bien public; & presque tous ceux qu'on a vû, le détruisent.

1604.

L'empereur est sur le point de perdre la partie de la haute Hongrie qui lui restait. Les exactions d'un gouverneur de Cassovie en sont cause. Ce gouverneur aïant exigé de l'argent d'un seigneur Hongrois nommé Botskai, ce Hongrois se souleve, fait révolter une partie de l'armée, & se declare seigneur de la haute Hongrie, sans oser prendre le titre de roi.

1605.

Il ne reste à l'empereur en Hongrie que Presbourg. Les turcs, & le révolté Botskai avaient le reste. L'archiduc Mathias était dans Presbourg avec une armée, mais le grand-visir était dans la ville de Pest. Botskai se fait proclamer prince de Transilvanie, & reçoit solemnellement dans Pest la couronne de Hongrie par les mains du grand-visir. L'archiduc Mathias est obligé de s'accommoder avec les seigneurs hongrois, pour conserver ce qui refte de ce païs. Il fut ftipulé que dans la fuite les états de Hongrie, qui avaient toujours élu leur roi, éliraient eux-mêmes leur gouverneur au nom de leur roi. La nomination aux évêchés était un droit de la couronne, mais les états exigerent qu'on ne nommerait jamais que des hongrois, & que les évêques nommés par l'empereur n'auraient point de part au gouvernement du roïaume. Moïennant ces conceffions & quelques autres l'archiduc Mathias obtint que Botskai céderait la Tranfilvanie, & qu'il ne garderait de la Hongrie que la couronne d'or qu'il avoit reçu du grand-vifir. Les hongrois ftipulérent expreffément que les religions luthérienne & calvinifte feraient autorifées.

Sous ce gouvernement faible de Rodolphe l'Allemagne n'était pourtant pas troublée. Il n'y avait alors que de très petites guerres inteftines, comme celle du duc de Brunfwick qui voulait foumettre la ville de Brunfwick; & du duc Baviere qui voulait fubjuguer Donavert. Le duc de Baviere riche & puiffant vint à bout de Donavert; mais le duc de Brunfwick ne put prévaloir contre Brunfwich, qui refta longtems encor libre & impériale. Elle était foutenue par la Hanfe teutonique. Les grandes villes commerçantes pouvaient alors fe deffendre aifément contre les princes. On ne levait, comme on fait, de troupes qu'en cas de guerre. Ces milices nouvelles des princes & des villes étaient également mauvaifes. Mais depuis que les princes fe font appliqués à tenir en tout tems des troupes difciplinées, les chofes ont bien changé.

L'allemagne d'ailleurs fut tranquile malgré trois
relli-

relligions oppofées l'une à l'autre, malgré les guerres des Païs-bas, qui inquiétaient fans ceffe les frontières, malgré les troubles de la Hongrie & de la Tranfilvanie La faibleffe de Rodolphe en Allemagne n'eut pas le même fort que celle de Henri III. en France. Tous les feigneurs fous Henri III. voulurent devenir indépendans & puiffans; ils troublerent tout. Mais les feigneurs allemands étaient ce que les feigneurs français voulaient être.

1606.

L'archiduc Mathias traite avec les turcs, mais fans effet. Tant de traités avec les turcs, avec les Hongrois, avec les Tranfilvains, ne font que de nouvelles femences de troubles. Les Tranfilvains après la mort de Botskai élifent *Sigifmond Ragotski* pour vaivode malgré les traités faits avec l'empereur ; & l'empereur le fouffre.

1607 1608.

Rodolphe qui achetoit fi chérement la paix chez lui, négocie pour l'établir enfin dans les Païsbas; on ne pouvait l'avoir qu'aux dépends de la branche d'Autriche Efpagnole, comme il l'avait à fes dépends en Hongrie. La fameufe Union d'Utrecht de 1579. était trop puiffante pour céder. Il fallait reconnaître les états généraux des fept provinces unies, libres & indépendants. C'était principalement de l'Efpagne que les fept provinces exigeaient cette reconnaiffance autentique. Rodolphe leur écrit, *Vous êtes des Etats mouvants de l'Empire. Votre conftitution ne peut chan-*

changer fans le confentement de l'empereur votre chef. Les états généraux ne firent pas feulement de réponfe à cette lettre. Ils continuent à traiter avec l'Efpagne, qui reconnut enfin en 1609. leur indépendance.

Cependant cette philofophie tranquille, & indifférente de Rodolphe plus convenable à un homme privé qu'à un empereur, enhardit enfin l'ambition de l archiduc Mathias fon frere ; il fonge à ne lui laiffer que le titre d'empereur, & à fe faire fouverain de la Hongrie, de l'Autriche, de la Bohéme, dont Rodolphe négligeait le gouvernement. La Hongrie était envahie prefque toute entiere par les turcs, & déchirée par fes factions; l'Autriche expofée, la Bohème mécontente. L'inconftant Battori par une nouvelle viciffitude de fa fortune venait encore d'être rétabli en Tranfilvanie par les fuffrages de la nation, & par la protection du Sultan. Mathias négociait avec Battori, avec les turcs avec les mécontents de la Hongrie. Les états d'Autriche lui avaient fourni beaucoup d'argent. Il était à la tête d'une armée ; il prenait fur lui tous les foins, & voulait en recueillir le fruit.

L'empereur retiré dans Prague apprend les deffeins de fon frere, il craint pour fa fureté. Il ordonne quelques levées à la hâte. Mathias fon frere leve le mafque, il marche vers Prague. Les proteftans de la Boheme prennent ce tems de crife pour demander de nouveaux priviléges à Rodolphe qu'ils menacent d'abandonner. Ils obtiennent que le clergé catholique ne fe mêlera plus

des

des affaires civiles, qu'il ne fera aucune acquisition de terres sans le consentement des états, que les protestans seront admis à toutes les charges. Cette condescendance de l'empereur irrite les catholiques ; il se voit réduit à recevoir la loi de son frere.

Il lui cede le 11. mai la Hongrie, l'Autriche, la Moravie, & il se réserve seulement dans ce triste accord l'usufruit de la Bohême, & la suzeraineté de la Silésie. Il se dépouillait de ce qu'il avait gouverné avec faiblesse, & qu'il ne pouvoit plus garder. Son frere n'acquérait d'abord en effet que de nouveaux embarras. Il avoit à se concilier les protestans de l'Autriche, qui demandaient les armes à la main à leur nouveau maître l'exercice libre de leur religion, & auxquels il fallut l'accorder, du moins hors des villes. Il avait à ménager les hongrois, qui ne voulaient pas qu'aucun allemand eût chez eux de charge publique. Mathias fut obligé d'ôter aux allemans leurs emplois en Hongrie. Voilà comme il tâchait de s'affermir, pour être en état de résister enfin à la puissance ottomane.

1609.

Plus la religion protestante gagnait de terrain dans les domaines Autrichiens, plus elle devenait puissante en Allemagne. La succession de Cleves & de Juliers mit aux mains les deux partis qui s'étaient longtems ménagés depuis la paix de Passau. Elle fit renaître une ligue protestante plus dangereuse que celle de Smalcade, & produisit une ligue catholique. Ces deux factions furent prêtes de ruiner l'Empire.

Les maisons de Brandebourg, de Neubourg, de Deux-ponts, de Saxe, & enfin Charles d'Autriche marquis de Burgau, se disputaient l'héritage de Jean Guillaume dernier duc de Cleves, Berg & Juliers, mort sans enfans.

L'empereur crut mettre la paix entre les prétendants, en séquestrant les états que l'on disputait. Il envoie l'archiduc Léopold son cousin prendre possession du duché de Cleves ; mais d'abord l'électeur de Brandebourg Jean Sigismond s'accorde avec le duc de Neubourg son compétiteur pour s'y opposer. L'affaire devint bientôt une querelle des princes protestans avec la maison d'Autriche. Les princes de Brandebourg & de Neubourg déja en possession & unis par le danger en attendant que l'intérêt les divisât, soutenus de l'électeur Palatin Fréderic IV. implorent le secours de Henri IV. roi de France.

Alors se formérent les deux ligues opposées; La protestante qui soutenait les maisons de Brandebourg & de Neubourg ; la catholique qui prenait le parti de la maison d'Autriche. L'électeur Palatin Fréderic IV. quoique calviniste, était à la tête de tous les confédérés de la confession d'Augsbourg ; c'était le duc de Virtemberg, le landgrave de Hesse-Cassel, le margrave d'Anspach, le margrave de Bade-Dourlach, le prince d'Anhalt, plusieurs villes impériales. Ce parti prit le nom d'*Union évangelique*.

Les chefs de la ligue catholique oposée étaient Maximilien duc de Baviere, les électeurs catholiques, & tous les princes de cette communion. L'électeur de Saxe même se mit dans ce parti tout
luthé-

luthérien qu'il était, dans l'espérance de l'investiture des duchés de Cleves & de Juliers. Le landgrave de Hesse-Darmstadt protestant était aussi de la ligue catholique. Il n'y avait aucune raison qui pût faire de cette querelle une querelle de religion ; mais les deux partis se servaient de ce nom pour animer les peuples. La ligue catholique mit le pape Paul V. & le roi d'Espagne Philippe III. dans son parti. L'*Union évangélique* mit Henri IV. dans le sien. Mais le pape & le roi d'Espagne ne donnaient que leur nom ; & Henri IV. allait marcher en Allemagne à la tête d'une armée disciplinée & victorieuse, avec laquelle il avait déja détruit une ligue catholique.

1610.

Ces mots de ralliment *catholique, évangélique*, ce nom du *pape* dans une querelle toute profane furent la véritable & unique cause de l'assassinat du grand Henri IV. tué comme on sait, le 14. mai au milieu de Paris par un fanatique imbecille & furieux. On ne peut en douter ; l'interrogatoire de Ravaillac ci-devant moine porte qu'il assassina Henri IV. parce qu'on disait par tout *qu'il allait faire la guerre au pape*

Les grands desseins de Henri IV. périrent avec lui. Cependant il resta encor quelque ressort de cette grande machine qu'il avait mise en mouvement. La ligue protestante ne fut pas détruite. Quelques troupes Françaises sous le commandement du maréchal de la Châtre soutinrent le parti de Brandebourg & de Neubourg.

En vain l'empereur adjuge Cleves & Juliers par provision à l'électeur de Saxe, à condition qu'il prouvera son droit. Le maréchal de la Châtre n'en prend pas moins Juliers, & n'en chasse pas moins les troupes de l'archiduc Léopold. Juliers reste en commun pour quelque tems à Brandebourg & à Neubourg.

1611.

L'extrême confusion où était alors l'Allemagne, montre ce que Henri IV. aurait fait s'il eût vécu. Rodolphe philosophe est dans Prague. L'archiduc Léopold chassé de Juliers avec son armée mal paiée, va en Bohéme la faire subsister de pillage. Il y usurpe toute l'autorité de l'empereur, qui se voit dépouillé de tous côtés par les princes de son sang. Mathias qui avait deja forcé son frere à lui céder tant d'états, ne veut pas qu'un autre que lui dépouille le chef de la maison. Il vient à Prague avec des troupes & y force son frere à prier les états de le couronner *par excès d'affection fraternele.*

Mathias est sacré roi de Bohéme le 21 mai; il ne reste à Rodolphe que le titre de roi, aussi vain pour lui que celui d'empereur.

1612.

Rodolphe meurt le 20 janvier à compter selon le nouveau calendrier. Il n'avait jamais voulu se marier. Sa maison dont on avait tant craint la vaste puissance n'eut presque aucune considération de son tems, en Europe depuis le commencement du dix-septiéme siécle. Sa nonchalance & la fai-

faiblesse de Philippe III. en Espagne en furent la cause. Rodolphe avait perdu ses états, & conservé de l'argent comptant. On prétend qu'on trouva dans son épargne quatorze millions d'écus. Cela découvre une ame petite. Avec ces quatorze millions & du courage il eût pû reprendre Bude sur les Turcs, & rendre l'Empire respectable. Mais son caractere le fit vivre en homme privé sur le trône, & il fut plus heureux que ceux qui le dépouillerent & le mépriserent.

MATHIAS
Quarante-cinquieme Empereur.
1612.

Mathias frere de Rodolphe est élu unanimement, & cette unanimité surprend l'Europe. Mais les trésors de son frere l'avaient enrichi, & le voisinage des Turcs rendait nécessaire l'élection d'un prince de la maison d'Autriche, roi de Hongrie.

La capitulation de Charlequint n'avait point jusques-là été augmentée. Elle le fut de quelques articles pour Mathias, dont l'ambition s'était assez manifestée.

La Hongrie & la Transilvanie étaient toujours dans le même état. L'empereur avait peu de terrain par de là Presbourg; & le nouveau prince de Transilvanie Gabriel Battori était vassal du sultan.

1613.

1613.

Ces deux grandes ligues, la protestante & la catholique, qui avaient menacé l'Allemagne d'une guerre civile, s'étaient comme dissipées elles-mêmes après la mort de Henri IV. Les protestans se contentaient seulement de refuser de l'argent à l'Empereur dans les diétes. La querelle sur la succession de Juliers qu'on croyait qui embraserait l'Europe, ne devint plus qu'une de ces petites guerres particulieres qui ont troublé de tout tems quelques cantons d'Allemagne sans dissoudre le corps Germanique.

Le duc de Neubourg & l'électeur de Brandebourg s'étant mis en possession de Cleves & de Juliers, devaient être nécessairement brouillés pour le partage. Un soufflet donné par l'électeur de Brandebourg au duc de Neubourg ne pacifia pas le différend. Les deux princes se firent la guerre. Le duc de Neubourg se fit catholique pour avoir la protection de l'Empereur & du roi d'Espagne. L'électeur de Brandebourg introduisit le calvinisme dans le pays pour animer la ligue protestante en sa faveur.

Cependant les autres princes demeuraient dans l'inaction; & l'électeur de Saxe lui-même malgré le jugement impérial rendu en sa faveur, ne remuait pas. Les Païs bas Espagnols & Hollandais se mêlaient de la querelle. Deux grands généraux, le marquis de Spinola de la part de l'Espagne secourait Neubourg; le comte Maurice de la part des Etats-Généraux était armé pour Brandebourg. C'eſt une ſuite de la conſtitution de l'Allemagne, que des puiſſances étrangeres puſſent prendre plus de part à ces querelles inteſtines, que l'Allemagne même. L'intérieur du corps Germanique n'en était point ébranlé. Cette paix intérieure était ſouvent troublée par les fréquens démêlés d'une ville avec une autre, des princes avec les villes, des princes avec les princes. Mais le corps Germanique ſubſiſtait par ces diviſions mêmes, qui mettaient une balance à peu près égale entre ſes membres.

1614.

Il n'en était pas de même en Hongrie & en Tranſilvanie. L'empereur Mathias ſe préparait contre le Turc. Le Vaivode de Tranſilvanie Gabriel Battori ſe ménageoit entre l'empereur Chrétien, & l'empereur Muſulman. Les Turcs pourſuivent Battori. Il eſt abandonné de ſes ſujets; l'Empereur ne peut le ſecourir. Battori ſe fait donner la mort par un de ſes ſoldats. Exemple unique parmi les princes modernes.

Un Pacha inveſtit Bethléem-Gabor de la Tranſilvanie. Cette province ſemblait à jamais perdue pour la maiſon d'Autriche. Le nouveau ſultan Acmeth, maître d'une ſi grande partie de la Hongrie, jeune & ambitieux, faiſait craindre que Preſbourg ou Vienne ne fît les limites des deux empires. On avait été toujours dans ces allarmes ſur la fin du regne de Rodolphe; mais la vaſte étendue de l'empire Ottoman, qui depuis ſi long-tems inquiétait les chrétiens, fut ce qui les sauva. Les Turcs étaient souvent en guerre avec les Persans. Leurs frontières du côté de la mer noire souffraient beaucoup des revoltes des Georgiens & des Mingrelins. On contenait difficilement les Arabes; & il arrivait souvent que dans le tems même qu'on craignait en Hongrie & en Italie une nouvelle inondation de Turcs, ils étaient obligés de faire une paix, même désavantageuse, pour la défense de leur propre pays.

1615.

L'empereur Mathias a le bonheur de conclure avec le sultan Acmeth un traité plus favorable que la guerre n'eût pu l'être. Il stipule sans tirer l'épée la restitution d'Agria, de Canise, d'Albe-Royale, de Pest, & même de Bude: ainsi il est en possession de presque toute la Hongrie, en laissant toujours la Transilvanie & Bethléem-Gabor sous la protection des Ottomans. Ce traité augmente la puissance de Mathias. L'affaire de la succession de Juliers est presque la seule chose qui inquiete l'intérieur de l'empire; mais Mathias ménage les princes protestans, en laissant toujours ce pays partagé entre la maison Palatine de Neubourg, & celle de Brandebourg. Il avait besoin de ces ménagemens pour perpétuer l'empire dans la maison d'Autriche.

1616.

Cette année & les suivantes sont remplies de négociations & d'intrigues. Mathias était sans enfans, & avait perdu ſa ſanté & ſon activité. Il fallait pour aſſurer l'empire à ſa maiſon commencer par lui aſſurer la Bohéme & la Hongrie. Les conjonctures étaient délicates ; les états de ces deux royaumes étaient jaloux du droit d'élection ; l'eſprit de parti y régnait, & l'eſprit d'indépendance encore plus : la différence des religions y nourriſſait la diſcorde ; mais les proteſtans & les catholiques aimaient également leurs privileges. Les princes d'Allemagne paraiſſaient encore moins diſpoſés à choiſir un empereur Autrichien, & l'union évangélique toujours ſubſiſtante, laiſſait peu d'eſpérance à cette maiſon.

Il lui faut donc commencer par aſſurer la ſucceſſion de la Bohéme & de la Hongrie. Il avait ravi ces états à ſon frere ; il n'en fait point paſſer l'héritage aux freres qui lui reſtent, Maximilien & Albert. Il n'y a guères d'apparence qu'ils y aient tous deux renoncé de bon gré. Albert ſurtout à qui le roi d'Eſpagne avait laiſſé les Paisbas, aurait été plus qu'un autre en état de ſoutenir la dignité impériale, s'il eût régné ſur la Hongrie & ſur la Bohéme. C'eſt ſur un couſin, ſur Ferdinand de Grats duc de Stirie, que Mathias veut faire tomber ces couronnes. Le droit du ſang fut donc peu conſulté.

1617.

Ferdinand eſt élu & reconnu ſucceſſeur au royaume de Bohéme par les états, & couronné en cette qualité le 29 juin. L'union évangélique
com-

commence à s'éfaroucher de voir ces premiers pas de Ferdinand de Grats vers l'empire. Mathias & Ferdinand ménagent plus que jamais l'électeur de Saxe qui n'est point de l'union évangélique, & qui dans l'espérance d'avoir Cleves, Berg & Juliers, embrasse toujours le parti de la maison d'Autriche. La maison Palatine ayant des intérêts tout contraires, est toujours à la tête des protestans. Et c'est-là l'origine de la funeste guerre entre Ferdinand & la maison Palatine : c'est celle de la guerre de trente ans qui désola tant de provinces, qui fit venir les Suédois au milieu de l'Allemagne, & qui produisit enfin le traité de Westphalie, & donna une nouvelle face à l'empire.

Mathias engage la branche d'Autriche Espagnole à céder les prétentions qu'elle peut avoir sur la Hongrie & sur la Bohéme. Philippe III roi d'Espagne abandonne ses droits sur ces roiaumes à Ferdinand, à condition qu'au défaut de la posterité mâle de Ferdinand, la Hongrie & la Bohéme appartiendront aux fils de Philippe III ou à ses filles, & aux enfans de ses filles selon l'ordre de la primogéniture. Par ce pacte de famille ces états pouvaient aisément tomber à la maison de France : car si une fille héritiere de Philippe III épousait un roi de France, le fils ainé de ce roi acquerait un droit à la Hongrie & à la Bohéme.

Ce pacte de famille était évidemment contraire au testament de l'empereur Ferdinand I. Les dispositions des hommes pour établir la paix dans l'avenir préparent presque toujours la division. Enfin ce nouveau traité revoltait les Hongrois & les Bohémiens, qui voyaient qu'on difpofait d'eux fans les confulter. Les proteftans de Bohéme commencent par fe confédérer à l'exemple de l'union évangelique. Bientôt ils entraînent les catholiques dans leur parti, parce qu'il s'agit des droits de l'état & non de la religion. La Siléfie ce grand fief de la Bohéme fe joint à elle La guerre civile eft allumée. Un comte de Turm, ou de la Tour, homme de génie, eft à la tête des conféderés; il fait la guerre régulièrement & avec avantage ; fes partis vont jufqu'aux portes de Vienne.

1619.

L'empereur Mathias meurt au mois de mars au milieu de cette révolution fubite, fans pouvoir prévoir quel fera le deftin de fa maifon.

Son coufin Ferdinand de Grats eft affez heureux d'abord pour ne point éprouver de grandes contradictions en Hongrie, dont il avait chaffé les Turcs par un traité qui le rendait agréable au roiaume ; mais il voit la Bohéme, la Siléfie, la Moravie, la Luzace liguées contre lui, les proteftans de l'Autriche prêts à éclater, & ceux de l'Allemagne peu difpofés à l'élever à l'empire. La maifon d'Autriche n'avait point encore eu de moment plus critique. D'un côté quatre électeurs offrent la couronne impériale à Maximilien duc de Baviere, de l'autre la Bohéme offre fa fouveraineté d'abord au duc de Savoie trop éloigné pour l'accepter, & enfuite à l'électeur Palatin Frederic V, qui l'obtint

tint pour son malheur. Cependant on s'assemble à Francfort pour élire un roi des Romains, un roi d'Allemagne, un Empereur. Presque toutes les cours de l'Europe sont en mouvement pour cette grande affaire; les états de la Bohéme députent à Francfort pour faire exclure Ferdinand du droit de suffrage. Ils ne le reconnaissaient pas pour Roi, & conséquemment ils ne voulaient pas qu'il eût de voix. Non seulement il était menacé de n'être pas Empereur, mais même de n'être pas Electeur. Il fut l'un & l'autre. Il se donna sa voix pour l'empire, il eut celles des catholiques & même des protestans. Chaque Electeur fut tellement ménagé, que chacun crut voir son intérêt particulier dans l'élévation de Ferdinand de Grats. L'électeur Palatin lui-même, à qui la Bohéme déférait sa couronne, fut obligé de donner sa voix dont le refus aurait été inutile. Cette élection fut faite le 19 août 1619, il est couronné à Aix-la-Chapelle le 9 septembre, il signe auparavant une capitulation un peu plus étendue que celle de ses prédécesseurs.

FERDINAND II.
QUARANTE-SIXIEME EMPEREUR.
1619.

Dans le tems-même que Ferdinand II est couronné Empereur, les états de Bohéme nomment pour Roi l'électeur Palatin. Cet honneur était devenu

venu plus dangereux qu'auparavant par la nomination de Ferdinand à l'empire. C'était le tems d'une grande crise pour le parti proteſtant. Si Frederic eut été ſecouru par ſon beaupere Jacques roi d'Angleterre, le ſuccès paraiſſait aſſuré. Mais Jacques ne lui donna que des conſeils, & ces conſeils furent de refuſer. Il ne les crut pas, & s'abandonna à la fortune.

Il eſt ſolemnellement couronné dans Prague le 4 novembre avec l'électrice princeſſe d'Angleterre, mais il eſt couronné par l'adminiſtrateur des Huſſites, non par l'archevêque de Prague.

Cela ſeul annonçait une guerre de religion auſſi-bien que de politique. Tous les princes proteſtans hors l'électeur de Saxe étaient pour lui. Il avait dans ſon armée quelques troupes Angloiſes que des ſeigneurs d'Angleterre lui avaient amenées par amitié pour lui, & par haine pour la religion catholique, & par la gloire de faire ce que ſon beaupere Jacques I ne faiſait pas. Il était ſecondé par le Vaivode de Tranſilvanie Bethléem Gabor, qui attaquait le même ennemi en Hongrie. Gabor pénetra même juſqu'aux portes de Vienne. Et de là il retourna ſur ſes pas prendre Presbourg. La Siléſie était toute ſoulevée contre l'Empereur ; le comte de Mansfelt ſoutenait en Bohéme le parti du Palatin ; les proteſtans même de l'Autriche inquiétaient l'Empereur. Si la maiſon Bavaroiſe avait été réunie comme celle d'Autriche le fut toujours, le parti du nouveau roi de Bohéme aurait été le plus fort : mais le duc

de

de Baviere riche & puissant était loin de contribuer à la grandeur de la branche ainée de sa maison. La jalousie, l'ambition, la religion le jetterent dans le parti de l'Empereur, de sorte qu'il arriva à la maison Bavaroise sous Ferdinand de Grats ce qui était arrivé à la maison de Saxe sous Charlequint.

La ligue protestante & la ligue catholique étaient à peu près également puissantes dans l'Allemagne, mais l'Espagne & l'Italie appuiaient Ferdinand. Elles lui fournissaient de l'argent levé sur le clergé, & des troupes. La France qui n'était pas encore gouvernée par le cardinal de Richelieu, oubliait ses anciens intérêts. La cour de Louis XIII faible & orageuse, semblait avoir des vues (supposé qu'elle en eût) toutes contraires aux desseins du grand Henri IV.

1620.

Louis XIII envoie en Allemagne le duc d'Angoulême à la tête d'une ambassade solemnelle pour offrir ses bons offices, au lieu d'y marcher avec une armée. Les princes assemblés à Ulm écoutent le duc d'Angoulême & ne concluent rien. La guerre en Bohéme continue. Bethléem-Gabor se fait reconnaître roi en Hongrie comme le Palatin Fréderic V en Bohéme. Un ambassadeur de la Porte & un de Venise favorisent cette révolution des états de Hongrie dans la ville de Neuhausel. On n'était pas accoutumé à voir ainsi les Turcs & les Venitiens réunis; mais Venise avait tant de démêlés avec la branche d'Autriche Espagnole qu'elle déclarait ouvertement ses sentimens contre toute la maison.

Toute l'Europe était partagée dans cette querelle, mais plutôt par des vœux que par des effets. Et l'Empereur était bien mieux secondé en Allemagne que l'électeur Palatin.

D'un côté l'électeur de Saxe déclaré pour l'Empereur entre dans la Luzace : de l'autre le duc de Baviere pénétre en Bohême avec une puissante armée, tandis que les armes de l'Empereur résistent au moins en Hongrie contre Bethléem-Gabor.

Le Palatin est attaqué à la fois & dans son nouveau royaume de Bohême & dans son électorat. Henri Frederic de Nassau frere, & depuis successeur de Maurice le Stadhouder des Provinces-unies, y combattait pour lui. Il y avait encore des Anglais. Mais contre lui était le célebre Spinola, avec l'élite des troupes des Païs-bas Espagnols. Le Palatinat est ravagé. Une bataille décide en Bohême du fort de la maison d'Autriche & de la maison Palatine.

Frédéric est entiérement défait le 19 novembre auprès de Prague par son parent Maximilien de Baviere ; il fuit d'abord en Silésie avec sa femme & deux de ses enfans, & perd en un jour les états de ses ayeux & ceux qu'il avait acquis.

1621.

1621.

Le roi d'Angleterre Jacques négocie en faveur de son malheureux gendre aussi infructueusement qu'il s'était conduit faiblement.

L'Empereur met l'électeur Palatin au ban de l'empire par un arrêt de son conseil aulique le 20 janvier. Il proscrit le duc de Jagendorff en Silésie, le prince d'Anhalt, les comtes de Hoënlo, de Mansfelt, de la Tour, tous ceux qui ont pris les armes pour Frederic.

Ce prince vaincu n'a pour lui que des intercesseurs & point de vengeurs. Le roi de Dannemarck presse l'Empereur d'user de clémence. Ferdinand n'en fait pas moins passer par la main du bourreau un grand nombre de gentilhommes Bohémiens.

Un de ses généraux le comte de Buquoy acheve de soumettre ce qui reste de rebelles en Bohéme, & de-là il court assurer la haute Hongrie contre Bethléem-Gabor. Buquoy est tué dans cette campagne; & Ferdinand s'accommode bientôt avec le Transilvain, auquel il cède un grand terrain pour être plus sûr du reste.

Cependant l'électeur Palatin se réfugie de Silésie en Dannemarck, & de Dannemarck en Hollande. Le duc de Baviere s'empare du haut Palatinat, tandis que le marquis de Spinola répand dans le

Palatinat les troupes espagnoles fournies par l'archiduc gouverneur des Païs-bas.

Le Palatin n'avait pu obtenir de son beaupere le roi Jacques, & du roi de Dannemarck, que de bons offices & des ambassades inutiles à Vienne. Il n'obtenait rien de la France dont l'intérêt était de prendre son parti. Ses seules ressources étaient alors dans deux hommes qui devaient naturellement l'abandonner. C'était le duc de Jagendorff en Silésie & le comte de Mansfelt dans le Palatinat, tous deux proscrits par l'Empereur & pouvant mériter leur grace en quittant son parti. Ils firent pour lui des efforts incroyables. Mansfelt surtout fut toujours à la tête d'une petite armée, qu'il conserva malgré la puissance Autrichienne. Elle n'avait pour toute solde que l'art de Mansfelt, de faire la guerre en partisan habile, art assez en usage alors dans un tems où l'on ne connaissait pas ces grandes armées toujours subsistantes, & où un chef résolu pouvait se maintenir quelque tems à la faveur des troubles. Mansfelt réveillait & encourageait les princes protestans voisins.

Il y avait surtout un prince de Brunswick nommé Christiern, administrateur, ce qui au fond ne veut dire qu'usurpateur de l'évêché d'Halberstadt, qui se joignit à Mansfelt. Ce Christiern s'intitulait, *ami de Dieu & ennemi des prêtres*, il n'était pas moins ennemi des peuples dont il ravageait le territoire. Mansfelt & lui firent beaucoup de mal au pays sans faire du bien à l'électeur Palatin.

Les

Les princes d'Orange & les Provinces-unies qui faisaient la guerre contre les Espagnols aux Païs-bas, étaient obligés d'y emploïer toutes leurs forces, & n'étaient pas en état de donner au Palatin des secours efficaces. Son parti était accablé, mais il ne laissait pas de donner de tems en tems de violentes secousses : & à la moindre occasion il se trouvait quelque prince protestant qui armait en sa faveur Le landgrave de Hesse-Cassel disputait quelques terres au landgrave de Darmstadt. Piqué contre l'empereur qui favorisait son compétiteur, il soutenait, autant qu'il le pouvait, le parti de l'électeur Palatin. Le marck-grave de Bade-Dourlack s'unissait avec Mansfelt ; & en général tous les princes protestants craignant de se voir bientôt forcés de restituer les biens ecclésiastiques, paraissaient disposés à prendre les armes dès qu'ils feraient secondés de quelques puissances.

1622.

C'est toujours le duc de Baviere qui fait le bonheur de Ferdinand. Ce sont ses généraux & ses troupes qui achevent de ruiner le parti du Palatin son parent. Tilli général Bavarois qui depuis fut un des plus grands généraux de l'empereur, défait entierement auprès d'Aschaffenbourg ce prince de Brunswick, surnommé à bon droit *l'ennemi des Prêtres*, puisqu'il venait de piller l'Abbaïe de Fulde, & toutes les terres ecclésiastiques de cette partie de l'Allemagne.

Il ne restait plus que Mansfelt qui pût deffendre encor

encor le Palatinat & il en était capable étant à la tête d'une petite armée qui, avec les débris de celle de Brunſwick, allait juſqu'à dix mille hommes. Mansfelt était un homme extraordinaire; bâtard d'un comte de ce nom, n'aïant de fortune que ſon courage & ſon habileté; ſecouru en ſecret des princes d'Orange & des autres proteſtans, il ſe trouvait général d'une armée qui n'appartenait qu'à lui.

Le malheureux Fréderic fut aſſez mal conſeillé pour renoncer à ce ſecours dans l'eſpérance qu'il obtiendrait de l'empereur des conditions favorables qu'il ne pouvait obtenir que par la force. Il preſſa lui même Brunſwick & Mansfelt de l'abandonner. Ces deux chefs errants paſſent en Lorraine & en Alſace, & cherchent de nouveaux païs à ravager.

Alors Ferdinand II. pour tout accommodement avec l'électeur Palatin, envoie Tilli victorieux prendre Hidelberg, Manheim & le reſte du pais; tout ce qui appartenait à l'électeur fut regardé comme le bien d'un proſcrit. Il avait la plus nombreuſe & la plus belle bibliothéque d'Allemagne ſurtout en manuſcrits; elle fut tranſportée chez le duc de Baviere qui l'envoïe par eau à Rome. Plus du tiers fut perdu par un naufrage, & le reſte eſt conſervé encor dans le vatican.

La religion & l'amour de la liberté excitent toujours quelques troubles en Bohême. Mais ce ne ſont plus que des ſéditions qui finiſſent par
des

des fuplices. L'empereur fait fortir de Prague tous les miniftres luthériens, & fait fermer leurs temples. Il donne aux jéfuites l'adminiftration de l'univerfité de Prague. Il n'y avait plus alors que la Hongrie qui pût inquiéter la profpérité de l'empereur. Il acheve de s'affurer la paix avec Betléem-Gabor en le reconnoiffant fouverain de la Tranfilvanie & en lui cédant fur les frontieres de fon état fept comtés qui compofent cinquante lieues de païs. Le refte de la Hongrie, théâtre éternel de la guerre, ravagé depuis longtems fans interruption, n'était encor à la maifon d'Autriche d'aucune reffource, mais c'était toujours un boulevard des états autrichiens.

1623.

L'empereur affermi en Allemagne affemble une diéte à Ratisbonne dans laquelle il déclare „ que l'électeur Palatin s'étant rendu criminel de „ léze-Majefté, fes états, fes biens & fes digni- „ tés font dévolues au domaine impérial, mais „ que ne voulant pas diminuer le nombre des „ électeurs il veut, commande, & ordonne que „ Maximilien duc de Baviere foit invefti dans „ cette diéte de l'électorat Palatin. „ C'était parler en maître. Les princes catholiques accéderent tous à la volonté de l'empereur. Les proteftans firent quelques remontrances publiques. L'électeur de Brandebourg, les ducs de Brunfwick, de Holftein, de Mecklenbourg, les villes de Brême, de Hambourg, de Lubeck, & d'autres renouvellerent la ligue évangélique. Le roi de Dannemarck se joignit à eux ; mais cette ligue n'étant que défensive, laissa l'empereur en pleine liberté d'agir.

Le 25. février Ferdinand sur son trône investit le duc de Baviere de l'électorat Palatin. Le vice-chancelier dit expressément, que *l'empereur lui confere cette dignité de sa pleine puissance.*

On ne donna point par cette investiture les terres du Palatinat au duc de Baviere; c'était un article important qui faisait encor de grandes difficultés.

Jean-George de Hohenzollern l'aîné de la maison de Brandebourg, est fait prince de l'Empire à cette diéte.

Brunswick *l'ennemi des prêtres*, & le fameux général Mansfelt, toujours secrettement appuïés par les princes protestans, reparaissent dans l'Allemagne. Brunswick s'établit d'abord dans la basse-Saxe & ensuite dans la Westphalie. Le comte de Tilli défait son armée & la disperse. Mansfelt demeure toujours inébranlable, & invincible. C'était le seul appui qu'eût alors le Palatin ; & cet appui ne suffisait pas pour lui faire rendre ses domaines.

1624.

La ligue protestante couvait toujours un feu prêt à éclater contre l'empereur. Le roi d'Angleterre

terre Jacques I. n'aïant pû rien obtenir en faveur du Palatin son gendre par les négociations, s'unit enfin avec la ligue de la basse-Saxe, & le roi de Dannemarck Christiern IV. est déclaré chef de la ligue ; mais ce n'était pas encor là le chef qu'il fallait pour tenir tête à la fortune de Ferdinand II.

Le roi d'Angleterre fournit de l'argent, le roi de Dannemarck Christiern IV. amene des troupes. Le fameux Mansfelt grossit sa petite armée, & on se prépare à la guerre.

1625.

A peine le roi d'Angleterre a-t-il pris enfin la resolution de secourir efficacement son gendre, & de se déclarer contre la maison d'Autriche, qu'il meurt au mois de mars, & laisse les confédérés privés de leur plus puissant secours.

Ce n'était qu'une partie de l'union évangelique qui avait levé l'étendart. La basse-Saxe était le théâtre de la guerre.

1626.

Les deux grands généraux de l'empereur, Tilli & Walstein arrêtent les progrès du roi de Dannemarck & des confédérés. Tilli défait le roi de Dannemarck en bataille rangée près de Northeim dans le païs de Brunswick. Cette victoire paraît laisser le Palatin sans ressources. Mansfelt qui ne perdait jamais courage, transporte

ail.

ailleurs le théâtre de la guerre, & va par le Brandebourg, la Siléfie, la Moravie attaquer en Hongrie l'empereur. Bethléem-Gabor avec qui l'empereur n'avait pas tenu tous ses engagemens, reprend les armes, se joint à Mansfelt & lui amene dix mille hommes. Il arme les Turcs qui étaient toujours maîtres de Bude ; mais ce projet si grand & si hardi avorte sans qu'il en coûte de peine à Ferdinand. Les maladies détruisent l'armée de Mansfelt. Il meurt de la contagion à la fleur de son âge, en exhortant ce qui lui reste de soldats à sacrifier leur vie pour la liberté Germanique.

Le prince de Brunswik, cet autre soûtien de l'électeur Palatin, était mort quelque tems auparavant. La fortune ôtait au Palatin tous les secours, & favorisait en tout Ferdinand : il venait de faire élire son fils Ferdinand Ernest roi de Hongrie. Bethléem-Gabor veut en vain soutenir ses droits sur ce roïaume ; les Turcs dans la minorité du sultan Amurath IV. ne peuvent le secourir ; il désole à la vérité la Styrie, mais Walstein le repousse comme il a repoussé les Danois ; enfin l'empereur heureux par ses ministres comme par ses généraux, contient Betléem Gabor par un traité qui, en lui laissant la Transilvanie, & les sept comtés adjacents, assure le tout à l'Autriche après la mort de Gabor.

1627.

Tout réussit à Ferdinand sans qu'il ait d'autre soin que de souhaiter & d'ordonner. Le comte de de Tilli poursuit le roi de Dannemarck & les confederés. Ce roi se retire dans ses états. Les ducs de Holstein & de Brunswick désarment presque aussitôt qu'ils ont armé. L'électeur de Brandebourg qui avait seulement permis que ses sujets s'enrôlassent au service du Dannemarck, les rappelle & rompt toute association. Le comte de Tilli & Walstein devenu duc de Friedlan font vivre partout à discrétion leurs troupes victorieuses.

Ferdinand joignant les intérêts de la religion à ceux de sa politique veut retirer l'évêché de Halberstadt des mains de la maison de Brunswick, & les archevêchés de Magdebourg & de Brême des mains de la maison de Saxe pour les donner à un de ses fils avec plusieurs abbaïes.

Il avait fait élire son fils Ferdinand Ernest roi de Hongrie : il le fait couronner roi de Bohême sans élection ; car les Hongrois voisins des Turcs & de Bethléem-Gabor devaient être ménagés. Mais la Bohême était regardée comme asservie.

1628.

Ferdinand jouit alors de l'autorité absoluë.

Les princes protestans & le roi de Dannemarck Christiern IV. s'adressent secrettement au ministére de France que le cardinal de Richelieu commençait à rendre respectable dans l'Europe. Ils se flattaient avec raison que ce cardinal qui voulait écraser les protestans de France, soutiendrait ceux

d'Ald'Allemagne. Le cardinal de Richelieu fait donner de l'argent au roi de Dannemarck, & encourage les princes proteſtans. Les Danois marchent vers l'Elbe. Mais la ligue proteſtante effraïée n'oſe ſe déclarer ouvertement pour lui, & le bonheur de l'empereur n'eſt point encor interrompu. Il proſcrit le duc de Mecklenbourg, que les Danois avaient forcé à ſe déclarer pour eux. Il donne ſon duché à Walſtein.

1629.

Le roi de Dannemarck toujours malheureux eſt obligé de faire ſa paix avec l'empereur au mois de Juin. Jamais Ferdinand n'eut plus de puiſſance & ne la fit plus valoir.

Chriſtiern IV. qui avait des démêlés avec le duc de Holſtein, ravageait le duché de Sleswich avec ſes troupes qui ne ſervaient plus contre Ferdinand. La cour de Vienne lui envoie des lettres monitoriales comme à un membre de l'Empire, & lui enjoint d'évacuer les terres de Sleswich. Le roi de Dannemarck répond que jamais ce duché n'a été un fief impérial comme celui de Holſtein. La cour de Vienne replique, que le roïaume de Dannemarck lui-même eſt un fief de l'Empire. Le roi eſt enfin obligé de ſe conformer à la volonté de l'empereur. On ne pouvait guére ſoutenir les prétentions de l'Empire du côté du nord avec plus de grandeur.

Juſques-là l'Empire avait paru comme entierement

ment détaché de l'Italie depuis Charlequint. La mort d'un duc de Mantouë marquis de Monferrat, fit revivre ces anciens droits qu'on avait été hors de portée d'exercer. Ce duc de Mantouë Vincent II. était mort fans enfans. Son gendre Charles de Gonzague duc de Nevers prétendait la fucceffion en vertu de fes conventions matrimoniales Son parent Céfar Gonzague, duc de Guaftale avait reçu de l'empereur l'inveftiture éventuelle.

Le duc de Savoye, troifiéme prétendant, voulait exclure les deux autres, & le roi d'Efpagne voulait les exclure tous trois. Le duc de Nevers avait deja pris poffeffion & fe faifait reconnaître duc de Mantoue, mais le roi d'Efpagne & le duc de Savoye s'uniffent enfemble pour s'emparer dans le Montferrat de ce qui peut leur convenir.

L'empereur exerce alors pour la premiere fois fon autorité en Italie. Il envoie le comte de Naffau en qualité de commiffaire impérial pour mettre en féqueftre le Mantouan & le Montferrat jufqu'à ce que le procès foit jugé à Vienne.

Ces procédures étaient inouïes en Italie depuis foixante ans. Il était vifible que l'empereur voulait à la fois foutenir les anciens droits de l'Empire & enrichir la branche d'Autriche Efpagnole de ces dépouilles.

Le miniftere de France qui épiait toutes les occafions de mettre une digue à la puiffance Autritrichienne, secourt le duc de Mantouë. Elle s'était déja mêlée des affaires de la Valteline ; elle avait empêché la branche d'Autriche Espagnole de s'emparer de ce païs qui eût ouvert une communication du Milanais au Tirol & qui eût rejoint les deux branches d'Autriche par les Alpes, comme elles l'étaient vers le Rhin, par les Païs-bas. Le cardinal de Richelieu prend donc dans cet esprit le parti du duc de Mantouë.

Les Venitiens plus voisins & plus exposés envoient dans le Mantouan une armée de quinze mille hommes. L'empereur déclare rebelles tous les vassaux de l'Empire en Italie qui prendront parti pour le duc. Le pape Urbain VIII. est obligé de favoriser ces décrets.

Le pontificat alors était dépendant de la maison d'Autriche, & Ferdinand qui se voïait à la tête de cette maison par sa dignité impériale, était regardé comme le plus puissant prince de l'Europe.

Les troupes Allemandes avec quelques regimens Espagnols prennent Mantouë d'assaut, & la ville est livrée au pillage.

Ferdinand heureux partout croit enfin que le tems est venu de rendre la puissance impériale despotique & la religion catholique entiérement dominante. Par un édit de son conseil il ordonne que les protestants restituent tous les biens ecclésiastiques dont ils s'étaient emparés depuis le traité de Passau signé par Chalequint. C'était porter le
plus

plus grand coup au parti protestant. Il fallait rendre les archevêchés de Magdebourg & de Brême, les évêchés de Brandebourg, de Lebus, de Camin, d'Havelberg, de Lubeck, de Misnie, de Naumbourg, de Mersebourg, de Schwerin, de Minden, de Verden, de Halberstadt, une foule de bénéfices. Il n'y avait point de prince soit luthérien, soit calviniste qui n'eût des biens de l'église.

Alors les protestants n'ont plus de mesures à garder. L'électeur de Saxe que l'espérance d'avoir Cléves & Juliers avait longtems retenu, éclate enfin ; cette espérance s'affaiblissait d'autant plus que l'électeur de Brandebourg & le duc de Neubourg s'étaient accordés : le premier jouissait de Cléves paisiblement & le second de Juliers sans que l'empereur les inquiétât. Ainsi le duc de Saxe voyait ces provinces lui échapper, & allait perdre Magdebourg & le revenu de plusieurs évêchés.

L'empereur alors avait près de cent cinquante mille hommes en armes. La ligue catholique en avait environ trente mille. Les deux maisons d'Autriche étaient intimement unies. Le pape & toutes les églises catholiques encourageaient l'empereur dans son projet : la France ne pouvait encore s'y opposer ouvertement : & il ne paraissait pas qu'aucune puissance de l'Europe fût en état de le traverser. Le duc de Walstein à la tête d'une puissante armée, commença par faire éxécuter l'édit de l'empereur dans la Suabe & dans le duché de Virtemberg. Mais les églises catholiques gagnaient peu à ces restitutions ; on prenait beaucoup

coup aux protestants, les officiers de Walstein s'enrichissaient, & ses troupes vivaient aux dépens des deux partis qui se plaignirent également.

1630.

Ferdinand se voyait précisément dans le cas de Charlequint au tems de la ligue de Smalcalde. Il fallait que tous les princes de l'empire fussent entiérement soumis, ou qu'il succombât. L'électeur de Saxe se repentait alors d'avoir aidé à accabler le Palatin; & ce fut lui qui, de concert avec les autres princes protestans, engagea secrettement Gustave Adolphe roi de Suéde à venir en Allemagne, au lieu du roi de Dannemarck dont le secours avait été si inutile.

L'électeur de Baviere n'était guêres plus attaché alors à l'empereur. Il auroit voulu toujours commander les armées de l'empire; & par-là tenir Ferdinand lui-même dans la dépendance. Enfin il aspirait à se faire élire un jour roi des romains, & négociait en secret avec la France, tandis que les protestans appellaient le roi de Suéde.

Ferdinand assemble une diéte à Ratisbonne. Son dessein était de faire élire roi des romains Ferdinand Ernest son fils; il voulait engager l'Empire à le seconder contre Gustave Adolphe, si ce roi venait en Allemagne, & contre la France en cas qu'elle continuât à protéger contre lui le duc de Mantouë: mais malgré sa puissance il trouve si peu de bonne volonté dans l'esprit des électeurs, qu'il n'ose pas même proposer l'élection de son fils.

Les

Les électeurs de Saxe & de Brandebourg n'étant point venus à cette assemblée y exposent leurs griefs par des députés. L'électeur de Baviere même est le premier à dire, *qu'on ne peut déliberer librement dans les dietes tant que l'empereur aura cent cinquante mille hommes.* Les électeurs ecclésiastiques, & les évêques qui sont à la diéte, prennent la restitution des biens de l'église. Ce projet ne peut se consommer qu'en conservant l'armée, & l'armée ne peut se conserver qu'aux dépends de l'Empire qui murmure. L'électeur de Baviere qui veut la commander, exige de Ferdinand la déposition du duc de Walstein. Ferdinand pouvait commander lui-même, & ôter ainsi tout prétexte à l'électeur de Baviere. Il ne prit point ce parti glorieux. Il ôta le commandement à Walstein, & le donna à Tilli. Par là il acheva d'aliéner le Bavarois; il eut des soldats, & n'eut plus d'amis.

La puissance de Ferdinand II. qui faisait craindre aux états d'Allemagne leur perte prochaine, inquiétait en même temps la France, Venise, & jusqu'au pape. Le cardinal de Richelieu négociait alors avec l'empereur au sujet de Mantoue; mais il rompt le traité, dès qu'il apprend que Gustave Adolphe se prépare à entrer en Allemagne. Il traite alors avec ce monarque. L'Angleterre & les provinces-unies en font autant. L'électeur Palatin qui était un moment auparavant abandonné de tout le monde, se trouve tout d'un coup prêt d'être secouru par toutes ces puissances. Le roi de Dannemark affaibli par ses pertes précedentes, & jaloux du roi de Suéde, reste dans l'inaction.

Guſtave part enfin de Suéde le 13. juin, s'embarque avec treize mille hommes, & aborde en Poméranie. Il prétendait déja cette province en tout ou en partie pour le fruit de ſes expéditions. Le dernier duc de Poméranie qui régnait alors, n'avait point d'enfans. Ses états par des actes de confraternité devaient revenir à l'électeur de Brandebourg. Guſtave ſtipula qu'au cas de la mort du dernier duc, il garderait la province en ſequeſtre juſqu'au rembourſement des frais de la guerre.

1631.

Le cardinal de Richelieu ne conſomme l'alliance de la France avec Guſtave, que lorſque ce roi eſt en Poméranie. Il n'en coûte à la France que trois-cent mille livres une fois païées, & douze-cent-mille par an. Ce traité eſt un des plus habiles qu'on ait jamais faits. On y ſtipule la neutralité pour l'électeur de Baviére qui pouvait être le plus grand ſupport de l'empereur. On y ſtipule celle de tous les états de la ligue catholique, qui n'aideront pas l'empereur contre les Suédois; & on a ſoin de faire promettre en même tems à Guſtave de conſerver tous les droits de l'égliſe Romaine dans tous les lieux où elle ſubſiſte. Par-là on évite de faire de cette guerre, une guerre de relligion, & on donne un prétexte ſpécieux aux catholiques mêmes d'Allemagne de ne pas ſecourir l'empereur. Cette ligue eſt ſignée le 23 janvier dans le Brandebourg.

Les états proteſtans encouragés s'aſſemblent à Leipzig

Leipzig. Ils y résolvent de faire de très-humbles remontrances à Ferdinand, & d'appuïer leur requête de quarante-mille hommes pour rétablir la paix dans l'Empire. Gustave avance en augmentant toujours son armée. Il est à Francfort sur l'Oder : il ne peut de-là empêcher le général Tilli de prendre Magdebourg d'assaut le 20. mai. La ville est réduite en cendres. Les habitans périssent par le fer & par les flammes: Evenement horrible, mais confondu aujourd'hui dans la foule des calamités de ce temps là. Tilli maître de l'Elbe, comptait empêcher le roi de Suéde de pénétrer plus avant.

L'empereur après s'être accommodé enfin avec la France au sujet du duc de Mantoue, rappellait toutes ses troupes d'Italie. La supériorité était encor toute entiere de son côté. L'électeur de Saxe qui le premier avait appellé Gustave Adolphe, est alors très embarassé; & l'électeur de Brandebourg se trouvant précisément entre les armées Impériale & Suédoise, est très-irrésolu.

Gustave force les armes à la main l'électeur de Brandebourg à se joindre à lui. L'électeur George Guillaume lui livre la forteresse de Spandau pour tout le tems de la guerre, lui assure tous les passages, le laissant recruter dans le Brandebourg, & se ménageant auprès de l'empereur la ressource de s'excuser sur la contrainte.

L'électeur de Saxe donne à Gustave ses propres troupes à commander. Le roi de Suede s'avance à Leipzig. Tilli marche au-devant de lui & de l'électeur de Saxe à une lieue de la ville. Les deux armées étaient chacune d'environ trente-mille combattans. Les troupes de Saxe nouvellement levées, ne font aucune réſiſtance, & l'électeur de Saxe eſt entraîné dans leur fuite. La diſcipline Suédoiſe répara ce malheur. Guſtave commençait à faire de la guerre un art nouveau. Il avait accoutumé ſon armée à un ordre, & à des manœuvres qui n'étaient point connus ailleurs; & quoique Tilli fut regardé comme un des meilleurs généraux de l'Europe, il fut vaincu d'une maniere complette : cette bataille ſe donna le 17 Septembre.

Le vainqueur pourſuit les Impériaux dans la Franconie; tout ſe ſoumet à lui depuis l'Elbe juſqu'au Rhin. Toutes les places lui ouvrent leurs portes, pendant que l'électeur de Saxe va juſques dans la Bohéme & dans la Siléſie. Guſtave rétablit tout d'un coup le duc de Mecklenbourg dans ſes états à un bout de l'Allemagne, & il eſt déja à l'autre bout dans le Palatinat après avoir pris Mayence.

L'électeur Palatin dépoſſedé vient l'y trouver, pour combattre avec ſon protecteur. Les Suédois vont juſqu'en Alſace. L'électeur de Saxe de ſon côté ſe rend maître de la capitale de la Bohéme, & fait la conquête de la Luzace. Tout le parti proteſtant eſt en armes dans l'Allemagne, & profite des victoires de Guſtave. Le comte de Tilli reſtait dans la Weſtphalie avec les débris de

ſon

son armée, renforcée de troupes que le duc de Lorraine lui amenait; mais il ne faisait aucun mouvement pour s'opposer à tant de progrès rapides.

L'empereur tombé en moins d'une année de ce haut dégré de grandeur qui avait paru si redoutable, eut enfin recours à ce duc de Valstein, qu'il avait privé du généralat, & lui remit le commandement de ses troupes avec le pouvoir le plus absolu, qu'on ait jamais donné à un général. Valstein accepta le commandement, & on ne laissa à Tilli que quelques troupes pour se tenir au moins sur la défensive. La protection que le roi de Suéde donnait à l'électeur Palatin, rendait à la vérité l'électeur de Baviere à l'empereur; mais le Bavarois ne se rapprocha de Ferdinand dans ces premiers tems critiques, que comme un prince qui le ménageait, & non comme un ami qui le défendait.

L'empereur n'avait plus de quoi entretenir ces nombreuses armées, qui l'avaient rendu si formidable; elles avaient subsisté aux dépens des états catholiques & protestans avant la bataille de Leipzig; mais depuis ce tems il n'avait plus les mêmes ressources. C'était à Walstein à former, à recruter, & à conserver son armée comme il pouvait.

Ferdinand fut réduit alors à demander au pape Urbain VIII. de l'argent & des troupes. On lui refusa l'un & l'autre. Il voulut engager la cour de Rome à publier une croisade contre Gustave:

le saint Pere promit un jubilé au lieu de croisade.

1632.

Cependant le roi de Suéde repasse des bords du Rhin vers la Franconie. Nuremberg lui ouvre ses portes ; il marche à Donavert vers le Danube, il rend à la ville son ancienne liberté & la souftrait au domaine du duc de Baviere. Il met à contribution dans la Suabe tout ce qui appartient aux maisons d'Autriche & de Baviere. Il force le passage du Leck malgré Tilli qui est blessé à mort dans la retraite. Il entre dans Augsbourg en vainqueur, & y rétablit la religion protestante. On ne peut guères pousser plus loin les droits de la victoire. Les Magistrats d'Augsbourg lui prêterent ferment de fidélité. Le Duc de Baviere qui alors était comme neutre, & qui n'était armé ni pour l'empereur ni pour lui-même, est obligé de quitter Munich, qui se rend au conquérant le 7 mai, & qui lui païe trois-cens mille risdales pour se racheter du pillage. Le Palatin eut du moins la consolation d'entrer avec Gustave dans le palais de celui qui l'avait dépossédé.

Les affaires de l'empereur & de l'Allemagne semblaient désespérées. Tilli grand général, qui n'avait été malheureux que contre Gustave, était mort Le duc de Baviere mécontent de l'empereur était sa victime, & se voïait chassé de sa capitale. Le duc de Fridland Valstein plus mécontent encor du duc de Baviere son ennemi déclaré, avait refusé de marcher à son secours,

&

& l'empereur Ferdinand qui n'avait jamais voulu paraître en campagne, attendait sa destinée de ce Valstein qu'il n'aimait pas, & dont il était en défiance. Valstein s'occupait alors à reprendre la Bohéme sur l'électeur de Saxe, & il avait autant d'avantage sur les Saxons, que Gustave en avait sur les Impériaux.

Enfin l'électeur de Baviere Maximilien obtient avec peine que Valstein se joigne à lui. L'armée Bavaroise levée en partie aux dépens de l'électeur, & en partie aux dépens de la ligue catholique, était d'environ vingt-cinq mille hommes. Celle de Valstein était de près de trente-mille vieux soldats. Le roi de Suéde n'en avait pas vingt-mille, mais on lui amene des renforts de tous côtés. Le landgrave de Hesse-Cassel, Guillaume, & Bernard de Saxe-Veimar, le prince Palatin de Birckenfeld se joignent à lui. Son général Banier lui amene de nouvelles troupes. Il marche auprès de Nuremberg avec plus de cinquante-mille combattans au camp retranché du duc de Baviere & de Valstein. Ils donnent une bataille qui n'est point décisive. Gustave reporte la guerre dans la Baviere; Valstein la reporte dans la Saxe, & tous ces différens mouvemens achevent le ravage de ces provinces.

Gustave revole vers la Saxe en laissant douze-mille hommes dans la Baviere. Il arrive près de Leipzig par des marches précipitées, & se trouve devant Valstein qui ne s'y attendait pas. A peine est-il arrivé qu'il se prépare à donner bataille.

Il la donne dans la grande plaine de Lutzen le 15. novembre. La victoire eſt longtemps diſputée. Les Suédois la remportent; mais ils perdent leur roi, dont le corps fut trouvé parmi les morts percé de deux balles & de deux coups d'épée. Le duc Bernard de Saxe-Veimar acheva la victoire. Que n'a-t-on pas débité ſur la mort de ce grand homme ? on accuſa un prince de l'Empire qui ſervait dans ſon armée de l'avoir aſſaſſiné. On imputa ſa mort au cardinal de Richelieu qui avait beſoin de ſa vie. N'eſt-il donc pas naturel qu'un roi qui s'expoſait en ſoldat, ſoit mort en ſoldat ?

Cette perte fut fatale au Palatin qui attendait de Guſtave ſon rétabliſſement. Il était malade alors à Mayence. Cette nouvelle augmenta ſa maladie dont il mourut le 19. novembre.

Valſtein après la journée de Lutzen ſe retire dans la Boheme. On s'attendait dans l'Europe que les Suédois n'aïant plus Guſtave à leur tête, ſortiraient bientôt de l'Allemagne; mais le général Banier les conduiſit en Bohéme. Il faiſait porter au milieu d'eux le corps de leur roi pour les exciter à le venger.

1633.

Guſtave laiſſait ſur le trône de Suéde une fille âgée de ſix ans, & par conſéquent des diviſions dans le gouvernement. La même diviſion ſe trouvait dans la ligue proteſtante par la mort de celui qui en avait été le chef & le ſoûtien. Tout le fruit

fruit de tant de victoires devait être perdu, & ne le fut pourtant pas. La véritable raison peut-être d'un événement si extraordinaire, c'est que l'empereur n'agissait que de son cabinet, dans le tems qu'il eût dû faire les derniers efforts à la tête de ses armées. Le sénat de Suede chargea le chancelier Oxenstiern de suivre en Allemagne les vues du grand Gustave, & lui donna un pouvoir absolu. Oxenstiern alors joua le plus beau rôle que jamais particulier ait eu en Europe. Il se trouva à la tête de tous les princes protestans d'Allemagne.

Ces princes s'assemblent à Heilbron le 19 mars. Les ambassadeurs de France, d'Angleterre, des Etats généraux, se rendent à l'assemblée. Oxenstiern en fait l'ouverture dans sa maison, & il se signale d'abord en faisant restituer le haut & le bas Palatinat à Charles Louis fils du Palatin dépossédé. Le prince Charles-Louis parut comme électeur dans une des assemblées; mais cette cérémonie ne lui rendait pas ses états.

Oxenstiern renouvelle avec le cardinal de Richelieu, le traité de Gustave Adolphe; mais on ne lui donne qu'un million de subsides par an, au lieu de douze-cent-mille livres qu'on avait donné à son maitre.

Ferdinand négocie avec chaque prince protestant. Il veut les diviser, il ne réussit pas. La guerre continue toujours avec des succès balancés dans l'Allemagne désolée. L'Autriche est le seul pais qui n'en fut pas le théâtre ni du tems de Guſtave ni après lui. La branche d'Autriche Eſpagnole n'avait encor ſecouru que faiblement la branche impériale : elle fait enfin un effort ; elle envoie le duc de Féria d'Italie en Allemagne avec environ vingt-mille hommes, mais il perd une grande partie de ſon armée dans ſes marches & dans ſes manœuvres.

L'électeur de Tréves évêque de Spire avait bâti & fortifié Philisbourg. Les troupes impériales s'en étaient emparées malgré lui. Oxenſtiern la fait rendre à l'électeur par les armes des Suédois, malgré le duc de Feria qui veut en vain faire lever le ſiége. Cette ſage politique tendait à faire voir à l'Europe que ce n'était pas à la religion catholique qu'on en voulait, & que la Suéde toujours victorieuſe même après la mort de ſon roi, protégeait également les proteſtans & les catholiques; conduite qui mettait encor plus le pape en droit de refuſer à l'empereur des troupes, de l'argent & une croiſade.

1634.

La France n'était encor qu'une partie ſecrette dans ce grand démêlé : il ne lui en coûtait qu'un ſubſide médiocre pour voir le trône de Ferdinand ébranlé par les armes Suédoiſes ; mais le cardinal de Richelieu ſongeait déja à profiter de leurs conquêtes. Il avait voulu en vain avoir Philipsbourg en ſéqueſtre : mais à chaque occaſion qui ſe préſentait, la France ſe rendait maîtreſſe de quelques villes

villes en Alsace, comme de Haguenau, de Saverne, qu'elle force le comte de Salms administrateur de Strasbourg à lui céder par un traité. Louis XIII qui ne déclarait point la guerre à la maison d'Autriche, la déclarait au duc de Lorraine Charles, parce qu'il était partisan de cette maison. Le ministere de France n'osait pas encor attaquer ouvertement l'empereur & l'Espagne qui pouvaient se défendre, & tombait sur la faible Lorraine. Le duc dépossedé était Charles III. qu'on appelle communement Charles IV. prince célébre par ses bizarreries, ses amours, ses mariages & ses infortunes.

Les français avaient une armée dans la Lorraine & des troupes dans l'Alsace prêtes d'agir ouvertement contre l'empereur & de se joindre aux Suédois à la premiere occasion qui pourrait justifier cette conduite.

Le duc de Feria poursuivi par les Suédois jusqu'en Baviere, était mort après la dispersion presque entiere de son armée.

Le duc de Valstein au milieu de ces troubles & de ces malheurs s'occupait du projet de faire servir l'armée qu'il commandait dans la Bohéme à sa propre grandeur, & à se rendre indépendant d'un empereur qui semblait ne se pas assez secourir lui-même, & qui était toujours en défiance de ses généraux. On prétend que Walstein négociait avec les princes protestans & même avec la Suéde & la France. Mais ces intrigues dont on l'accusa ne furent jamais

mais manifestées. La conspiration de Walstein est au rang des histoires reçues ; & on ignore absolument quelle était cette conspiration. On devinait ses projets. Son véritable crime était d'attacher son armée à sa personne, & de vouloir s'en rendre le maître absolu. Le tems & les occasions eussent fait le reste. Il se fit prêter serment par les principaux officiers de cette armée qui lui étaient le plus dévoués : Ce serment consistait à promettre *de défendre sa personne, & de s'attacher à sa fortune.* Quoique cette démarche pût se justifier par les amples pouvoirs que l'empereur avait donnés à Walstein, elle devait allarmer le Conseil de Vienne. Walstein avait contre lui dans cette cour le parti d'Espagne & le parti Bavarois. Ferdinand prend la résolution de faire assassiner Walstein, & ses principaux amis. On charge de cet assassinat Butler Irlandais à qui Walstein avait donné un regiment de dragons, un Ecossais nommé Lescy qui était capitaine de ses gardes, & un autre Ecossais nommé Gordon. Ces trois étrangers aïant reçu leur commission dans Egra où Walstein se trouvait pour lors, font égorger d'abord dans un souper quatre officiers qui étaient les principaux amis du duc, & vont ensuite l'assassiner lui-même dans le château le 15. Février. Si Ferdinand II. fut obligé d'en venir à cette extrémité odieuse, il faut la compter parmi ses malheurs.

Tout le fruit de cet assassinat fut d'aigrir tous les esprits en Bohême & en Silésie. La Bohême ne remua pas, parce qu'on sut la contenir par l'armée ; mais les Silésiens se révolterent & s'unirent aux Suédois.

Les armées de Suede tenaient toute l'Allemagne en échec comme du tems de leur Roi : le général Bannier dominait fur tout le cours de l'Oder, le maréchal de Horn vers le Rhin, le duc Bernard de Weimar vers le Danube, l'électeur de Saxe dans la Bohéme & dans la Luface. L'Empereur reftait toujours dans Vienne. Son bonheur voulut que les Turcs ne l'attaquaffent pas dans ces funeftes conjonctures Amurat IV était occupé contre les Perfans, & Bethléem-Gabor était mort.

Ferdinand affuré de ce côté, tirait toujours des fecours de l'Autriche, de la Carinthie, de la Carniole, du Tirol. Le roi d'Efpagne lui fourniffait quelque argent; la ligue catholique quelques troupes; & enfin l'électeur de Baviere, à qui les Suédois ôtaient le Palatinat, était dans la néceffité de prendre le parti du chef de l'empire. Les Autrichiens, les Bavarois réunis foutenaient la fortune de l'Allemagne vers le Danube. Ferdinand Erneft roi de Hongrie fils de l'Empereur ranimait les Autrichiens en fe mettant à leur tête. Il prend Ratisbonne à la vue du duc de Saxe Weimar. Ce prince & le maréchal de Horn qui le joint alors, font ferme à l'entrée de la Suabe, & ils livrent aux Impériaux la bataille mémorable de Norlingue le 5 feptembre. Le roi de Hongrie commandait l'armée; l'électeur de Baviere était à la tête de fes troupes; le cardinal infant, gouverneur des Païs-bas conduifait quelques régimens efpagnols. Le duc de Lorraine Charles IV, dépouillé de fes états par la France, y commandait fa petite armée de dix à douze mille hommes,

qu'il

qu'il menait servir tantôt l'Empereur, tantôt les Espagnols, & qu'il faisait subsister aux dépens des amis & des ennemis. Il y avait de grands généraux dans cette armée combinée tels que Picolomini & Jean de Vert. La bataille dura tout le jour & le lendemain encore jusqu'à midi. Ce fut une des plus sanglantes ; presque toute l'armée de Veimar fut détruite ; & les Impériaux soumirent la Suabe & la Franconie, où ils vécurent à discrétion.

Ce malheur commun à la Suéde, aux protestans d'Allemagne, & à la France, fut précisément ce qui donna la supériorité au Roi très-chrétien ; & qui lui valut enfin la possession de l'Alsace. Le chancelier Oxenstiern n'avait point voulu jusques-là que la France s'agrandît trop dans ces pays; il voulait que tout le fruit de la guerre fût pour les Suédois qui en avaient tout le fardeau. Aussi Louis XIII. ne s'était point déclaré ouvertement contre l'Empereur. Mais après la bataille de Norlingue, il fallut que les Suédois priassent le ministere de France de vouloir bien se mettre en possession de l'Alsace, sous le nom de protecteur, à condition que les princes & les états protestans ne feraient ni paix ni tréve avec l'Empereur, que du consentement de la France & de la Suede. Ce traité est signé à Paris le 1. novembre.

1635.

En conséquence le roi de France envoie une armée en Alsace, met garnison dans toutes les villes

villes excepté dans Strasbourg, qui fait le personnage d'un allié considérable. L'électeur de Tréves était sous la protection de la France. L'Empereur le fit enlever : ce fut une raison de déclarer enfin la guerre à l'Empereur Cet électeur était en prison à Bruxelles, sous la garde du cardinal Infant, & ce fut encore un prétexte de déclarer la guerre à la branche Autrichienne Espagnole.

La France n'unit donc ses armes à celles des Suédois que quand les Suédois furent malheureux, & lorsque la victoire de Norlingue relevait le parti impérial. Le cardinal de Richelieu partageait déja en idée la conquête des Pays-bas Espagnols avec les Hollandais : il comptait alors y aller commander lui même, & avoir un prince d'Orange (Frederic Henri) sous ses ordres. Il avait en Allemagne vers le Rhin Bernard de Weimar à sa solde. L'armée de Weimar, qu'on appelait les troupes Weimariennes, était devenue comme celle de Charles IV. de Lorraine, & celle de Mansfelt, une armée isolée, indépendante, appartenante à son chef : on la fit passer pour l'armée des cercles de Suabe, de Franconie, du haut & bas Rhin, quoique ces cercles ne l'entretinssent pas, & que la France la payât.

C'est-là le fort de la guerre de trente ans. On voit d'un côté toute la maison d'Autriche, la Baviere, la ligue catholique; & de l'autre la France, la Suede, la Hollande & la ligue protestante.

L'Empereur ne pouvait pas négliger de désunir
cette

cette ligue proteſtante après la victoire de Norlingue : & il y a grande apparence que la France s'y prit trop tard pour déclarer la guerre. Si elle l'eût faite dans le tems que Guſtave Adolphe débarquait en Allemagne, les troupes Françaiſes entraient alors ſans réſiſtance dans un pays mécontent & effarouché de la domination de Ferdinand ; mais après la mort de Guſtave, après Norlingue, elles venaient dans un tems où l'Allemagne était laſſe des dévaſtations des Suédois, & où le parti Impérial reprenait la ſupériorité.

Dans le tems même que la France ſe déclarait, l'Empereur ne manquait pas de faire avec la plûpart des princes proteſtans un accommodement néceſſaire. L'électeur de Saxe, celui-là même qui avait appellé le premier les Suédois, fut le premier à les abandonner par ce traité, qui s'appelle la paix de Prague. Peu de traités font mieux voir combien la religion ſert de prétexte aux politiques, comme on s'en joue, & comme on la ſacrifie dans le beſoin.

L'Empereur avait mis l'Allemagne en feu pour la reſtitution des bénéfices ; & dans la paix de Prague il commence par abandonner l'archevêché de Magdebourg, & tous les biens eccléſiaſtiques à l'électeur de Saxe luthérien, moiennant une penſion qu'on payera ſur ces mêmes bénéfices à l'électeur de Brandebourg calviniſte. Les intérêts de la maiſon Palatine qui avaient allumé cette longue guerre, furent le moindre objet de ce traité. L'électeur de Baviere devait ſeulement donner
une

une subsistance à la veuve de celui qui avait été roi de Bohême, & au Palatin son fils quand il se serait soumis à l'autorité impériale.

L'Empereur s'engageait d'ailleurs à rendre tout ce qu'il avait pris sur les confédérés de la ligue protestante qui accéderaient à ce traité ; & ceux-ci devaient rendre tout ce qu'ils avaient pris sur la maison d'Autriche ; ce qui était peu de chose, puisque les terres de la maison impériale, excepté l'Autriche antérieure, n'avaient jamais été exposées dans cette guerre.

Une partie de la maison de Brunswick, le duc de Mecklembourg, la maison d'Anhalt, la branche de Saxe établie à Gotha, & le propre frere du duc Bernard de Saxe-Weimar, signent le traité ainsi que plusieurs villes impériales ; les autres négocient encore, & attendent les plus grands avantages.

Le fardeau de la guerre que les Français avaient laissé porter tout entier à Gustave Adolphe, retomba donc sur eux en 1635. & cette guerre qui s'était faite des bords de la mer balthique jusqu'au fond de la Suabe, fut portée en Alsace, en Lorraine, en Franche-Comté, sur les frontieres de la France. Louis XIII. qui n'avait payé que douze-cent mille francs de subsides à Gustave Adolphe, donnait quatre millions à Bernard de Weimar pour entretenir les troupes Weimariennes : & encore le ministere Français cede-t-il à ce duc toutes ses prétentions sur l'Alsace, &

on

on lui promet qu'à la paix on le fera déclarer Land-grave de cette province.

Il faut avouer que fi ce n'était pas le cardinal de Richelieu qui eût fait ce traité, on le trouverait bien étrange. Comment donnait-il à un jeune prince Allemand qui pouvait avoir des enfans, cette province d'Alface qui était fi fort à la bienféance de la France, & dont elle poffédait déja quelques villes ? Il eft bien probable que le cardinal de Richelieu n'avait point compté d'abord garder l'Alface. Il n'efpérait pas non plus annexer à la France la Lorraine, fur laquelle on n'avait aucun droit, & qu'il fallait bien rendre à la paix. La conquête de la Franche-Comté paraiffait plus naturelle, mais on ne fit de ce côté que de faibles efforts. L'efpérance de partager les Pays-bas avec les Hollandais était le principal objet du cardinal de Richelieu; & c'était-là ce qu'il avait tellement à cœur, qu'il avait réfolu, fi fa fanté & les affaires le lui euffent permis, d'y aller commander en perfonne. Cependant l'objet des Pays-bas fut celui dans lequel il fut le plus malheureux; & l'Alface qu'il donnait fi libéralement à Bernard de Weimar, fut après la mort de ce cardinal le partage de la France. Voilà comme les événemens trompent prefque toujours les plus grands politiques; à moins qu'on ne dife que l'intention du miniftere de France était de garder l'Alface fous le nom du duc de Weimar, comme elle avait une armée fous le nom de ce grand capitaine.

1636.

1636.

L'Italie entrait encore dans cette grande querelle, mais non pas comme du tems des maisons impériales de Saxe & de Suabe pour défendre sa liberté contre les armes Allemandes. C'était à la branche Autrichienne d'Espagne dominante dans l'Italie qu'on voulait disputer en deçà des Alpes cette même supériorité qu'on disputait à l'autre branche en delà du Rhin. Le ministere de France avait alors pour lui la Savoie ; il venait de chasser les Espagnols de la Valteline : on attaquait de tous côtés ces deux vastes corps Autrichiens.

La France seule envoyait à la fois cinq armées, & attaquait ou se soutenait vers le Piémont, vers le Rhin, sur les frontieres de la Flandre, sur celles de la Franche-Comté & sur celles d'Espagne. François I. avait fait autrefois un pareil effort : & la France n'avait jamais montré depuis tant de ressources.

Au milieu de tous ces orages, dans cette confusion de puissances qui se choquent de tous les côtés, tandis que l'électeur de Saxe après avoir appellé les Suédois en Allemagne, mene contre eux les troupes impériales, & qu'il est défait dans la Westphalie par le général Bannier, que tout est ravagé dans la Hesse, dans la Saxe, & dans cette Westphalie ; Ferdinand toujours uniquement occupé de sa politique, fait enfin déclarer son fils Ferdinand Ernest roi des Romains dans la diette de Ratisbonne le 12. décembre. Ce prince est couronné

ronné le 20. Tous les ennemis de l'Autriche crient que cette élection eſt nulle. L'électeur de Treves, diſent-ils, était priſonnier : Charles Louis, fils du Palatin roi de Bohême Frederic, n'eſt point rentré dans les droits de ſon Palatinat : les électeurs de Mayence & de Cologne ſont penſionnaires de l'Empereur : tout cela, diſait-on, eſt contre la bulle d'or. Il eſt pourtant vrai que la bulle d'or n'avait ſpécifié aucun de ces cas, & que l'élection de Ferdinand III. faite à la pluralité des voix était auſſi légitime qu'aucune autre élection d'un roi des Romains faite du vivant d'un Empereur, eſpece dont la bulle d'or ne parle point du tout.

1637.

Ferdinand II. meurt le 15. février à cinquante-neuf ans, après dix-huit ans d'un regne toujours troublé par des guerres inteſtines & étrangeres, n'ayant jamais combattu que de ſon cabinet. Il fut très-malheureux, puiſque dans ſes ſuccès il ſe crut obligé d'être ſanguinaire, & qu'il fallut ſoutenir enſuite de grands revers. L'Allemagne était plus malheureuſe que lui ; ravagée tour à tour par elle-même, par les Suédois & par les Français, éprouvant la famine, la diſette, & plongée dans la barbarie, ſuite inévitable d'une guerre ſi longue & ſi malheureuſe.

FERDINAND III.
Quarante-septieme Empereur.

1637.

Ferdinand III. monta sur le trône de l'Allemagne dans un tems où les peuples fatigués commençaient à espérer quelque repos. Mais ils s'en flattaient bien vainement. On avait indiqué un congrès à Cologne & à Hambourg pour donner au moins au public les apparences de la reconciliation prochaine. Mais ni le conseil Autrichien ni le cardinal de Richelieu ne voulait la paix. Chaque parti espérait des avantages qui le mettraient en état de donner la loi.

Cette longue & funeste guerre fondée sur tant d'intérêts divers se continuait donc parce qu'elle était entreprise. Le général Suédois Bannier désolait la haute Saxe ; le duc Bernard de Weimar les bords du Rhin ; les Espagnols étaient entrés dans le Languedoc après avoir pris auparavant les isles ste Marguerite ; & ils avaient pénétré par les Pays bas jusqu'à Pontoise. Le vicomte de Turenne se signalait déja dans les Pays-bas contre le cardinal infant. Tant de dévastations n'avaient plus le même objet que dans le commencement des troubles. Les ligues catholique & protestante, & la cause de l'électeur Palatin les avaient excités. Mais alors l'objet était la supériorité

riorité que la France voulait arracher à la maison d'Autriche : & le but des Suédois était de conserver une partie de leurs conquêtes en Allemagne. On négociait, & on était en armes dans ces deux vues.

1638.

Le duc Bernard de Weimar devient un ennemi aussi dangereux pour Ferdinand III. que Gustave Adolphe l'avait été pour Ferdinand II. Il donne deux batailles en quinze jours auprès de Rheinfeld l'une des quatre villes forestieres dont il se rend maître ; & à la seconde bataille il détruit toute l'armée de Jean de Werth célèbre général de l'Empereur ; il le fait prisonnier avec tous les officiers généraux. Jean de Wert est envoyé à Paris. Weimar assiége Brisac, il gagne une troisiéme bataille aidé du maréchal de Guebriant & du vicomte de Turenne, contre le général Gœuts. Il en gagne une quatrieme contre le duc de Lorraine Charles IV. qui comme Weimar n'avait pour tout état que son armée.

Après avoir remporté quatre victoires en moins de quatre mois il prend le 18. décembre la forteresse de Brisac, regardée alors comme la clef de l'Alsace.

Le comte Palatin Charles Louis qui avait enfin rassemblé quelques troupes, & qui brûlait de devoir son rétablissement à son épée, n'est pas si heureux en Westphalie où les Impériaux défont sa faible armée. Mais les Suédois sous le général Ban-

Bannier font de nouvelles conquêtes en Poméranie. La premiere année du regne de Ferdinand III. n'eſt preſque célébre que par des diſgraces.

1639.

La fortune de la maiſon d'Autriche la délivre de Bernard de Weimar, comme elle l'avait délivrée de Guſtave Adolphe. Il meurt de maladie à la fleur de ſon âge le 18. juillet. Il n'était âgé que de trente-cinq ans.

Il laiſſait pour héritage ſon armée & ſes conquêtes. Cette armée était à la vérité ſoudoiée ſecrétement par la France; mais elle appartenait à Weimar: elle n'avait fait ſerment qu'à lui. Il faut négocier avec cette armée pour qu'elle paſſe au ſervice de la France, & non à celui de la Suéde. La laiſſer aux Suédois c'était dépendre de ſon allié. Le maréchal de Guébriant achete le ſerment de ces troupes. Et Louis XIII. eſt le maître de cette armée Weimarienne, de l'Alſace & du Briſgau à peu de choſe près.

Les traités & l'argent faiſaient tout pour lui. Il diſpoſait de la Heſſe entiere, province qui fournit de bons ſoldats. La célébre Amélie de Hanau landgrave douairière, l'héroïne de ſon tems, entretenait à l'aide de quelques ſubſides de la France une armée de dix mille hommes dans ce pays ruiné qu'elle avait rétabli, jouiſſant à la fois de cette conſidération que donnent toutes les vertus de ſon ſexe, & de la gloire d'être un chef de parti redoutable.

La

La Hollande à la vérité était neutre dans la querelle de l'Empereur; mais elle occupait toujours l'Espagne dans les Pays-bas, & par-là opérait une diversion considérable.

Le général Bannier était vainqueur dans tous les combats qu'il donnait; il soumettait la Turinge & la Saxe, après s'être assuré de toute la Poméranie.

Mais le principal objet de tant de troubles, le rétablissement de la maison Palatine, était ce qu'il y avait de plus négligé; & par une fatalité singuliere, ce prince fut mis en prison par les Français mêmes, qui depuis si long-tems semblaient vouloir le placer sur le siége électoral. Le comte Palatin à la mort du duc de Weimar avait conçu un dessein très-beau & très-raisonnable; c'était de rentrer dans ses états avec l'armée Weimarienne, qu'il voulait acheter avec l'argent de l'Angleterre. Il passa en effet à Londres, il y obtint de l'argent; il retourna par la France; mais le cardinal de Richelieu qui voulait bien le protéger, & non le voir indépendant, le fit arrêter; & ne le relâcha que quand Brizac & les troupes Weimariennes furent assurées à la France. Alors il lui donna un appui, que ce prince fut contraint d'accepter.

1640.

Les progrès des Français & des Suédois continuent. Le duc de Longueville & le maréchal Guébriant se joignent au général Bannier. Les trou-

troupes de Hesse & de Lunébourg augmentent encor cette année.

Sans le general Picolomini on marchait à Vienne, mais il arrêta tant de progrès par des marches savantes. Il était d'ailleurs très-difficile à des armées nombreuses d'avancer en présence de l'ennemi, dans des pays ruinés depuis si longtems; & où tout manquait aux soldats comme aux peuples.

La fin de cette année 1640. est encor très-fatale à la maison d'Autriche. La Catalogne se souléve & se donne à la France. Le Portugal qui depuis Philippe II. n'était qu'une Province d'Espagne appauvrie, chasse le gouvernement autrichien & devient bientôt pour jamais un royaume séparé & florissant.

Ferdinand commence alors à vouloir traiter sérieusement de la paix, mais en même tems il demande à la diette de Ratisbonne une armée de quatrevingt-dix mille hommes pour soutenir la guerre.

1641.

Tandis que l'Empereur est à la diette de Ratisbonne, le général Bannier est sur le point de l'enlever lui & tous les députés. Il marchait avec son armée sur le Danube glacé: & sans un dégel qui survint, il prenait Ferdinand dans Ratisbonne qu'il foudroya de son canon.

La même fortune qui avait fait périr & Gustave & Weimar au milieu de leurs conquêtes, délivre encor les impériaux de ce fameux général Bannier : il meurt dans le tems qu'il était le plus à craindre ; une maladie l'emporte le 20. mai à l'âge de quarante ans dans Halberstadt. Aucun des généraux suédois n'eut une longue carrière.

On négociait tojours ; le cardinal de Richelieu pouvait donner la paix & ne le voulait pas : il sentait trop les avantages de la France ; & il vouloit se rendre nécessaire pendant la vie & après la mort de Louis XIII. dont il prévoyait la fin prochaine. Il ne prévoyait pas que lui-même mourroit avant le roi. Il conclut donc avec la reine de Suède Christine un nouveau traité d'alliance offensive pour préliminaires de cette paix, dont on flattoit les peuples oppressés. Et il augmenta le subside de la Suède de deux-cent-mille livres.

Le comte de Torstenson succéde au général Bannier dans le commandement de l'armée suédoise qui était en effet une armée d'allemands. Presque tous les suédois qui avaient combattu sous Gustave & sous Bannier étaient morts ; & c'était sous le nom de la Suède que les allemands combattaient contre leur patrie. Torstenson éleve du grand Gustave se montre d'abord digne d'un tel maître. Le maréchal de Guebriant & lui défont encor les impériaux près de Volfembutel.

Cependant malgré tant de victoires l'Autriche n'est

n'est jamais entamée. L'empereur résiste toujours. L'Allemagne depuis le Mein jusqu'à la mer baltique était toute ruinée. On ne porta jamais la guerre dans l'Autriche. On n'avait donc pas assez de forces: ces victoires tant vantées n'étaient donc pas entierement décisives : on ne pouvait donc poursuivre à la fois tant d'entreprises, & attaquer puissamment un côté sans dégarnir l'autre.

1642.

Le nouvel électeur de Brandebourg Fréderic Guillaume traite avec la France & avec la Suéde dans l'esperance d'obtenir le duché de Jagendorff en Silésie : duché donné autrefois par Ferdinand I. à un prince de la maison de Brandebourg qui avait été son gouverneur, confisqué depuis par Ferdinand II. après la victoire de Prague & après le malheur de la maison Palatine. L'électeur de Brandebourg esperait de rentrer dans cette terre dont son grand oncle avait été privé.

Le duc de Lorraine implore aussi la faveur de la France pour rentrer dans ses états. On les lui rend en retenant les villes de guerre; c'est encor un apui qu'on enleve à l'empereur.

Malgré tant de pertes Ferdinand III. résiste toujours : La Saxe, la Baviere sont toujours dans son parti : Les provinces héréditaires lui fournissent des soldats. Torstenson défait encore en Silésie ses troupes commandées par l'archi-duc Léopold, par le duc de Saxe Lavembourg, & Picolomini. Mais

O 2 cette

cette victoire n'a point de suite, il repasse l'Elbe; il rentre en Saxe, il assiége Leipzig. Il gagne encor une bataille signalée dans ce pays où les suédois avaient toujours été vainqueurs. Léopold est vaincu dans les plaines de Breitenfelt le 2. novembre. Torstenson entre dans Leipzig le quinze decembre. Tout cela est funeste à la vérité pour la Saxe, pour les provinces de l'Allemagne, mais on ne penetre jamais jusqu'au centre, jusqu'à l'empereur, & après plus de vingt défaites, il se soutient.

Le cardinal de Richelieu meurt le 4. décembre; sa mort donne des espérances à la maison d'Autriche.

1643.

Les suédois dans le cours de cette guerre étaient plusieurs fois entrés en Bohéme, en Silésie, en Moravie & en étaient sortis pour se jetter vers les provinces de l'occident. Torstenson veut entrer en Bohéme & n'en peut venir à bout malgré toutes ses victoires.

On négocie toujours très-lentement à Hambourg pendant qu'on fait la guerre vivement. Louis XIII. meurt le 14. mai. L'empereur en est plus éloigné d'une paix générale. Il se flatte de détacher les suédois de la France dans les troubles d'une minorité. Mais dans cette minorité de Louis XIV. quoi que très-orageuse, il arriva la même chose que dans celle de Christine : la guerre continua aux dépens de l'Allemagne.

D'abord le parti de l'empereur se fortifie du duc de Lorraine qui revient à lui après la mort de Louis XIII.

C'est encor une ressource pour Ferdinand que la mort du maréchal de Guebriant qui est tué en assiégeant Rothuel : c'est le quatrieme grand général qui périt au milieu de ses victoires contre les impériaux. Le bonheur de l'empereur veut encor que le maréchal de Rantzau successeur de Guebriant soit défait à Dutlingen en Suabe par le général Mercy.

Ces vicissitudes de la guerre retardent les conférences de la paix à Munster & à Osnabrug où le congrez était enfin fixé.

Ce qui contribue encor à faire respirer Ferdinand III. c'est que la Suéde & le Dannemarck se font la guerre pour quelques vaisseaux que les danois avaient saisi aux suédois. Cet accident pouvait rendre la supériorité à l'empereur. Il montra qu'elles étaient ses ressources en faisant marcher Galas à la tête d'un petit corps d'armée au secours du Dannemarck. Mais cette diversion ne sert qu'à ruiner le Holstein, théatre de cette guerre passagere ; & c'est dans l'Allemagne une province des plus ravagées. Les hostilités entre la Suéde & le Dannemarck surprirent d'autant plus l'Europe que le Dannemarck s'était porté pour médiateur de la paix générale. Il fut exclus, & dès lors Rome & Venise ont seules la médiation de cette paix encor très-éloignée.

Le premier pas que fait le comte d'Avaux, plénipotentiaire à Munster pour cette paix, y met d'abord le plus grand obstacle. Il écrit aux princes, aux états de l'Empire assemblés à Ratisbonne pour les engager à soutenir leurs prérogatives, à partager avec l'empereur & les électeurs le droit de la paix & de la guerre. C'était un droit toujours contesté entre les électeurs & les autres états impériaux. Ces états insistaient à la diette sur leur droit d'être reçus aux conférences de la paix comme parties contractantes : ils avaient en cela prévenus les ministres de France. Mais ces ministres se servirent dans leur lettre de termes injurieux à Ferdinand. Ils révolterent à la fois l'empereur & les électeurs ; ils les mirent en droit de se plaindre, & de faire retomber sur la France le reproche de la continuation des troubles de l'Europe.

Heureusement pour les plénipotentiaires de France, on aprend dans le même tems que le duc d'Anguien, (le grand Condé) vient de remporter à Rocroi sur l'armée d'Autriche espagnole la plus mémorable victoire, & qu'il a détruit dans cette journée la célébre infanterie Castillane & Vallone, qui avoit tant de réputation. Des plénipotentiaires soutenus par de telles victoires peuvent écrire ce qu'ils veulent.

1644.

L'empereur pouvait au moins se flatter de voir le Dannemarck déclaré pour lui. On lui ôte encor cette ressource. Le cardinal Mazarin, successeur de Richelieu se hâte de réunir le Dannemarck & la Suéde. Ce n'est pas tout. Le roi de Dannemarck s'engage encor à ne secourir aucun des ennemis de la France.

Les négociations & la guerre sont également malheureuses pour les autrichiens. Le duc d'Anguien qui avait vaincu les espagnols l'année précédente, donne vers Fribourg trois combats de suite en quatre jours du cinq au neuviéme août, contre le général Mercy; & vainqueur toutes les trois fois, il se rend maître de tout le païs, de Mayence jusqu'à Landau, païs dont Mercy s'était emparé.

Le cardinal Mazarin & le chancelier Oxenstiern pour se rendre plus maîtres des négociations suscitent encor un nouvel ennemi à Ferdinand III. Ils encouragent Ragotsky (souverain de Transilvanie depuis 1626.) à lever enfin l'Etendart contre Ferdinand. Ils lui ménagent la protection de la Porte. Ragotsky ne manquait pas de prétextes ni même de raisons. Les protestans hongrois persécutez, les priviléges des peuples méprisez, quelques infractions aux anciens traités forment le manifeste de Ragotsky, & l'argent de la France lui met les armes à la main.

Pendant ce tems là même Torstenson poursuit les impériaux dans la Franconie: le général Galas fuit partout devant lui & devant le comte de Konismar, qui marchait déja sur les traces des grands capitaines suédois.

1645.

Ferdinand & l'archi-duc Léopold son parent étaient dans Prague. Torftenfon victorieux entre dans la Bohême. L'empereur & l'archi-duc fe refugient à Vienne.

Torftenfon pourfuit l'armée impériale à Tabor. Cette armée était commandée par le général Gœuts, & par ce même Jean de Werth racheté de prifon. Gœuts eft tué, Jean de Werth fuit. C'eft une défaite complette.

Le vainqueur marche à Brinn, l'afliége, & Vienne enfin eft menacée.

Il y a toujours dans cette longue fuite de défaftres quelque circonftance qui fauve l'empereur. Le fiége de Brinn traine en longueur ; & au lieu que les français devaient alors marcher en vainqueurs vers le Danube, & aller donner la main aux fuédois ; le vicomte de Turenne au commencement de fa route eft battu par le général Mercy à Mariendal & fe retire dans la Heffe.

Le grand Condé accourt contre Mercy & il a la gloire de réparer la défaite de Turenne par une victoire fignalée dans la même plaine de Norlingue où les fuédois avaient été vaincus après la mort de Guftave. Turenne contribua autant que Condé au gain de cette bataille meurtriére. Mais plus elle eft fanglante des deux côtés, moins elle eft décifive. L'empereur retire en hâte fes trou-

troupes de la Hongrie & traite avec Ragotsky pour empêcher les françois d'aller à Vienne par la Baviére, tandis que les suédois menaçaient d'y aller par la Moravie.

Il est à croire que dans ce torrent de prospérités des armes françaises & suédoises il y eut toujours un vice radical qui empêcha de recueillir tout le fruit de tant de progrès. La crainte mutuelle qu'un des deux alliés ne prît trop de supériorité sur l'autre, le manque d'argent, le défaut de recrues, tout cela mettait un terme à chaque succés.

Après la célébre bataille de Norlingue on ne s'attendait pas que les autrichiens & les bavarois regagneraient tout d'un coup le païs perdu par cette bataille, & qu'ils poursuivraient jusqu'au Neker l'armée victorieuse où Condé n'était plus, mais où était Turenne. De telles vicissitudes ont été fréquentes dans cette guerre.

Cependant l'empereur fatigué de tant de secousses pense sérieusement à la paix. Il rend la liberté enfin à l'electeur de Tréves dont la prison avait servi de prétexte à la déclaration de guerre de la France. Mais ce sont les français qui rétablissent cet électeur dans sa capitale. Turenne en chasse la garnison impériale: Et l'électeur de Tréves s'unit à la France comme à sa bienfaitrice. L'électeur Palatin eût pû lui avoir les mêmes obligations, mais la France ne faisait encor pour lui rien de décisif.

O 5   Ce

Ce qui avait fait principalement le falut de l'empereur, c'était la Saxe & la Baviére fur qui le fardeau de la guerre avait prefque toujours porté. Mais enfin l'électeur de Saxe épuifé fait une Treve avec les fuédois.

Ferdinand n'a donc plus pour lui que la Baviére. Les turcs menaçaient de venir en Hongrie. Tout eut été perdu. Il s'empreffe de fatisfaire Ragotsky pour ne fe pas attirer les armes ottomanes. Il le reconnait prince fouverain de la Tranfilvanie, prince de l'Empire, & lui rend tout ce qu'il avait donné à fon prédeceffeur Bethléem Gabor. Il perd ainfi à tous les traités & preffe la conclufion de la paix de Weftphalie où il doit perdre d'avantage.

1646.

Le pape Innocent X. était le premier médiateur de cette paix dans laquelle les catholiques devaient faire de fi grandes pertes. La république de Venife étoit la feconde médiatrice. Le cardinal Chigi, depuis le pape Alexandre VII. préfidait dans Munfter au nom du pape, Contarini au nom de Venife. Chaque puiffance intéreffée faifait des propofitions felon fes efpérances & fes craintes. Mais ce font les victoires qui font les traités.

Pendant ces premieres négociations le maréchal de Turenne par une marche imprévue & hardie fe joint à l'armée fuédoife vers le Neckre à la vue de l'archi-duc Léopold. Il s'avance jufqu'à Munich, & augmente les allarmes de l'Autriche. Un
au-

autre corps de suédois va encor ravager la Silesie. Mais toutes ces expéditions ne font que des courses. Si la guerre s'était faite pied à pied, fous un seul chef qui eût suivi toujours opiniâtrément le même dessein, l'empereur n'eût pas été en état dans ce tems-là même de faire couronner son fils aîné Ferdinand à Prague au mois d'août, & ensuite à Presbourg. Ce jeune roi mourut ensuite sans jouir de ces états. D'ailleurs son pere ne pouvait donner alors que des trônes bien chancelans.

1647.

L'empereur en voulant assurer des roïaumes à son fils, parait plus que jamais prêt de tout perdre. L'électeur de Saxe avait été forcé par les malheurs de la guerre de l'abandonner. L'électeur Maximilien de Baviere son beau frere est enfin obligé d'en faire autant. L'électeur de Cologne suit cet exemple. Ils signent un traité de neutralité avec la France. Le maréchal de Turenne met aussi l'électeur de Mayence dans la nécessité de prendre ce parti. Le landgrave de Hesse-Darmstad fait le même traité par la même crainte. L'empereur reste seul, & aucun prince n'ose prendre sa querelle. Exemple unique jusques-là dans une guerre de l'Empire.

Alors un nouveau général suédois, Wrangel, qui avait succedé à Torstenson, prend Egra. La Bohéme tant de fois saccagée l'est encor. Le danger parut si grand que l'électeur de Baviére malgré son grand âge, & le péril où il mettait ses

O 6 états,

états, ne put laisser le chef de l'empire sans secours, & rompit son traité avec la France. La guerre se faisait toujours dans plusieurs endroits à la fois, selon qu'on y pouvait subsister. Au moindre avantage qu'avait l'empereur, ses ministres au congrès demandaient des conditions favorables, mais au moindre échec, ils essuiaient des propositions plus dures.

1648.

Le retour du duc de Baviere à la maison d'Autriche n'est pas heureux. Turenne & Wrangel battent ses troupes, & les autrichiens à Summerhausen & à Lawingen près du Danube, malgré la belle résistance d'un prince de Wirtemberg & de ce Montecuculi qui étoit déja digne d'être opposé à Turenne. Le vainqueur s'empare de la Bavière; l'électeur se réfugie à Saltzbourg.

En même-tems le comte de Konismarck à la tête des suédois surprend en Bohéme la ville de Prague. Ce fut le coup décisif: il était tems enfin de faire la paix: il falloit en recevoir les conditions, ou risquer l'Empire. Les françois & les suédois n'avaient plus dans l'Allemagne d'autre ennemi que l'Empereur. Tout le reste était allié ou soumis, & on attendait les loix que l'assemblée de Munster & d'Osnabruck donnerait à l'Empire.

PAIX DE WESTPHALIE.

Cette paix de Westphalie signée enfin à Munster & à Osnabruck le 14. octobre 1648, fut convenuë, donnée, & reçue *comme une loi fondamentale & perpetuelle* : ce sont les propres termes du traité. Elle doit servir de baze aux capitulations impériales. C'est une loi aussi reçue, aussi sacrée jusqu'à présent que la bulle d'or ; & bien supérieure à cette bulle par le détail de tous les intérêts divers que ce traité embrasse, de tous les droits qu'il assure, & des changemens faits dans l'état civil & dans la religion.

On travailloit dans Munster & dans Osnabruck depuis six ans presque sans relâche à cet ouvrage. On avoit d'abord perdu beaucoup de tems dans les disputes du cérémonial. L'empeureur ne voulait point donner le titre de *Majesté* aux rois ses vainqueurs. Son ministre Lutzau dans le premier acte de 1641. qui établissait les saufs conduits & les conférences, parle des préliminaires *entre sa sacrée Majesté Cesarienne, & le sérenissime roi très-Chrétien*. Le roi de France de son côté refusait de reconnaître Ferdinand pour empereur ; & la cour de France avoit eu de la peine à donner le titre de *Majesté* au grand Gustave qui croïait tous les rois égaux, & qui n'admettait de supériorité que celle de la victoire. Les ministres suédois au congrès de Westphalie affectaient l'égalité avec ceux de France. Les plénipotentiaires d'Espagne avaient voulu envain qu'on nommât leur roi immédiatement après l'empereur. Le nouvel état des Provinces-unies demandait à être traité comme les rois. Le terme d'*excellence* commençait à être en usage. Les ministres se l'attribuaient ; & il fallait de longues négociations pour savoir à qui on le donnerait. Dans

Dans le fameux traité de Munfter on nomme fa facrée Majefté impériale, fa facrée Majefté très-chrétienne, & fa facrée Majefté roïale de Suéde.

Le titre d'excellence ne fut donné dans le cours des conférences à aucun plénipotentiaire des électeurs. Les ambaffadeurs de France ne cédaient pas même le pas aux électeurs chez ces princes; & le comte d'Avaux écrivait à l'électeur de Brandebourg, *monfieur j'ai fait ce que j'ai pû pour vous fervir.* On qualifiait d'ordinaire les états-généraux des provinces-unies, *les fieurs états*, quand c'était le roi de France qui parlait ; & même quand le comte d'Avaux alla de Munfter en Hollande en 1644. il ne les appella jamais que *meffieurs*. Ils ne purent obtenir que leurs plénipotentiaires euffent le titre d'excellence. Le comte d'Avaux avait réfufé même ce nouveau titre à un ambaffadeur de Venife, & ne le donna à Contarini que parce qu'il était médiateur. Les affaires furent retardées par ces prétentions & ces rufes que les romains nommaient *gloriole*, que tout le monde condamne quand on eft fans caractére, & fur lefquels on infifte dès qu'on en a un.

Ces ufages, ces titres, ces cérémonies, les deffus des lettres, les fufcriptions, les formules ont varié dans tous les tems. Souvent la négligence d'un fécrétaire fuffit pour fonder un titre. Les langues dans lefquelles on écrit établiffent des formules qui paffent enfuite dans d'autres langues où elles prennent un air étranger. Les empereurs qui envoïoient avant Rodolphe I. tous leurs mandats en latin, tutoïaient tous les princes dans cette langue

langue qui admet cette grammaire. Ils ont continué à tutoier les comtes de l'Empire dans la langue allemande qui réprouve ces expreſſions. On trouve par tout de tels exemples, & ils ne tirent plus aujourd'hui à conféquence.

Les miniſtres médiateurs furent plûtôt témoins qu'arbitres, furtout le nonce Chigi, qui ne fut-là que pour voir l'égliſe ſacrifiée. Il vit donner à la ſuéde luthérienne les Dioceſes de Brême & de Verden; Ceux de Magdebourg, d'Alberſtad, de Minden, de Camin, à l'électeur de Brandebourg.

Les évêchés de Ratsbourg & de Schwering ne furent plus que des fiefs du duc de Meckelbourg.

Les évêchés d'Oſnabruck & de Lubeck ne furent pas à la vérité ſécularifés, mais alternativement deſtinés à un évêque lutherien & à un évêque catholique; reglement délicat qui n'aurait jamais pû avoir lieu dans les premiers troubles de réligion, mais qui ne s'eſt pas démenti chez une nation naturellement tranquille, dans laquelle la fureur du fanatiſme était éteinte.

La liberté de conſcience fut établie dans toute l'Allemagne. Les ſujets luthériens de l'empereur en Siléſie eurent le droit de faire bâtir de nouvelles égliſes; & l'empereur fut obligé d'admettre des proteſtans dans ſon conſeil aulique.

Les commanderies de Malthe, les abbayes, les bénéfices dans les païs proteſtans furent donnés

dés aux princes, seigneurs, qu'il fallait indemniser des fraix de la guerre.

Ces concessions étaient bien différentes de l'édit de Ferdinand second qui avait ordonné la restitution des biens ecclésiastiques dans le tems de ses prospérités. La nécessité, le repos de l'Empire lui firent la loi. Le nonce protesta, fulmina. On n'avait jamais vû encor de médiateur condamner le traité auquel il avait présidé, mais il ne lui sieait pas de faire une autre démarche. Le pape par sa Bulle *casse de sa pleine puissance, annulle, tous les articles de la paix de Westphalie concernant la réligion;* mais s'il avait été à la place de Ferdinand III. il eût ratifié le traité.

Cette révolution pacifique dans la réligion était accompagnée d'une autre dans l'état. La Suéde devenait membre de l'Empire. Elle eut toute la Poméranie citerieure, & la plus belle, la plus utile partie de l'autre, la principauté de Rugen, la Ville de Vismar, beaucoup de villages voisins, le duché de Brême, & de Verden. Le duc de Holstein y gagna aussi quelques terres.

L'électeur de Brandebourg perdait à la vérité beaucoup dans la Pomeranie citerieure, mais il acquerait le fertile pais de Magdebourg qui valait mieux que son margraviat. Il avait Camin, Halberstad, la principauté de Minden.

Le duc de Meckelbourg perdait Vismar, mais il gagnait le territoire de Ratsbourg, & de Schwerin.

En-

Enfin on donnait aux Suédois cinq millions d'ecus d'Allemagne que sept cercles devaient païer. On donnait à la princesse landgrave de Hesse six-cent-mille écus ; & c'était sur les biens des Archevêchés de Mayence, de Cologne, de Paderborn, de Munster, & de l'abbaye de Fulde que cette somme devoit être païée. L'Allemagne s'apauvrissant par cette paix, comme par la guerre, ne pouvait gueres païer plus cher ses protecteurs.

Ces playes étaient adoucies par les réglements utiles qu'on fit pour le commerce, & pour la justice ; par les soins qu'on prit de remedier aux griefs de toutes les villes, de tous les gentilshommes qui présentérent leurs droits au Congrès comme à une cour suprême qui reglait le sort de tout le monde. Le détail en fut prodigieux.

La France s'assura pour toujours la possession des trois évêches, & l'acquisition de l'Alsace, excepté Strasbourg. Mais au lieu de recevoir de l'argent comme la Suéde, elle en donna. Les archiducs de la branche du Tirol eurent trois millions de livres pour la cession de leur droits sur l'Alsace, & sur le Sundgau. La France paya la guerre & la paix, mais elle n'acheta pas cher une si belle province. Elle eut encor l'ancien Brizac & ses dépendances, & le droit de mettre garnison dans Philisbourg. Ces deux avantages ont été perdus depuis : mais l'Alsace est demeurée, & Strasbourg en se donnant à la France a achevé d'incorporer l'Alsace à ce roïaume.

Il y a peu de publicistes qui ne condamnent l'énoncé de cette cession de l'Alsace dans ce fameux traité de Munster. Ils en trouvent les expressions équivoques. En effet céder *toute sorte de jurisdiction & de souveraineté* & céder *la prefecture de dix villes libres impériales* sont deux choses différentes. Il y a grande apparence que les plénipotentiaires virent cette difficulté, & ne voulurent pas l'approfondir, sachant bien qu'il y a des choses qu'il faut laisser derriere un voile que le tems & la puissance font tomber.

La maison Palatine fut enfin rétablie dans tous ses droits, excepté dans le haut Palatinat qui demeura à la branche de Baviére. On créa un huitiéme électorat en faveur du Palatin. On entra avec tant d'attention dans tous les droits, & dans tous les griefs qu'on alla jusqu'à stipuler vingt-mille écus que l'empereur devait donner à la mere du Comte Palatin Charles Louis, & dix-mille à chacune de ses sœurs. Le moindre gentilhomme fut bien reçu à demander la restitution de quelques arpens de terre. Tout fut discuté & réglé. Il y eut cent-quarante restitutions ordonnées. On remit à un arbitrage la restitution de la Lorraine, & l'affaire de Juliers. L'allemagne eut la paix après trente ans de guerres, mais la France ne l'eut pas.

Les troubles de Paris en 1637. enhardirent l'Espagne à s'en prévaloir ; elle ne voulut plus entrer dans les négociations générales. Les états généraux qui devaient ainſi que l'Eſpagne traiter à Munſter, firent une paix particuliére avec l'Eſpagne, malgré toutes les obligations qu'ils avaient à la France, malgré les traités qui les liaient, & malgré les intérêts qui ſemblaient les attacher encor à leurs anciens protecteurs. Le miniſtere eſpagnol ſe ſervit d'une ruſe ſinguliére pour engager les états à ce manque de foi. Il leur perſuada qu'il était prêt de donner l'Infante à Louis XIV. avec les païs-bas en dot. Les états tremblerent, & ſe hâtérent de ſigner. Cette ruſe n'était qu'un menſonge, mais la politique eſt-elle autre choſe que l'art de mentir à propos ?

Dans cet important traité de Weſtphalie il ne fut preſque point queſtion de l'Empire Romain. La Suede n'avait d'intérêt à démêler qu'avec le roi d'Allemagne & non avec le ſuzerain de l'Italie. Mais la France eut quelques points à régler ſur leſquels Ferdinand ne pouvait tranſiger que comme empereur. Il s'agiſſait de Pignerol, de la ſucceſſion de Mantoüe, & du Montferrat. Ce ſont des fiefs de l'Empire. Il fut réglé que le roi de France païeroit encor environ ſix-cent mille livres *à Monſieur le duc de Mautoüe à la décharge de Monſieur le duc de Savoye* moïennant quoi il garderait Pignerol & Caſal en pleine ſouveraineté indépendante de l'Empire. Ces poſſeſſions ont été perdues depuis pour la France, comme Brême, Verden, & une partie de la Pomeranie ont été enlevés à la Suéde. Mais le traité de Weſtphalie en ce qui concerne la legiſlation de l'Allemagne a toujours été réputé, & eſt toujours demeuré inviolable.

TABLEAU

TABLEAU DE L'ALLEMAGNE,
depuis la paix de Weſtphalie juſqu'à la mort de FERDINAND III.

Ce cahos du gouvernement allemand ne fut donc bien débrouillé qu'aprés ſept cent ans à compter du regne de Henri *l'oiſeleur*. Et avant le tems de Henri il n'avait pas été un Gouvernement. Les prérogatives des rois d'Allemagne ne furent reſtraintes dans des bornes connues, la plûpart des droits des électeurs, des princes, de la nobleſſe immédiate & des villes, ne furent fixés & inconteſtables que par les traités de Weſtphalie. L'Allemagne fut une grande *ariſtocratie* à la tête de laquelle était un roi à peu près comme en Angleterre, en Suède, en Pologne, & comme anciennement tous les états fondés par les peuples venus du nord & de l'orient furent gouvernés. La diette tenait lieu de parlement. Les villes impériales y eurent droit de ſuffrage pour réſoudre la paix & la guerre.

Ces villes impériales jouiſſent de tous les droits régaliens comme les princes d'Allemagne; elles ſont états de l'Empire, & non de l'empereur; elles ne païent pas la moindre impoſition; & ne contribuent aux beſoins de l'Empire que dans les cas urgents. Leur taxe eſt réglée par la matricule générale. Si elles avaient le droit de juger en dernier reſſort, qu'on appelle *de non appellando*, elles feraient des états abſolument ſouverains. Cépendant avec tant de droits elles ont très peu de puiſſance, parce qu'elles ſont entourées de princes qui en ont beaucoup. Les inconvénients attachés à un gouvernement si mixte & si compliqué dans une si grande étendue de païs, ont subsisté; mais l'état aussi. La multiplicité des souverainetés sert à tenir la balance jusqu'à ce qu'il se forme dans le sein de l'Allemagne une puissance assez grande pour engloutir les autres.

Ce vaste païs après la paix de Westphalie répara insensiblement ses pertes. Les campagnes furent cultivées, les villes rebâties. Ce furent-là les plus grands événements des années suivantes dans un corps percé & déchiré de toutes parts, qui se rétablissait des blessures que lui-même s'était faites pendant trente années.

Quand on dit que l'Allemagne fut libre alors, il faut l'entendre des princes, & des villes impériales; car pour les villes médiates elles sont sujettes des grands vassaux auxquels elles appartiennent: & les habitans des campagnes forment un état mitoyen entre l'esclave & le sujet, surtout en Suabe, & en Bohême.

La Hongrie était comme l'Allemagne, respirant à peine après ses guerres intestines & les invasions si fréquentes des turcs, aïant besoin d'être défendue, repeuplée, policée, mais toujours jalouse de son droit d'élire son souverain, & de conserver sous lui ses priviléges. Quand Ferdinand III. fit élire en 1654. son fils Léopold âgé de 17. ans, roi de Hongrie, on fit signer à sa se-

renité (car le mot de Majefté n'était pas donné par les hongrois à qui n'était pas empereur ou roi des romains) on lui fit figner, dis-je, une capitulation auffi reftreignante que celle des empereurs. Mais les feigneurs hongrois n'étaient pas auffi puiffants que les princes d'Allemagne. Ils n'avaient point les français & les fuédois pour garants de leurs priviléges. Ils étaient plûtôt opprimés que foutenus par les ottomans. C'eft pourquoi la Hongrie a été enfin entierement foumife de nos jours après de nouvelles guerres inteftines.

L'empereur après la paix de Weftphalie fe trouva paifible poffeffeur de la Bohême devenue fon patrimoine, de la Hongrie qu'il regardait auffi comme un héritage, mais que les hongrois regardaient comme un roiaume électif, & de toutes fes provinces jufqu'à l'extrémité du Tirol. Il ne poffédait aucun terrain en Italie.

Le nom de faint Empire romain fubfiftait toujours. Il était difficile de définir ce que c'était que l'Allemagne, & ce que c'était que cet Empire. Charlequint avait bien prévu que fi fon fils Philippe II. n'était pas fur le trône impérial, fi la même tête ne portait pas les couronnes d'Efpagne, d'Allemagne, de Naples, de Milan, il ne refterait guéres que ce nom d'Empire. En effet quand le grand fief de Milan fut auffi bien que Naples entre les mains de la branche efpagnole, cette branche fe trouva à la fois vaffale titulaire de l'Empire & du pape, en protegeant l'un, & en donnant des loix à l'autre. La Tofcane, les
prin-

principales villes d'Italie s'affermirent dans leur ancienne indépendance des empereurs. Un Cefar qui n'avait pas en Italie un feul domaine, & qui n'était en Allemagne que le Chef d'une république de princes & de villes, ne pouvait pas ordonner comme un Charlemagne & un Oton.

On voit dans tout le cours de cette hiftoire deux grands defseins foutenus pendant huit cent années, celui des papes, d'empêcher les empereurs de regner dans Rome, & celui des feigneurs allemans de conferver & d'augmenter leurs priviléges.

Ce fut dans cet état que Ferdinand III. laiffa l'Empire à fa mort en 1657. pendant que la maifon d'Autriche éfpagnole foutenait encor contre la France cette longue guerre qui finit par le traité des pirenées & par le mariage de l'Infante Marie Terefe avec Louis XIV.

Tous ces événements font fi récents, fi connus, écrits par tant d'hiftoriens qu'on ne répetera pas ici ce qu'on trouve partout ailleurs. On finira par fe retracer une idée générale de l'Empire depuis ce tems jufqu'à nos jours.

ETAT DE L'EMPIRE
Depuis LEOPOLD
Quarante-huitieme Empereur.

On peut d'abord confidérer qu'après la mort de Ferdinand III. l'Empire fut prêt de fortir de la maifon d'Autriche, mais que les électeurs fe crurent enfin obligés de choifir en 1658. Léopold Ignace fils de Ferdinand ; il n'avait que dix-huit ans. Mais le bien de l'état, le voifinage des turcs, les jaloufies particuliéres contribuerent à l'élection d'un prince dont la maifon était affez puiffante pour foutenir l'Allemagne & pas affez pour l'affervir. On avait autrefois élu Rodolphe de Habsbourg parce qu'il n'avait prefque point de domaine. L'Empire était continué à fa race parce qu'elle en avait beaucoup.

Les turcs toujours maîtres de Bude, les français poffeffeurs de l'Alface, les fuédois de la Pomeranie & de Bréme rendaient néceffaire cette élection, tant l'idée de l'équilibre eft naturelle chez les hommes. Dix empereurs de fuite dans la maifon de Léopold étaient encor en fa faveur autant de follicitations qui font toujours écoutées, quand on ne croit point la liberté publique en danger. C'eft ainfi que le trône toujours électif en Pologne fut toujours héréditaire dans la race des Jagellons.

L'Italie ne pouvait être un objet pour le minifter

...tére de Léopold il n'était plus queſtion de demander une couronne à Rome, encor moins de faire ſentir ſes droits de ſuzerain à la branche d'Autriche qui avait Naples & Milan. Mais la France, la Suéde, la Turquie occupèrent toujours les allemands ſous ce règne. Ces trois puiſſances furent l'une après l'autre, ou contenues ou repouſſées ou vaincues, ſans que Léopold tirât l'épée.

Ce Prince le moins guerrier de ſon tems, attaqua toujours Louis XIV. dans les tems les plus floriſſants de la France; d'abord après l'invſion de la Hollande, lorſqu'il donna aux provinces unies un ſecours qu'il n'avait pas donné à ſa propre maiſon dans l'invaſion de la Flandre; enſuite quelques années après la paix de Nimegue lorſqu'il fit cette fameuſe ligue d'Augſbourg contre Louis XIV; enfin à l'avénement étonnant du petit fils du roi de France au trône d'Eſpagne.

Léopold fut dans toutes ces guerres intéreſſer le corps de l'Allemagne, & les faire déclarer ce qu'on appelle guerres de l'Empire. Là prémiere fut aſſez malheureuſe & l'Empereur reçut la loi à la paix de Nimegue. L'intérieur de l'Allemagne ne fut pas ſaccagé par ces guerres comme il l'avait été dans celle de trente ans. Mais les frontiéres du côté du Rhin furent maltraittées. Louis XIV. eut toujours la ſupériorité; cela ne pouvait arriver autrement: des miniſtres habiles, de très grands généraux, un roiaume dont toutes les parties étaient réunies & toutes les places fortifiées, des armées diſciplinées, une artillerie formidable, d'excellents ingénieurs devaient néceſſairement l'emporter fur un païs à qui tout cela manquait. Il eft même furprenant que la France ne remportât pas de plus grands avantages contre des armées levées à la hâte, fouvent mal païées & mal pourvues, & furtout contre des corps de troupes commandés par des princes qui s'accordaient peu, & qui avaient des intérêts différents. La France dans cette guerre terminée par la paix de Nimegue, triompha par la fupériorité de fon gouvernement de l'Allemagne, de l'Efpagne, de la Hollande réunies, mais mal réunies.

La fortune fut moins inégale dans la feconde guerre produite par la ligue d'Augfbourg. Louis XIV. eut alors contre lui l'Angleterre jointe à l'Allemagne & à l'Efpagne. Le duc de Savoye entra dans la ligue. La Suéde fi longtems alliée de la France l'abandonna, & fournit même des troupes contre elle en qualité de membre de l'Empire. Cependant tout ce que tant d'alliés purent faire, ce fut de fe deffendre. On ne put même à la paix de Rifvick arracher Strafbourg à Louis XIV.

La troifiéme guerre fut la plus heureufe pour Léopold & pour l'Allemagne, quand le roi de France était plus puiffant que jamais, quand il gouvernait l'Efpagne fous le nom de fon petit fils, qu'il avait pour lui tous les Païs-bas efpagnols & la Baviere, que fes armées étaient au milieu de l'Italie & de l'Allemagne. La mémorable bataille d'Ocfted changea tout. Léopold mourut l'année fuivante en 1705. avec l'idée que la France ferait bientôt accablée & que l'Alface ferait réunie à l'Allemagne. Ce

Ce qui servit le mieux Léopold dans tout le cours de son regne, ce fut la grandeur même de Louis XIV. Cette grandeur se produisit avec tant de faste, avec tant de fierté, qu'elle irrita tous ses voisins, surtout les anglais, plus qu'elle ne les intimida.

On lui imputait l'idée de la monarchie universelle. Mais si Léopold avait eu la succession de l'Autriche espagnole comme il fut longtems vraisemblable qu'il l'aurait, alors c'était cet empereur qui maître absolu de la Hongrie dont les bornes étaient reculées, devenu presque tout puissant en Allemagne, possédant l'Espagne, le domaine direct de la moitié de l'Italie, souverain de la moitié du nouveau monde, & en état de faire valoir les droits ou les prétentions de l'Empire, se serait vû en effet assez prés de cette monarchie universelle. On affecta de la craindre dans Louis XIV. lorsqu'il voulut aprés la paix de Nimegue faire dépendre des trois évêchés quelques terres qui rélevaient de l'Empire; & on ne la craignit ni dans Léopold ni dans ses enfans, lorsqu'ils furent prêts de dominer sur l'Allemagne, l'Espagne, & l'Italie. Louis XIV. en éffarouchant trop ses voisins, fit plus de bien à la maison d'Autriche qu'il ne lui avait fait de mal par sa puissance.

DE LA HONGRIE ET DES TURCS
du tems de LEOPOLD.

Dans les guerres que Léopold fit de son cabinet à Louis XIV. il ne risqua jamais rien. L'allemagne & ses alliés portaient tout le fardeau & deffendaient ses pays héréditaires. Mais du côté de la Hongrie & des turcs il n'y eut que du trouble & du danger. Les hongrois étaient les restes d'une nation nombreuse échapés aux guerres civiles & au sabre des ottomans ; ils labouraient les armes à la main des campagnes arrosées du sang de leur peres. Les seigneurs de ces cantons malheureux voulaient à la fois deffendre leurs priviléges contre l'autorité de leur roi, & leur liberté contre le turc, qui protégeait la Hongrie & la dévastait. Le turc faisait précisément en Hongrie ce que les suédois & les français avaient fait en Allemagne, mais il fut plus dangereux ; & les hongrois furent plus malheureux que les allemands.

Cent mille turcs marchent jusqu'à Neuhausel en 1663. Il est vrai qu'ils sont vaincus l'année d'après à st. Godarth sur le Raab par le fameux Montceculli. On vante beaucoup cette victoire ; mais certainement elle ne fut pas décisive. Quel fruit d'une victoire, qu'une tréve honteuse par laquelle on céde au sultan la Transilvanie, avec tout le terrain de Neuhausel, & on rase jusqu'aux fondements les citadelles voisines !

Le turc donna ou plutôt confirma la Transilvanie à Abaffi & dévasta toujours la Hongrie malgré la Tréve.

Léopold n'avait alors d'enfans que l'archi-duchesse qui fut depuis électrice de Baviere. Les seigneurs hongrois songent à se donner un roi de leur nation en cas que Léopold meure. Leur

Leurs projets, leur fermeté à foutenir leurs droits & enfin leurs complots coutent la tête à Sérini, à Frangipani, à Nadafti, à Tattenback. Les impériaux s'emparent des châteaux de tous les amis de ces infortunés. On fupprime les dignités de Palatin de Hongrie, de juge du roiaume, de ban de Croatie, & le pillage eft exercé avec les formes de la juftice. Cet excès de févérité produit d'abord la confternation & enfuite le défefpoir. Emerick Tekéli fe met à la tête des mécontens, tout eft en combuftion dans la haute Hongrie.

Tekéli traite avec la Porte. Alors la cour de Vienne ménage les efprits irrités. Elle rétablit la charge de Palatin, elle confirme tous les priviléges pour lefquels on combattait, elle promet de rendre les biens confifqués. Mais cette condefcendance qui vient après tant de duretés, ne parait qu'un piége. Tekéli croit plus gagner à la cour ottomane qu'à celle de Vienne. Il eft fait prince de Hongrie par les turcs, moïennant un tribut de quarante mille féquins. Déja en 1682. Tekéli aidé des troupes du Bacha de Bude ravageait la Siléfie, & ce Bacha prenait Tokai & Eperies, tandis que le fultan Mahomet IV. préparait l'armement le plus formidable que jamais l'Empire ottoman ait deftiné contre les chrétiens.

Si les turs euffent pris ce parti avant la paix de Nimegue, on ne voit pas ce que l'empereur eut pû leur oppofer ; car après la paix de Nimegue même il oppofait peu de forces.

Le grand Visir Kara Muftapha traverfe la Hongrie avec deux cent cinquante mille hommes d'infanterie, trente mille fpahis, une artillerie, & un bagage proportioné à cette multitude. Il pouffe le duc de Lorraine Charles V. devant lui. Il met le fiége fans réfiftance devant Vienne.

SIEGE de VIENNE, en 1683. & fes fuites.

Ce fiége de Vienne doit fixer les regards de la poftérité. La ville était devenue fous dix empereurs confécutifs de la maifon d'Autriche la capitale de l'Empire Romain en quelque forte. Mais elle n'était ni forte ni grande. Cette capitale prife, il n'y avait jufqu'au Rhin aucune place capable de réfiftance.

Vienne & fes fauxbourgs contenaient environ cent mille citoiens, dont les deux tiers habitaient ces fauxbourgs fans deffenfe. Kara Muftapha s'avançait fur la droite du Danube fuivi de trois cent trente mille hommes en comptant tout ce qui fervait à cet armement formidable. On a prétendu que le deffein de ce grand Vizir était de prendre Vienne pour lui-même, & d'en faire la capitale d'un nouveau roïaume indépendant de fon maître. Tekéli avec fes mécontents de Hongrie était vers l'autre rive du Danube. Toute la Hongrie était perdue, & Vienne menacée de tous côtés. Le duc Charles de Lorraine n'avait qu'environ vingt-quatre mille combattans à oppofer aux turcs qui précipitaient leur marche. Un petit
com-

combat à Petronel non loin de Vienne venait encor de diminuer la faible armée de ce prince.

Le 7. juillet l'Empereur Léopold, l'impératrice sa belle mere, l'impératrice sa femme, les archiducs, les archiduchesses, toute leur maison abandonnent Vienne & se retirent à Lints. Les deux tiers des habitants suivent la cour en désordre. On ne voit que des fugitifs, des équipages, des chariots chargés de meubles. Et les derniers tombérent dans les mains des tartares. La retraite de l'empereur ne porte à Lints que la terreur & la désolation. La cour ne s'y croit pas en sureté. On se réfugie de Lints à Passau. La consternation en augmente dans Vienne: il faut bruler les fauxbourgs, les maisons de plaisance, fortifier en hâte le corps de la place, y faire entrer des munitions de guerre & de bouche. On ne s'était préparé à rien, & les turcs allaient ouvrir la tranchée. Elle fut en éffet ouverte le seize juillet au fauxbourg st. Ulric à cinquante pas de la contréscarpe.

Le comte de Staremberg gouverneur de la ville avait une garnison dont le fonds était de seize mille hommes mais qui n'en composait pas en effet plus de huit mille. On arma les bourgeois qui étaient restés dans Vienne: on arma jusqu'à l'université. Les professeurs, les écoliers montérent la garde, & ils eurent un médecin pour major.

Pour comble de disgrace l'argent manquait. Et on eut de la peine à ramasser cent mille risdalers.

Le duc de Lorraine avait en vain tenté de conserver

ferver une communication de fa petite armée avec la ville, mais il n'avait pû que protéger la retraite de l'empereur. Forcé enfin de fe retirer par les ponts qu'il avait jettés fur le Danube, il était loin au feptentrion de la ville, tandis que les turcs qui l'environnaient, avançaient leurs tranchées au midi. Il faifait tête aux hongrois de Tekéli & deffendait la Moravie : mais la Moravie allait tomber avec Vienne au pouvoir des ottomans. L'empereur preffait les fecours de Bavière, de Saxe, & des cercles, & furtout celui du roi de Pologne Jean Sobiesky prince longtems la terreur des turcs tandis qu'il avait été général de la couronne, & qui devait fon trône à fes victoires. Mais ces fecours ne pouvaient arriver que lentement.

On était déja au mois de feptembre, & il y avait enfin une brêche de fix toifes au corps de la place. La ville paraiffait abfolument fans reffource. Elle devait tomber fous les turcs plus aifément que Conftantinople ; mais ce n'était pas un Mahomet fécond qui l'affiégeait. Le mépris brutal du grand Vizir pour les chrétiens, fon inactivité, fa molleffe firent languir le fiége.

Son parc, c'eft-à-dire l'enclos de fes tantes était auffi grand que la ville affiégée. Il y avait des bains, des jardins, des fontaines, on y voïait partout l'excez du luxe avant coureur de la ruine.

Enfin Jean Sobiesky aïant paffé le Danube quelques lieues au deffus de Vienne, les troupes de
Saxe

Saxe, de Baviére & des cercles étant arrivées, on fit du haut de la montagne de Calemberg des signaux aux assiégés. Tout commençait à leur manquer, & il ne leur restait plus que leur courage.

Les armées impériales & polonaises descendirent du haut de la montagne de Calemberg dont le grand Vizir avait négligé de s'emparer ; elles s'y étendirent en formant un vaste amphitéatre. Le roi de Pologne occupait la droite à la tête d'environ douze mille gensd'armes & de trois à quatre mille hommes de pied. Le prince Aléxandre son fils était auprès de lui. L'infanterie de l'empereur & de l'électeur de Saxe marchait à la gauche. Le duc Charles de Lorraine commandait les impériaux. Les troupes de Baviére montaient à dix mille hommes ; celles de Saxe étaient à peu près au même nombre.

Jamais on ne vit plus de grands princes que dans cette journée. L'électeur de Saxe, Jean George III. était à la tête de ses saxons. Les bavarois n'étaient point conduits par l'électeur Marie Emanuel leur duc. Ce jeune prince voulut servir comme volontaire auprès du duc de Lorraine. Il avait reçu de l'empereur une épée enrichie de diamants & lorsque Léopold revint dans Vienne après sa délivrance, le jeune électeur le saluant avec cette même épée lui fit voir à quel usage il employait ses présents. C'est le même électeur qui fut mis depuis au ban de l'Empire.

Le prince de Saxe Lavembourg de l'ancienne &

P 5 mal-

malheureuse maison d'Ascanie ménait la cavalerie impériale ; le prince Herman de Bade l'infanterie; les troupes de Franconie au nombre d'environ sept mille marchaient sous le prince de Waldeck.

On distinguait parmi les volontaires trois princes de la maison d'Anhalt, deux de Hanovre, trois de la maison de Saxe, deux de Neubourg, deux de Virtemberg, tandis qu'un troisiéme se signalait dans la ville, deux de Holstein, un prince de Hesse-Cassel, un prince de Hohenzollern ; il n'y manquait que l'empereur.

Cette armée montait à soixante & quatre mille combattans. Celle du grand Vizir était supérieure de plus du double ; ainsi cette bataille peut être comptée parmi celles qui font voir que le petit nombre l'a presque toujours emporté sur le grand ; peut-être parce qu'il y a trop de confusion dans les armées immenses, & plus d'ordre dans les autres.

Ce fut le douze septembre que se donna cette bataille (si c'en est une) & que Vienne fut délivrée. Le grand Vizir laissa vingt mille hommes dans les tranchées, & fit donner un assaut à la place dans le tems même qu'il marchait contre l'armée chrétienne. Ce dernier assaut pouvait réussir contre les assiégés qui commençaient à manquer de poudre & dont les canons étaient démontés. Mais la vuë du secours ranima leurs forces. Cépendant le roi de Pologne aïant harangué ses troupes de rang en rang, marchait d'un
côté

côté contre l'armée ottomane, & le duc de Lorraine de l'autre. Jamais journée ne fut moins meurtrière & plus décisive. Deux postes pris sur les turcs décidérent de la victoire. Les chrétiens ne perdirent pas plus de deux cent hommes. Les ottomans en perdirent à peine mille. C'était sur la fin du jour. La terreur se mit pendant la nuit dans le camp du Vizir. Il se retira précipitamment avec toute son armée. Cet aveuglement qui succédait à une longue sécurité fut si prodigieux qu'ils abandonnérent leurs tentes leurs bagages & jusqu'au grand étendart de Mahomet. Il n'y eut dans cette grande journée de faute comparable à celle du Vizir que celle de ne le point poursuivre.

Le roi de Pologne envoïa l'étendart de Mahomet au pape. Les allemands & les polonais s'enrichirent des dépouilles des turcs. Le roi de Pologne écrivit à la reine sa femme qui était une françaife, fille du Marquis d'Arquien, que le grand Vizir l'avait fait son héritier & qu'il avait trouvé dans ses tentes la valeur de plusieurs millions de ducats. On connait assez cette lettre dans laquelle il lui dit. *Vous ne direz pas de moi ce que disent les femmes tartares quand elles voient rentrer leurs maris les mains vuides. Vous n'êtes pas un homme puis que vous revenez sans butin.*

Le lendemain treize septembre le roi Jean Sobiesky fit chanter le Te Deum dans la cathédrale & l'entonna lui-même. Cette cérémonie fut suivie d'un sermon, dont le prédicateur prit pour texte. *Il fut un homme envoié de Dieu nommé Jean.*

Toute la ville s'empreſſait de venir rendre grâce à ce roi & de baiſer les mains de ſon libérateur, comme il le raconte lui-même. L'empereur arriva le quatorze au milieu des acclamations qui n'étaient pas pour lui. Il vit le roi de Pologne hors des murs & il y eut de la difficulté pour le cérémonial dans un tems où la reconnaiſſance devait l'emporter ſur les formalités.

Cette gloire & ce bonheur de Jean Sobiesky furent bientôt ſur le point d'être éclipſés par un déſaſtre qu'on ne devait pas attendre après une victoire ſi facile. Il s'agiſſait de ſoumettre la Hongrie & de marcher à Gran qui eſt la même ville que Strigonie. Pour aller à Gran il fallait paſſer par Barcam, où un Bacha avait un corps de troupes aſſez conſidérable. Le roi de Pologne s'avançait de ce côté avec ſes gens d'armes, & ne voulut point attendre le duc de Lorraine qui le ſuivait. Les turcs tombent auprès de Barcam ſur les troupes polonaiſes, les chargent en flanc, leur tuent deux mille hommes ; le vainqueur des ottomans eſt obligé de fuir ; il eſt pourſuivi, il échappe à peine en laiſſant ſon manteau à un turc qui l'avait déja joint : Le duc Charles arriva enfin au ſécours des polonais, & après avoir eu la gloire de ſeconder Jean Sobiesky dans la délivrance de Vienne, il eut celle de le délivrer lui-même.

Bientôt la Hongrie des deux côtés du Danube juſqu'à Strigonie retombe ſous le pouvoir de l'empereur. On prend Strigonie : elle avait appartenu aux turcs près de cent cinquante années ;

enfin

enfin on tente deux fois le fiége de Bude, & on le prend d'aſſaut en 1686. ce ne fut depuis qu'un enchaînement de victoires. Le duc de Lorraine défait avec l'électeur de Baviére les ottomans dans les mêmes plaines de Mohats où Louis II. roi de Hongrie avait péri lorſqu'en 1526. Soliman II. vainqueur des chrétiens couvrit ces plaines de vingt cinq mille hommes.

Les diviſions, les féditions de Conſtantinople les révoltes des armées ottomanes combattaient encor pour l'heureux & tranquille Léopold. Le ſoulevement des janiſſaires, la diſpoſition de Mahomet IV. l'imbécile Soliman III. placé ſur le trône après une priſon de quarante années, les troupes ottomannes mal païées, découragées, fuiant devant un petit nombre d'allemans, tout favoriſa Léopold. Un empereur guerrier ſecondé des polonais victorieux, eut pû aller aſſiéger Conſtantinople après avoir été ſur le point de perdre Vienne.

Léopold jugea plus à propos de ſe venger ſur les hongrois de la crainte que les turcs lui avaient donnée. Ses miniſtres prétendaient qu'on ne pouvait contenir la puiſſance ottomane, ſi la Hongrie n'était pas réunie ſous un pouvoir abſolu. Cependant on avait chaſſé les turcs devant Vienne, avec les troupes de Saxe, de Baviére, de Lorraine, & des autres princes allemans qui n'étaient pas ſous un joug deſpotique; on avait ſurtout vaincu avec le ſecours des polonais alliés. Les hongrois auraient donc pû ſervir l'empereur comme les allemans

lemans le fervaient, en demeurant libres comme les allemans ; mais il y avait trop de factions en Hongrie, les turcs n'étaient pas hommes à faire des traités de Weftphalie en faveur de ce roïaume, & n'étaient alors en état ni d'opprimer les hongrois ni de les fecourir.

Il n'y eut d'autres congrès entre les mécontents de Hongrie & l'Empereur qu'un échaffaut. On l'éleva dans la place publique d'Eperies au mois de mars 1687. & il y refta jufqu'à la fin de l'année.

Les bourreaux furent laffés à immoler les victimes qu'on leur abandonnait fans beaucoup de choix, fi l'on en croit plufieurs hiftoriens contemporains. Il n'y a point d'exemple dans l'antiquité d'un maffacre fi long & fi terrible. Il y a eu des févérités égales, mais aucune n'a duré fi longtemps. L'humanité ne frémit pas du nombre d'hommes qui périffent dans tant de batailles : on y eft accoutumé ; ils meurent les armes à la main & vangés. Mais voir pendant neuf mois fes compatriotes traînés juridiquement à une boucherie toujours ouverte, c'était un fpectacle qui foulevait la nature, & dont l'atrocité remplit encor aujourd'hui les efprits d'horreur.

Ce qu'il y a de plus affreux pour les peuples, c'eft que quelquefois ces cruautés réuffiffent ; & le fuccès encourage à traiter les hommes comme des bêtes farouches.

La Hongrie fut foumife, le turc deux fois repouffé

poussé, la Transilvanie conquise, occupée par les impériaux. Enfin tandis que l'échaffaut d'Eperies subsistait encore, on convoqua les principaux de la noblesse de Hongrie à Vienne qui déclarerent au nom de la nation la couronne héréditaire. Ensuite les états assemblés à Presbourg en porterent le décret & on couronna Joseph à l'âge de neuf ans roi héréditaire de Hongrie.

Léopold alors fut le plus puissant empereur depuis Charlequint. Un concours de circonstances heureuses le met en état de soutenir à la fois la guerre contre la France jusqu'à la paix de Riswick & contre la Turquie jusqu'à la paix de Carlowits conclue en 1699. Ces deux paix lui furent avantageuses. Il négocia avec Louis XIV. à Riswick sur un pied d'égalité qu'on n'attendait pas après la paix de Nimegue : & il traita avec le turc en vainqueur. Ces succès donnerent à Léopold dans les diettes d'Allemagne une supériorité qui n'ôta pas la liberté des suffrages, mais qui les rendit toujours dépendants de l'empereur.

DE L'EMPIRE ROMAIN. sous LEOPOLD.

Ce fut encor sous ce regne que l'Allemagne renoua la chaîne dont elle tenait autrefois l'Italie. Car dans la guerre terminée à Riswick lorsque Léopold ligué avec le duc de Savoie ainsi qu'avec tant de princes contre la France envoïa des troupes

pes vers le Pô, il exigea des contributions de tout ce qui n'apartenait pas à l'Espagne. Les états de Toscane, de Venize en terre ferme, de Genes, du pape même paiérent plus de trois-cent mille pistoles. Quand il fallut au commencement du siécle disputer les provinces de la monarchie d'Espagne au petit fils de Louis XIV, Léopold exerça l'autorité impériale, en proscrivant le duc de Mantoue, en donnant le Montferrat mantouan au duc de Savoie. Ce fut encor en qualité d'empereur romain qu'il donna le titre de roi à l'électeur de Brandebourg. Car les nations ne sont pas convenues que le roi d'Allemagne fasse des rois : mais un ancien usage à voulu que des princes reçussent le titre de roi de celui que cet usage même appellait le successeur des Césars.

Ainsi le chef de l'Allemagne aïant ce nom, donnait des noms ; & Léopold fit un roi sans consulter les trois colléges. Mais quand il créa un neuviéme électorat en faveur du duc de Hanovre, il créa cette dignité allemande avec le suffrage de quatre électeurs, en qualité de chef de l'Allemagne. Encor ne put-il le faire admettre dans le Collége des électeurs, où le duc de Hanovre n'obtint séance qu'après la mort de Léopold.

Il est vrai que dans toutes les capitulations on appelle l'Allemagne, l'*Empire*. Mais c'est un abus des mots autorisés dès longtems. Les empereurs jurent dans leurs capitulations, *de ne faire entrer aucunes troupes dans l'Empire sans le consentement*

sentement des électeurs, princes & états. Mais il est clair qu'ils entendent alors par ce mot Empire, l'Allemagne & non Milan & Mantoue. Car l'empereur envoie des troupes à Milan sans consulter personne. L'Allemagne est appellée l'Empire, comme siége de l'Empire romain : étrange révolution dont Auguste ne se doutait pas. Un seigneur italien s'adresse sans difficulté à la diette de Ratisbonne ; il s'adresse aux électeurs de Saxe, de Baviére & du Palatinat pendant la vacance du trône ; il en obtient des titres, & des terres quand personne ne s'y oppose. Le pape à la vérité ne demande point à la diette la confirmation de son élection ; mais le duc de Mantoue lui présenta requête quand Léopold l'eut mis au ban de l'Empire en 1700. Cet Empire est donc le droit du plus fort, le droit de l'opinion, fondé sur les heureuses incursions que Charlemagne & Oton le grand firent dans l'Italie.

La diette de Ratisbonne est devenue perpétuelle sous ce même Léopold depuis 1664. Il semble qu'elle devrait en avoir plus de puissance, mais c'est précisément ce qui l'a énervée. Les princes qui composaient autrefois ces célébres assemblées, n'y viennent pas plus que les électeurs n'assistent au sacre. Ils ont à la diette des députés ; & tel député agit pour deux ou trois princes. Les grandes affaires ou ne s'y traitent plus ou languissent. Et l'Allemagne est en secret divisée sous l'apparence de l'union.

DE

DE L'ALLEMAGME DU TEMPS
DE JOSEPH ET DE CHARLES VI.

L'empereur Joseph avait été élu roi des romains à l'âge de douze ans par tous les électeurs, en 1690. preuve évidente de l'autorité de Léopold son pere, preuve de la sécurité où les électeurs étaient sur tous les droits, qu'ils n'auraient pas voulu sacrifier ; preuve du concert de tous les états de l'Allemagne avec son chef que la puissance de Louis XIV. réunissait plus que jamais.

Il signa dans sa capitulation qu'il observerait les traités de Westphalie *excepté dans ce qui concernait l'avantage de la France.*

Le régne de Joseph fut encor plus heureux que celui de Léopold. L'argent des anglais & des hollandais, les victoires du prince Eugéne & du duc de Marlborough le rendirent partout victorieux, & ce bonheur le rendit presque absolu. Il commença par mettre de son autorité au ban de l'Empire les électeurs de Baviére & de Cologne partisans de la France & s'empara de leurs états. Il donna le haut Palatinat à la branche Palatine qui l'avait perdu sous Ferdinand II. & qui le rendit ensuite à la branche de Baviére à la paix de Rastadt & de Bade.

Il agit véritablement en empereur romain dans l'Italie. Il confisca tout le Mantouan à son profit, prit d'abord pour lui le Milanez qu'il donna ensuite à son frere l'archiduc, mais dont il garda
les

les places & les revenus, en démembrant de ce païs, Alexandrie, Valenza, la Lomeline en faveur du duc de Savoie, auquel il donna encor l'inveſtiture du Montferrat pour le retenir dans ſes intérêts. Il dépouilla le duc de la Mirandole & fit préſent de ſon état au duc de Modéne ; Charlequint n'avait pas été plus ſouverain en Italie. Le pape Clément XI. fut auſſi allarmé que l'avait été Clément VII. Joſeph allait lui ôter le duché de Ferrare pour le rendre à la maiſon de Modéne que les papes en avaient privée.

Ses armées maîtreſſes de Naples au nom de l'archiduc ſon frere, & maîtreſſe en ſon propre nom du Boulonais, du Ferrarais, d'une partie de la Romagne menaçaient déja Rome. C'étoit l'intérêt du pape qu'il y eût une balance en Italie ; mais la victoire avoit briſé cette balance. On faiſoit ſommer tous les princes, tous les poſſeſſeurs des fiefs de produire leurs titres.

On ne donna que quinze jours au duc de Parme qui relevait alors du S. ſiége pour faire hommage à l'empereur. On diſtribuait dans Rome un maniſeſte qui attaquait la puiſſance temporelle du pape & qui annullait toutes les donations des empereurs faites ſans l'intervention de l'Empire. Il eſt vrai que ſi par ce manifeſte on ſoumettait le pape à l'empereur, on y faiſait dépendre auſſi les décrets impériaux du corps germanique. Mais on ſe ſert dans un temps des raiſons & des armes qu'on rejette dans un autre : & il ne s'agiſſait que de dominer en Italie à quelque titre & à quelque prix que ce fût. Tous

Tous les princes étaient consternés. On ne se serait pas attendu que trente-quatre cardinaux eussent eu alors la hardiesse & la générosité de faire ce que Venise, ni Florence, ni Gênes, ni Parme n'osaient entreprendre. Ils levèrent une petite armée à leurs dépens ; l'un donna cent-mille écus, l'autre quatrevingt-mille, celui-ci cent chevaux, cet autre cinquante fantassins, les païsans furent armés. Mais tout le fruit de cette entreprise fut de se soumettre les armes à la main aux conditions que prescrivit Joseph. Le pape fut obligé de congédier son armée, de ne conserver que cinq mille hommes dans tout l'état eccléfiastique, de nourrir les troupes impériales, de leur abandonner Comacchio, & de reconnaître l'archiduc Charles pour roi d'Espagne. Amis ou ennemis tout ressentit le pouvoir de Joseph ; il ôte en 1709. le Vigenevasque & les fiefs de Langues au duc de Savoie, & cependant ce prince n'ose quitter son parti.

Joseph meurt à trente trois ans en 1711. dans le cours de ses prospérités.

Charles VI. son frere se trouve maître de presque toute la Hongrie soumise, des états héréditaires d'Allemagne florissants, du Milanais, du Mantouan, de Naples & Sicile, de neuf provinces des Pays-bas ; & si on avait écouté en 1709, les propositions de la France alors accablée, ce même Charles VI. aurait eu encor l'Espagne & le nouveau monde. C'était alors qu'il n'y aurait point eu de balance en Europe. Les anglais qui

avaient

avaient combattu uniquement pour cette balance, murmurérent contre la reine Anne qui la rétablit par la paix d'Utrecht; tant la haine contre Louis XIV. prévalait fur les intérêts réels. Charles VI. refta encor le plus puiffant prince de l'Europe après fa paix particuliere de Bade & de Raftadt.

Mais quelque puiffant qu'il fût quand il prit poffeffion de l'Empire, le corps germanique foutint plus que jamais fes droits, il les augmenta même. La capitulation de Charles VI. porte qu'aucun prince, aucun état d'Allemagne ne pourra être mis au ban de l'Empire que par un jugement des trois colléges, &c. On rappelle encor dans cette capitulation les traités de Weftphalie regardés comme une loi fondamentale.

L'Allemagne fut tranquille & floriffante fous ce dernier empereur de la maifon d'Autriche. Car la guerre de 1716. contre les turcs ne fe fit que fur les frontiéres de l'empire ottoman, & rien ne fut plus glorieux.

Le prince Eugéne y accrut encor cette grande réputation qu'il s'était acquife en Italie, en Flandre, en Allemagne. La victoire de Petervaradin, la prife de Temiswar fignalérent la campagne de 1716. & la fuivante eut des fuccès encor plus étonnants : car le prince Eugéne en affiégeant Belgrade, fe trouva lui-même affiégé dans fon camp par cent cinquante mille turcs. Il était dans la même fituation où fut Céfar au fiége d'Alexie, & où le Czar Pierre s'était trouvé au bord du Pruth.

Pruth. Il n'imita point l'empereur ruffe qui mandia la paix. Il fit comme Céfar ; il battit fes nombreux ennemis, & prit la ville. Couvert de gloire il retourna à Vienne où l'on parlait de lui faire fon procès pour avoir hazardé l'état qu'il avait fauvé, & dont il avoit reculé les bornes. Une paix avantageufe fut le fruit de ces victoires. Le fyftême de l'Allemagne ne fut dérangé ni par cette guerre, ni par cette paix qui augmentait les états de l'empereur : au contraire la conftitution germanique s'affermiffait. Les difgraces du roi de Suéde Charles XII. accrurent les domaines des électeurs de Brandebourg & de Hanovre. Le corps de l'Allemagne en devenait plus confidérable.

Les traités de Weftphalie reçurent à la vérité une atteinte dans ces acquifitions ; mais on conferva tous les droits acquis aux états de l'Allemagne par ces traités, en enlevant des provinces aux fuédois à qui on devait en partie ces droits mêmes dont on jouiffait. Les trois religions établies dans l'Allemagne s'y mintinrent paifiblement à l'ombre de leurs priviléges, & les petits différends inévitables n'y cauferent point de troubles civils.

Il faut furtout obferver que l'Allemagne changea entierement de face du temps de Léopold, de Jofeph, & de Charles VI. les mœurs auparavant étaient rudes, la vie dure, les beaux arts prefque ignorés, la magnificence commode inconnue, prefque pas une feule ville agréablement bâtie, aucune maifon d'une architecture réguliere

&

& noble, point de jardins, point de manufactures de choses curieuses & de goût. Les provinces du Nord étaient entiérement agrestes. La guerre de trente ans les avait ruinées. L'Allemagne en soixante années de temps a été plus différente d'elle-même, qu'elle ne le fut depuis les Otons jusqu'à Léopold.

Charles VI. fut constamment heureux jusqu'en 1734. Les célébres victoires du prince Eugéne sur les turcs à Temiswar & à Belgrade avaient reculé les frontiéres de la Hongrie. L'empereur dominait dans l'Italie. Il y possédait le domaine direct de Naples & Sicile, du Milanais, du Mantouan. Le domaine impérial & suprême de la Toscane & de Parme & Plaisance si longtems contesté, lui était confirmé par l'investiture même qu'il donna de ces états à Don Carlos fils de Philippe V. qui par-là devenait son vassal. Les droits de l'Empire exercés en Italie par Léopold & par Joseph étaient donc encor en vigueur; & certainement si un empereur avait conservé en Italie tant d'états, tant de droits avec tant de précautions, ce combat de sept cens années de la liberté italique contre la domination allemande pouvait aisément finir par l'asservissement.

Ces prospérités eurent un terme par l'exercice même que Charles VI. fit de son crédit dans l'Europe en procurant conjointement avec la Russie le trône de Pologne à Auguste III.

Ce fut une singuliére révolution que celle qui
lui

lui fit perdre pour jamais Naples & Sicile & qui enrichit encor le roi de Sardaigne à fes dépens pour avoir contribué à donner un roi aux polonais. Rien ne montre mieux quelle fatalité enchaîne tous les événemens & fe joue de la prévoïance des hommes. Son bonheur l'avait deux fois rendu victorieux de cent cinquante mille turcs, & Naples & Sicile lui furent enlevés par dix mille efpagnols en une feule campagne. Aurait-on imaginé en 1700. que Staniflas aurait trente quatre ans après, la Lorraine pour avoir perdu la couronne de Pologne : & que pour cette raifon là même la maifon de Lorraine aurait la Tofcane ? fi on réfléchit à tous les événements qui ont troublé & changé les états, on trouvera que prefque rien n'eft arrivé de ce que les peuples attendaient, & de ce que les politiques avaient préparé.

Les derniéres années de Charles VI. furent encor plus malheureufes ; il crut que le prince Eugéne aiant défait les turcs avec des armées allemandes inférieures, il les vaincrait à plus forte raifon quand l'Empire ottoman ferait attaqué à la fois par les allemans & par les ruffes. Mais il n'avait plus le prince Eugéne ; & tandis que les armées de la Czarine Anne prenaient la Crimée, entraient dans la Valachie, & fe propofaient de pénétrer à Andrinople, les allemans furent vaincus. Une paix dommageable fuivit leur défaite. Belgrade, Temifwar, Orfova, tout le païs entre le Danube & la Save demeura aux ottomans, le fruit des conquêtes du prince Eugéne fut perdu, l'empereur n'eut que la reffource cruelle
de

de mettre en prison les généraux malheureux, de faire couper la tête à des officiers qui avaient rendu des villes, & de punir ceux qui se hâtérent de faire, suivant ses ordres, une paix nécessaire.

Il mourut bientôt après. Les révolutions qui suivirent sa mort sont du ressort d'une autre histoire. Et ces plaies qui saignent encor, sont trop récentes pour les découvrir.

Un lecteur philosophe après avoir parcouru cette longue suite d'empereurs pourra faire réflexion qu'il n'y a eu que Fréderic III. qui ait passé soixante & quinze ans, comme parmi les rois de France, il n'y a eu que le seul Louis XIV. On voit au contraire un très-grand nombre de papes dont la carriére a été au delà de quatrevingts années. Ce n'est pas qu'en général les loix de la nature accordent une vie plus longue en Italie qu'en Allemagne & en France ; mais c'est qu'en général les pontifes ont mené une vie plus sobre que les rois ; & qu'il y a plus de papes que d'empereurs & de rois de France.

La durée des regnes de tous les empereurs qui ont passé en révuë, sert à confirmer la regle qu'a donnée Newton pour réformer l'ancienne cronologie. Il veut que les générations des anciens souverains se comptent à 21 ans environ l'une portant l'autre. En effet les cinquante empereurs depuis Charlemagne jusqu'à Charles VII. composent une période de près de mille années ; ce qui donne à chacun d'eux vingts ans de regne. On peut

Tome II. Q même

même réduire encor beaucoup cette regle de Newton dans les états sujets à des révolutions fréquentes. Sans remonter plus haut que l'empire romain, on trouvera environ quatrevingt dix regnes depuis César jusqu'à Auguste dans l'espace de cinq cents années.

Une autre réflexion importante qui se présente, c'est que de tous ces empereurs on n'en voit presque pas un depuis Charlemagne dont on puisse dire qu'il a été heureux. Charlequint est celui dont l'éclat fait disparaître tous les autres devant lui, mais lassé des secousses continuelles de sa vie & fatigué des tourments d'une administration si composée, plus encor que détrompé du néant des grandeurs, il alla cacher dans une retraite une vieillesse prématurée.

Nous avons vu depuis peu un empereur plein de qualités respectables, essuier les plus violents revers de la fortune, tandis que la nature le conduisait au tombeau par des maladies cruelles au milieu de sa carriére.

Cette histoire n'est donc presque autre chose qu'une vaste scene de faiblesses, de fautes, de crimes, d'infortunes, parmi lesquelles on voit quelques vertus & quelques succès comme on voit des vallées fertiles dans une longue chaine de rochers & de précipices. Et il en est ainsi des autres histoires.

ROIS

ROIS DE BOHEME
depuis la fin du 13me siécle.

OTTOCARE fils du roi Wenceflas le borgne, tué en 1280. dans la bataille contre l'empereur Rodolphe.

WENCESLAS le vieux eft mis après la mort de fon pere fous la tutelle d'Oton de Brandebourg m. 1305.

WENCESLAS le jeune mort de débauche un an après la mort de fon pere.

HENRI duc de Carinthie, comte de Tirol, beaufrere de Wenceflas le jeune, dépouillé deux fois de fon roïaume ; la premiere par Rodolphe d'Autriche fils d'Albert I. La feconde par Jean de Luxembourg fils de l'empereur Henri VII.

JEAN de Luxembourg maître de la Bohême, de la Siléfie & de la Luface, tué en France à la bataille de Creci en 1346.

L'empereur CHARLES IV.

L'empereur WENCESLAS.

L'empereur SIGISMOND.

L'empereur ALBERT d'Autriche.

LADISLAS le posthume fils de l'empereur Albert d'Autriche mort en 1457. dans le tems que Madeleine fille du roi de France Charles VII. passait en Allemagne pour l'épouser.

GEORGE *Podibrad* vaincu par Mathias de Hongrie, m. 1471.

LADISLAS *de Pologne* roi de Bohême & de Hongrie m. 1516.

LOUIS fils de Ladiflas aussi roi de Bohême & de Hongrie, tué à l'âge de 20. ans en combattant contre les turcs.

L'empereur FERDINAND I. & depuis lui les empereurs de la maison d'Autriche.

ELECTEURS

ELECTEURS DE MAYENCE,
depuis la fin du 13e siécle.

VERNIER comte de Falkenstein celui qui soutint le plus ses prétentions sur la ville d'Erfort, m. 1284.

HENRI KENODERER moine franciscain confesseur de l'empereur Rodolphe. m. 1288.

GERARD baron d'Eppenstein qui combatit à la bataille où Adolphe de Nassau fut tué. m. 1305.

PIERRE AICHSPALT bourgeois de Tréves medecin de Henri de Luxembourg & qui guérit le pape Clément V. d'une maladie jugée mortelle. m. 1320.

MATHIAS comte de Burgeck, m. 1328.

BAUDOUIN frere de l'empereur Henri de Luxembourg eut Tréves & Mayence pendant trois ans : c'est un éxemple unique.

HENRI comte de Virnebourg, excommunié par Clément VI. se soutient par la guerre, m. 1353.

GERLACH de Nassau, 1371.

JEAN de Luxembourg comte de St. Paul, m. 1373.

ADOLPHE de Nassau à qui Charles IV. donna la petite ville d'Hœst, m. 1390.

Conrad de Vinsberg ; il fit bruler des Vaudois, m. 1396.

JEAN de Naſſau; c'eſt celui qui dépoſa l'empereur Wenceſlas, m. 1419.

CONRAD comte de Rens battu par le Landgrave de Heſſe, m. 1431.

THÉODORE d'Urback; il aurait dû contribuer à protéger l'imprimerie inventée de ſon tems à Mayence, m. 1459.

DITRICH comte d'Iſenbourg, & un ADOLPHE de Naſſau ſe diſputent longtemps l'archevêché à main armée. Iſembourg céde l'électorat à ſon compétiteur Naſſau en 1463.

ADOLPHE de Naſſau, m. 1475.

DITRICH remonte ſur le ſiége électoral, bâtit le château de Mayence, m. 1482.

ALBERT de Saxe, m. 1484.

BERTOLD de Henneberg principal auteur de la ligue de Suabe, grand réformateur des couvents de religieuſes, m. 1504. Gualtieri prétend fauſſement qu'il mourut d'une maladie peu convenable à un archevêque.

JACQUES de Libenſtein, m. 1508.

URIEL de Gueminguen, m. 1514.

ALBERT de Brandebourg, fils de l'électeur Jean archevêque de Mayence, de Magdebourg & d'Halberstadt à la fois, voulut bien encor être cardinal, m. 1545.

SEBASTIEN de Hauenstein, docteur és loix. De son temps un Prince de Brandebourg brûle Mayence, m. 1555.

DANIEL BRENDEL de HOMBOURG. Il laissa de lui une mémoire chere & respectée, m. 1582.

WOLFGANG de Dalbourg, il se priva de gibier parce que la chasse faisait tort aux campagnes de ses sujets, m. 1601.

JEAN ADAM de Bicken, il assista en France à la dispute du cardinal du Perron & de Mornai, m. 1604.

JEAN SCHWEIGHARD de Cronberg longtems persécuté par le prince de Brunswick, *l'ami de Dieu, & l'ennemi des prêtres*, délivré par les armes de Tilli, m. 1626.

GEORGE FREDERIC de Greiffenclau, principal auteur du fameux édit de la restitution des bénéfices qui causa la guerre de trente ans, m. 1629.

ANSELME CASIMIR WAMBOLD d'Umstadt, chassé par les suédois, m. 1647.

JEAN PHILIPPE de Schœnbron remit la ville d'Erfort fous fa puiſſance par le fecours des armes françaifes & des diplomes de l'empereur Léopold, m. 1673.

LOTHAIRE FREDERIC de Metternich obligé de céder des terres à l'électeur Palatin, m. 1675.

DAMIEN HARTARD van der Leien, il fit bâtir le palais de Mayence, m. 1678.

CHARLES HENRI de Metternich, m. 1629.

ANSELME FRANÇOIS d'Ingelheim. Les français s'emparérent de fa ville 1695.

LOTHAIRE FRANÇOIS de Schœnborn coadjuteur en 1694. éſtimé de tous fes contemporains, m. 1729.

FRANÇOIS LOUIS comte Palatin, m. 1732.

PHILIPPE CHARLES d'Eltz, m. 1743.

JEAN FREDERIC CHARLES comte d'Oſtein.

ELECTEURS DE COLOGNE.

ENGELBERG comte de Valckenstein, bon soldat & malheureux archevêque, pris en guerre par les habitans de Cologne, m. vers l'an 1274.

SIFROI comte de Vesterbuch, non moins soldat & plus malheureux que son prédécesseur, prisonnier de guerre pendant sept ans, m. 1298.

VICKBOLD de Holt, autre guerrier mais plus heureux, m. 1305.

HENRI comte de Vinnanbuch dispute l'électorat contre deux compétiteurs & l'emporte, m. 1338.

VALRAME comte de Juliers, prince pacifique, m. 1352.

GUILL de Genepe qui amassa & laissa de grands trésors, m. 1362.

JEAN de Virnenbourg força le chapitre à l'élire, & dissipa tout l'argent du prédécesseur, m. 1363.

ADOLPHE comte de la Marche résigne l'archevêché en 1364. se fait comte de Cléves, & a des enfans.

ENGHELBERG comte de la Marche.

CONON de Falkenstein coadjuteur du précédent, & en même temps archevêque de Tréves, gouverne Cologne pendant trois ans, & est obligé de résigner Cologne en 1370. On aporta à Cologne sous son gouvernement le corps tout frais d'un des petits innocents qu'Herode avait autrefois fait massacrer, comme on sait ; ce qui donna un nouveau relief aux reliques conservées dans la ville.

FREDERIC comte de Saverde, prince paisible, m. 1414.

THEODORE comte de Mœurs dispute l'archevêché à Guillaume de Ravensberg évêque de Paderborn, mais cet évêque de Paderborn s'étant marié, le comte de Mœurs eut les deux diocéses. Il eut encor Halberstadt, m. 1457.

ROBERT de Bavière se servit de Charles le *téméraire* duc de Bourgogne pour assujettir Cologne, obligé ensuite de s'enfuir, m. 1480.

HERMAN Landgrave de Hesse qui gouverna quelques années, du temps de Robert de Bavière, m. 1508.

PHILIPPE comte d'Oberstein, m. 1515.

HERMAN de Veda ou Neuvid après 32. ans d'épiscopat embrassa la religion luthérienne, m. 1552. dans la retraite.

ADOL-

ADOLPHE de Schaumbourg, un des plus savants hommes de son temps, coadjuteur du précédent archevêque luthérien, & ensuite son successeur, m. 1556.

ANTOINE frere d'Adolphe évêque de Liége & d'Utrecht, m. 1558.

JEAN comte de Mansfeldt né luthérien, m. 1562.

FREDERIC de Veda abdique en 1568. se reserve une pension de trois mille florins d'or qu'on ne lui paye point, & meurt de misére.

SALENTIN, comte d'Isenbourg après avoir gouverné dix ans, assemble le chapitre & la noblesse, leur reproche les soins qu'il s'est donné pour eux, & l'ingratitude dont il a été payé, abdique l'archevêché & se marie à une comtesse de la Marche.

GHEBHARD Truchses de Walbourg quitta son archevêché pour la belle Agnès de Mansfeldt, que le Pere Kolbs appelle sa *sacrilége épouse*. Ce pere Kolbs n'est pas poli, m. 1583.

ERNEST de Bavière, au lieu d'une femme, il eut les évêchés de Liége, Hildesheim, & Frisingue. Il fit longtemps la guerre & agrandit Cologne, m. 1612.

FERDINAND, ses états furent désolés par le grand Gustave, m 1650.

MAXIMILIEN HENRI, il recueillit le cardinal Mazarin dans sa retraite, m. 1688.

JOSEPH CLEMENT qui l'emporta sur le cardinal de Furstemberg, m. 1723.

AUGUSTE CLEMENT.

ELECTEURS DE TREVES.

HENRI de Venſtigen ſubjugue Coblentz, m. 1286.

BOEMOND de Vanſberg détruit des châteaux de barons voleurs, m. 1299.

DITRICH de Naſſau, cité à Rome pour repondre aux plaintes de ſon clergé qui lui refuſa la ſépulture, m. 1307.

BAUDOUIN de Luxembourg qui prit le parti de Philippe de Valois contre Édouard III. m. 1354.

BOHEMOND de Sarbruck qui eut dans ſa vieilleſſe de grands démêlés avec le palatinat, m. 1368.

CONRAD de Falkenſtein; il fit de grandes fondations & réſigna l'électorat à ſon neveu malgré les chanoines en 1388.

VERNIER de Kœnigſten, neveu du precédent, réduiſit Vezel avec de l'artillerie, & fit preſque toujours la guerre, m. 1418.

OTON de Ziegenheym battu par les huſſites, & mort dans cette expédition, 1430.

RABAN de Helmſtadt en guerre avec ſes voiſins, engagea tout ce qu'il poſſédait, & mourut inſolvable, m. 1439.

ELECTEURS 373

JACQUES de Sirek. L'électorat de Tréves ruiné ne fuffifait pour fa fubfiftance. Il eut l'évêché de Metz, m. 1456.

JEAN de Bade. Ce fut lui qui conclut la mariage de Maximilien & de Marie de Bourgogne, m. 1501.

JACQUES de Bade arbitre entre Cologne & l'archevêque, m. 1511.

RICHARD de Volfrat qui tint longtems le parti de François I. dans la concurrence de ce roi & de Charlequint pour l'Empire, m. 1531.

JEAN de Metzenhaufen fit fleurir les arts, & cultiva les vertus de fon état, m. 1540.

JEAN-LOUIS de Hagen ou de la Haye, m. 1547.

JEAN d'Ifembourg. Sous lui Tréves fouffrit beaucoup des armes luthériennes, m. 1556.

JEAN de Leyen, il affiégea Tréves, m. 1567.

JACQUES d'Els, il foumit Tréves, m. 1581.

JEAN de Schœnberg. On trouve de fon temps à Tréves la robe de Jefus-Chrift, mais on ne fait pas précifément d'où cette robe eft venue, m. 1599.

LO-

LOTHAIRE de Metternich, il entra vivement dans la ligue catholique, m. 1623.

PHILIPPE CHRISTOPHE de Sotern; il fut pris par les espagnols, & ce fut le prétexte pour lequel Louis XIII. déclara la guerre à l'Espagne; rétabli dans son siege par les victoires de Condé, de Turenne, mort à 87. ans en 1652.

CHARLES GASPAR de Leyen, chassé de sa ville par les armes de la France, y rentra par la défaite du maréchal de Créqui, m. 1676.

JEAN HUGUES d'Orsbeck, il vit Tréves presque détruite par les français. La guerre lui fut toujours funeste, m. 1711.

CHARLES JOSEPH de Lorraine coadjuteur en 1710. eut encor beaucoup à souffrir de la guerre, m. 1715.

FRANÇOIS-LOUIS comte Palatin, évêque de Breslau, de Vorms, & grand maître de l'ordre teutonique, m. 1729.

FRANÇOIS-GEORGE de Schœnborn.

ELECTEURS PALATINS
depuis la fin du 13me siécle.

LOUIS m. 1285. son pere Oton fut le premier comte Palatin de sa maison.

RODOLPHE fils de Louis & frere de l'empereur Louis de Baviére, m. en Angleterre en 1319.

ADOLPHE le simple, m. en 1327.

RODOLPHE II. frere d'Adolphe le simple & fils de Rodolphe I. beau-pere de l'empereur Charles IV. m. en 1353.

ROBERT le roux, m. 1390.
ROBERT le dur, m. 1398.

ROBERT l'empereur.
LOUIS le barbu & le pieux, m. en 1436.

LOUIS le vertueux, m. 1449.

FREDERIC le belliqueux, tuteur de Philippe & électeur, quoique son pupille vécût, m. 1476.

PHILIPPE fils de Louis le vertueux, m. 1508.
LOUIS fils de Philipe, m. 1544.

FREDERIC le sage frere de Louis, m. en 1556.

OTON HENRI petit fils de Philippe, m. 1559.

FREDERIC III. de la branche de Simmeren, m. 1576.

LOUIS VI. fils de Fréderic, m. 1583.

FREDERIC IV. du nom, petit-fils de Louis, m. 1610.

FREDERIC V. du nom, fils de Fréderic IV. gendre du roi d'Angleterre Jacques I. élu roi de Bohême, & dépoffédé de fes états, m. 1632.

CHARLES-LOUIS rétabli dans le palatinat, m. 1680.

CHARLES fils du précédent, m. 1685. fans enfans.

PHILIPPES-GUILLAUME de la branche de Neubourg, beau-pere de l'empereur Léopold, du roi d'Espagne, du roi de Portugal, &c. m. 1690.

JEAN GUILLAUME né 1658. fils de Charles-Philippe. Son païs fut ruiné dans la guerre de 1689. & à la paix de Rifwick les terres que la maifon d'Orléans lui difputait, furent adjugées à cet électeur par la fentence arbitrale du pape, m. 1616.

CHARLES PHILIPPE dernier électeur de la branche de Neubourg, m. 1742.

CHRETIEN - PHILIPPE - THEODORE de Sultzbach.

ELEC-

ELECTEURS DE SAXE.

ALBERT II. arriere-petit-fils d'Albert l'Ours, de la maison d'Anhalt, succéde à ses ancêtres en 1260. & gouverne la Saxe trente-sept ans, m. en 1297.

RODOLPHE I. fils de cet Albert, m. 1356.

RODOLPHE II. fils de Rodolphe I. m. 1370.

VENCESLAS frere puîné de Rodolphe II. m. 1388.

RODOLPHE III. fils de Venceslas, m. 1419.

ALBERT III. frere de Rodolphe III. dernier des électeurs de la maison d'Anhalt qui avait possédé la Saxe 227. ans, m. 1422.

FREDERIC I. de la maison de Misnie, surnommé le belliqueux, m. 1428.

FREDERIC l'affable, m. 1464.

ERNEST FREDERIC le religieux, m. 1486.

FREDERIC le sage, m. 1525. c'est lui qu'on dit avoir refusé l'Empire.

JEAN, surnommé le constant, frere du sage, m. 1532.

JEAN FREDERIC le magnanime, m. 1554, dépossédé de son électorat par Charlequint. Les branches de Gotha & de Weimar descendent de lui.

MAURICE cousin, au cinquiéme dégré, de Jean Fréderic revêtu de l'électorat par Charlequint, m. 1553.

AUGUSTE *le pieux* frere de Maurice, m. 1586.

CHRISTIAN fils d'Auguste *le pieux*, m. 1591.

FREDERIC-GUILLAUME administrateur pendant dix ans, m. 1602.

CHRISTIAN II. fils de Christian I. m. 1611.

JEAN-GEORGE frere de Christian, m. 1656.

JEAN-GEORGE II. m. 1680.

JEAN-GEORGE III. m. 1691.

JEAN-GEORGE IV. m. 1694.

AUGUSTE roi de Pologne, à qui les succcès de Charles XII. ôterent le roiaume que les malheurs du même Charles XII. lui rendirent, m. 1733.

FREDERIC-AUGUSTE II. électeur & roi Pologne.

ELECTEURS DE BRANDEBOURG.

Après plusieurs électeurs des maisons d'Ascanie, de Baviére & de Luxembourg.

FREDERIC de Hohenzollern burgrave de Nuremberg achete cent-mille florins d'or, de l'empereur Sigismond, le marquisat de Brandebourg rachetable par le même empereur, m. 1440.

JEAN I. fils de Fréderic abdique en faveur de son frere en 1464. Il n'est pas compté dans les mémoires de Brandebourg, ainsi on peut ne le pas regarder comme électeur.

FREDERIC *aux dents de fer* frere du précedent, m. 1471.

ALBERT *l'Achille* frere des précédens. On prétend qu'il abdiqua en 1476. & qu'il mourut en 1486.

JEAN surnommé le *Ciceron* fils d'Albert l'Achille, 1499.

JOACHIM I. Nestor fils de Jean, m. 1535.

JOACHIM II. Hector fils de Joachim I. m. 1571.

JEAN

JEAN-GEORGE fils de Joachim II. m. 1598.

JOACHIM-FREDERIC fils de Jean-George, adminiftrateur de Magdebourg, m. 1608.

JEAN SIGISMOND fils de Joachim Fréderic; il partagea la fucceffion de Cléves & de Juliers avec la maifon de Neubourg, m. 1619.

GEORGE-GUILLAUME dont le païs fut dévafté dans la guerre de trente ans, m. 1640.

FREDERIC-GUILLAUME, qui rétablit fon païs, m. 1688.

FREDERIC, qui fit ériger en roïaume la partie de la province de Pruffe dont il était duc, & qui relevait auparavant de la Pologne, m. 1713.

FREDERIC-GUILLAUME II. roi de Pruffe qui repeupla la Pruffe entiérement dévaftée, m. 1740.

FREDERIC III. roi de Pruffe.

ELECTEURS DE BAVIERE.

MAXIMILIEN créé en 1623. & devenu alors le premier des électeurs après le roi de Bohême, m. 1651.

FERDINAND-MARIE son fils, m. 1679.

MAXIMILIEN MARIE, qui servit beucoup à délivrer Vienne des turcs, se signala aux siéges de Bude & de Belgrade, mis au ban de l'Empire par l'empereur Joseph en 1706. rétabli à la paix de Bade, m. 1726.

CHARLES ALBERT son fils empereur, m. 1745.

CHARLES MAXIMILIEN JOSEPH fils de Charles Albert.

ELECTEURS DE HANOVRE.

ERNEST AUGUSTE duc de Brunſwik de Hanovre, &c. créé en 1692. par l'empereur Léopold, à condition de fournir ſix mille hommes contre les turcs, & trois mille contre la France, m. 1698.

GEORGE LOUIS, fils du précédent, admis dans le collége électoral à Ratiſbonne en 1708. avec le titre d'architréſorier de l'Empire, roi d'Angleterre en 1714. m. 1727.

GEORGE ſon fils auſſi roi d'Angleterre.

A Colmar, 8 *mars* 1754.

Lettre de L'AUTHEUR
A
S. A. S. Mᵉ. L. D. D. S. G.

MADAME,

Votre augufte nom a orné le commencement de ces annales, permettez qu'il en couronne la fin; ce petit abregé fut commencé dans votre palais avec le fecours de l'ancien manufcrit de mon effai fur l'hiftoire univerfelle qu'Elle poffede depuis longtemps; & quoique ce manuscrit ne soit qu'un recueil encor très informe de matériaux, je ne laissai pas de m'en servir. J'avais déja fait imprimer tout le premier volume des annales de l'Empire, lorsque j'appris que quelques cahiers de cet ancien manuscrit étaient tombés entre les mains d'un libraire de la Haye.

Ces cahiers sans ordre, sans suite, transcrits sans doute par une main ignorante, défigurés & falsifiés, ont été à mon grand regret réimprimés plusieurs fois à Paris & ailleurs.

Votre Altesse Sérénissime m'en a marqué son indignation dans ses lettres. Elle sait à quel point le véritable manuscrit qui est en sa possession, différe des fragments qu'on a rendus publics. Je devais réprouver & condamner hautement un tel abus. Je m'acquitai de ce devoir il y a quatre mois dans la lettre à un Professeur d'histoire, laquelle est au devant des annales. Et je réitere aujourd'hui sous vos auspices, Madame, cette juste protestation.

A l'égard de ce petit abregé des annales de l'Empire, entrepris par les ordres de Votre Altesse Sérénissime ; ces ordres mêmes & l'envie de vous plaire m'auraient rendu la vérité encor plus chère & plus sacrée, si elle ne devait l'être uniquement par elle seule. Cette

Cette vérité, à laquelle sacrifia notre illustre *de Thou*, qui lui attira tant de chagrins, & qui rend sa mémoire si précieuse, pourrait-elle me nuire dans un siécle beaucoup plus éclairé que le sien ?

Quel fanatique imbécille pourrait me reprocher d'avoir respecté les trois religions autorisées dans l'Empire ? quel insensé voudrait que j'eusse fait le controversiste au lieu d'écrire en historien ? Je me suis borné aux faits. Ces faits sont avérés, sont autentiques. Mille plumes les ont écrits. Aucun homme juste ne peut s'en plaindre. Une grande reine disait à propos d'un historien : *En nous parlant des fautes de nos prédécesseurs, il nous montre nos devoirs. Ceux qui nous entourent nous cachent la vérité ; les seuls historiens nous la disent.*

Il y a eu des empereurs injustes & cruels, des papes & des évêques indignes de l'être. Qui en doute ? la consolation du genre humain est d'avoir des annales fidéles qui, en exposant les crimes, excitent à la vertu. Qu'importe au sage empereur qui regne de nos jours, que Henri V. & Henri VI. aient été cruels ? qu'importe au pontife éclairé, juste, modéré qui occupe aujourd'hui le trône de Rome, qu'Aléxandre VI. ait laissé une mémoire odieuse ? les horreurs des siécles passés font l'éloge du siécle présent. Malheur à ceux qui chargés de l'éducation des princes leur cachent les antiques vérités ! ils

les

les accoutument dès leur enfance à ne rien voir que de faux. Et ils préparent dans les berceaux des maîtres du monde le poison du mensonge dont ils doi- abreuvés toute leur vie.

Vous, Madame, qui aimez la vérité & qui avez voulu que je la dise, recevez ce nouvel hommage que je rends à vous & à elle.

Je suis avec le plus profond respect & l'attachement le plus inviolable

MADAME,

DE VOTRE ALTESSE SERENISSIME

Le très-humble & très-obéissant serviteur.

V.

FIN.